21世纪财税理论与实务丛书

# 税务管理 第二版

TAXATION MANAGEMENT

杨森平　李日新　李　英　主编

暨南大学出版社
JINAN UNIVERSITY PRESS

中国·广州

**图书在版编目（CIP）数据**

税务管理／杨森平，李日新，李英主编. —2 版. —广州：暨南大学出版社，2012.12
（21 世纪财税理论与实务丛书）
ISBN 978 - 7 - 5668 - 0272 - 9

Ⅰ.①税…　Ⅱ.①杨…②李…③李…　Ⅲ.①税收管理—中国　Ⅳ.①F812.423

中国版本图书馆 CIP 数据核字（2012）第 172406 号

**出版发行：暨南大学出版社**

| 地　　址：中国广州暨南大学 |
|---|

地　　址：中国广州暨南大学
电　　话：总编室（8620）85221601
　　　　　营销部（8620）85225284　85228291　85228292（邮购）
传　　真：（8620）85221583（办公室）　　85223774（营销部）
邮　　编：510630
网　　址：http：//www.jnupress.com　http：//press.jnu.edu.cn

排　　版：广州市天河星辰文化发展部照排中心
印　　刷：湛江日报社印刷厂

开　　本：787mm×1092mm　1/16
印　　张：19
字　　数：407 千
版　　次：2009 年 9 月第 1 版　2012 年 12 月第 2 版
印　　次：2012 年 12 月第 2 次
印　　数：3001—5000 册

定　　价：42.00 元

（暨大版图书如有印装质量问题，请与出版社总编室联系调换）

# 前　言

　　税收是国家财政收入的主要来源，是国家赖以存在之基础。税收职能作用能否得以实现有赖于健全的税收法律、法规和建立各项征管规章制度。随着我国社会主义市场经济的不断推进，经济、社会等各方面都发生了巨大变化，税务管理也面临许多新情况、新问题。如何实施有序、高效的管理，通过科学、合理高效的税收征收管理体系和科学的管理方法来确保国家税收收入及时足额缴入国库是税务管理所追求的主要目标之一。

　　为了全面介绍我国现阶段的税收征收管理方面的知识，在采用我国最新的法律、法规和国内外有关税务管理最新研究成果的基础上，特对《税务管理》教材进行了修订，增加了第五章"税源监控与纳税评估"和第十章"纳税服务与税务风险管理"两章内容，使之更具有时效性。全书共十二章，李日新、李英讲师负责编写第九至十二章，杨森平副教授负责编写第一至八章，最后由杨森平负责总纂。

　　编者不但有税务部门实际工作经历，又有长期在高校从事财税专业教学经验，在编写本书时力求做到理论联系实际，更加注重可操作性。本书既可以作为财经院校本科教材，也可供财税干部、广大企业财会管理人员等阅读和参考之用。

　　本书得到了国家税务总局政策法规司李万甫副司长、广东省国家税务局和地方税务局、广州市国家税务局和地方税务局以及暨南大学财税系全体老师的关心和帮助，暨南大学财税系 2011 级硕士研究生刘树鑫、陈艳、肖存武三位同学做了大量的录入和校审工作，特此一并致谢！同时还要感谢本书的策划编辑——暨南大学出版社苏彩桃女士的精心组织和安排。

　　在本书编写过程中，由于时间仓促，加之作者水平有限，书中难免会有纰漏，恳请各位专家学者和广大读者批评指正。

杨森平　李日新　李　英

2012 年 10 月于广州暨南园

# 目　录

# 第一章　税务管理概述

**【本章要点】**

本章是全书的基础，通过对税务管理的概念、必要性、税务管理的原则、法律依据、方法等方面的阐述，务求让读者熟悉了解税务管理的基础理论，为以后章节的学习打下基础。

## 第一节　税务管理的概念和必要性

### 一、税务管理的概念

为了说明什么是税务管理，我们有必要先来谈谈什么是管理。

**（一）关于管理**

所谓管理，语言学上的解释是"管理约束"。若从社会学和经济学的角度看，这样的解释就远远不够了。我们这里要讲的管理，是指管理者为了实现一定的目的，对其所管理的对象进行一系列实施活动。实际上，管理是人类进行生产活动和社会活动的一种自觉的行为。管理在当今社会中普遍存在，人类实践的每一项活动都离不开管理，大到宏观管理，小到微观管理。尤其是在现代化的条件下，更是如此。实践证明，在相同的条件下，管理的优劣，其结果大相径庭。管理的重要性已被越来越多的人所认识。

管理是由若干要素组成的。这些要素包括：①管理的主体和客体；②管理的范围；③管理的目的；④管理的办法和措施。也就是说，管理要回答以下几个问题：谁来管理（who），管理什么（what），怎样进行管理（how），管理要实现什么目的（aim）。

管理有其特定的功能。一般认为，管理有 5 个方面的功能，即计划（决策）、组织、指挥、协调和控制。

**（二）税务管理**

税收（taxation）是指国家凭借其政治权力参与国民收入的分配，也是财政收入的主要形式，具有强制性、无偿性、规范性的形式特征。税收的强制性是指国家征税必须依据国家法律、法令的规定，任何负有纳税义务的单位和个人都必须依法纳税，否则就会受到法律的制裁。为了适应建立社会主义市场经济的要求，加快同国际接轨，1993 年国家依据统一税收、合并税种、扩大税基、降低税率、减少优惠、加强征管的原则，在税收方面进行了重大改革。为保证国家各项税收法律、法规的贯彻实施，有效组织税收收入，使税收征收管理工作更加科学化、规模化，必须不断建立和完善严谨、合理、准确、高效的税收管理程序和制度。1992 年 9 月 4 日，第七届全国人民代表大会第二十七次会议通过了《中华人民共和国税收征收管理法》（以下简称《税收征管法》），自 1993 年 1 月 1 日起施行。1993 年 11 月 2 日，国家税务总局下发了《关于贯彻实施税收征管法及其实施细则若干问题的规定》。1995 年 2 月 28 日，第八届全国人民代表大会第十二次会议对《税收征管法》进行了修正，2001 年 4 月 28 日第九届全国人民代表大会第二十一次会议又对《税收征管法》作了修订。2002 年 9 月 7 日，国务院公布了《中华人民共和国税收征收管理法实施细则》（以下简称《实施细则》，中华人民共和国第 362 号国务院令），自 2002 年 10 月 15 日起实行。这为加强税收征收管理提供了坚实、可靠的法律基础。

税务管理作为管理的一种类型，应该具有管理所具备的要素和功能，因而我们不难得出税务管理的概念。所谓税务管理，是国家依据税收分配规律而制定税收征管法律、制度，对税收分配活动的全过程进行决策、计划、组织、调控和监督，以保证国家税收分配职能作用得以实现的一种管理活动。税务管理是国家经济管理的重要组成部分。

税务管理包括以下几个方面的要素：

### 1. 税务管理的主体

税务管理的主体是代表国家执行税收分配活动的税务机关。税务机关有广义和狭义之分。广义上的税务机关包括负责税收管理的机关，为保证国家税收职能实现而制定税法、打击税务犯罪、惩治涉税犯罪行为的国家机关以及负有行政协税义务的其他机关。狭义上的税务机关通常指国家税务总局下属的税务系统。本书所说的税务管理的主体是代表国家行使职权的狭义的税务机关。这个主体是一个多层次的管理主体，包括国税系统和地税系统，上到国家税务总局，下到各基层税务所，各层次间相互联系。整个税务管理活动，就是在这些不同层次的管理组织的共同作用所形成的合力的推动下进行的。每一个层次的活动都影响着其他层次与整体组织的活动。因此，要提高管理效率，必须站在系统论的角度和一体化的高度，实行统一领导、统一模式，协调运作，整体推进。

### 2. 税务管理的客体

国家税收参与国民收入分配活动全过程中涉及的人、财、物、信息等都是税务管理的客观对象，所以税务管理的客体是多方面的。具体来说，它既包括纳税人和征税人、税收资金和行政经费，也包括各种税收政策的制定和方法的运用、机构的设置、信息的处理及其他各种因素。税务管理客体的每一因素都有自己独特的内涵，各因素也相互制约。如果征税队伍不纯洁，其他管理就会成为空谈；而资金管理不善，征收活动就丧失了基础。因此，税务管理的客体是税收参与国民收入分配活动的全过程。要搞好税务管理，就必须扎扎实实、认真细致地抓好每一个环节的工作。

### 3. 税务管理的依据

税务管理的依据是税收分配活动的客观规律和国家颁布的各项税收法律、法规和规章制度。税务管理作为一种行政管理，要依照客观经济规律办事。只有遵循客观经济规律，才能发挥税收的职能作用，促进经济的繁荣和发展。否则，就会阻碍经济的发展。同时，税务管理又是一种法制管理，这是社会主义市场经济的客观要求，也是税收的本质所在。因此，它必须以国家制定的各项税收法律、行政规章制度为依据，依法治税，而不能靠主观臆断行事。税务管理是发展变化着的，在管理过程中，应随着国家政治、经济形势及国家有关税收法律、法规和规章的发展变化而不断调整和完善，以适应国民经济和社会发展的客观需要。

### 4. 税务管理的目的

税收是国家凭借其政治权力参与国民收入的分配。作为公共部门的政府，为了达到向社会提供公共物品的目的，必须要征税。不可能存在不征税的政府，也不可能存在脱离政府的税收。为了保证税收这一功能的实现，政府制定各项法律制度来加强税务管理显得十分重要。因此，税务管理的目的就是保证国家税收分配职能作用得以实现。

## 二、税务管理的必要性

近年来，随着经济的进一步发展，在税收征收活动中出现了不严格依法纳税、征税的现象，涉税犯罪手段呈现出多样性、隐蔽性的特点，而原有的税收征收管理方式已不能适应发展的需要，暴露出越来越多的问题和缺陷。为了进一步规范社会主义市场经济秩序，有必要加强税务管理。

### （一）规范社会主义市场经济秩序客观上需要加强税务管理

市场经济在某种程度上可以说就是法制经济，社会主义市场经济的建立、完善和发展，客观上要求国家必须用"看得见的手"加强对经济进行适当的宏观调控，为实现国家职能而存在的税收担负起为国家筹集财政收入的重任。如果有法不依、违法不究，势必会破坏国家的经济秩序，财政收入不能得到及时足额的筹措，影响我国社会主义市场经济的进一步完善发展。在这种条件下，加强对税收的征收管理，就显得尤为紧迫和重要。

### （二）加强税收管理是实现税收职能的保障

所谓税收职能是指税收所固有的职责和功能，即税收所具有的满足国家需要的能力，它所回答的是税收能够做什么的问题。筹集财政资金、合理配置资源、提高经济效益、调节社会总供给和总需求、公平收入分配和保持经济稳定增长等都是税收职能的内涵。但税收这些职能作用能否得以实现，有赖于建立健全的征管法律和征管规章制度，通过科学、合理、高效的征收管理体系，最终保证税收职能作用的实现。

### （三）税收分配活动客观上要求必须加强税务管理

国家征税，纳税人依法纳税，这在征纳过程中会产生对社会产品的分配问题，这一分配活动必然涉及国家、国民经济各部门、社会各阶层的利益关系。如果税收征管工作滞后，会使税收分配活动处于混乱状态，公平赋税就难以保证。因此，有必要加强税收的征收管理，使公平赋税真正落到实处。

## 三、税务管理的作用

税务管理的作用和税收的作用是紧密相连的，不同的时期有不同的特点。税务管理的作用是税务管理职能在一定的历史（政治、经济）条件下所能具体表现出来的效果。在目前社会主义市场经济的新形势下，税务管理的作用主要体现在以下几个方面：

### （一）确保税收财政职能的实现

税收的财政职能是指税收具有组织财政收入的功能，即税收作为国家参与社会产品分配的手段，能将一部分社会产品由社会成员手中转移到国家手中，形成国家财政收入。税收的财政职能是税收首要的、基本的职能。税收之所以具有财政职能，是因为税收是以国家的政治权力为依据的强制的、无偿的分配形式，可以将一部分社会产品由分散的社会成员手中转移到国家手中，形成可供国家支配的财政收入，以满足国家行政职能的需要。要保证这一职能作用的实现，就必须搞好税务日常管理，建立、健全各项征收管理制度，切实做到征收前搞好调查研究，征收中搞好税务宣传和纳税辅导，征收后加强纳税检查，提高征管质量。只有紧紧抓住这几个环节，税务机关和税务人员才能做到依法办事、依率计征，保证国家财政收入及时足额地纳入国库，最终保证国民经济持续快速发展。

### （二）保证税收经济职能的发挥

税收的经济职能是指税收调节经济的职能。税收在组织财政收入的过程中，必然改变国民收入在各部门、各地区、各纳税人之间的分配比例，改变利益分配格局，对经济产生影响。这种影响是客观存在的，可能是积极影响，也可能是消极影响；可能促进经济发展，也可能破坏经济发展；可能是有意识的调节，也可能是无意识的调节。因此，国家必须认识税收的经济职能，自觉地运用税收这个经济杠杆调节经济。在社会主义市场经济中，税收对国家经济的调节尤为重要，主要表现在可以调节社会总需求和总供给、调节社会资源的配置、调节收入分配等。由于市场本身的缺陷，经常会出现社会总需求大于总供给而出现经济膨胀或社会总需求小于总供给而出现经济萎缩，或者由于供给结构和需求结构的不协调而出现结构性失衡。税收作为国家宏观调控的一种重要手段，国家可以通过调整税收总量或税制结构来影响社会需求总量和供给结构，公平分配收入，促进社会全面发展。

### （三）强化税收征收管理，保证监督职能的实现

现阶段我国尚处于社会主义初级阶段，经济呈现明显的"二元结构"，多种生

产方式、多种经济成分并存。在国家根本利益一致的前提下，仍存在着局部利益与整体利益、眼前利益与长远利益的矛盾，纳税人违反税收法律规范的现象时有发生。为维护国家税法的严肃性，确保国家财政收入，就必须加强税务管理，更好地实现税收管理监督的职能。

### 四、税务管理的内容

税收管理活动是伴随税收分配活动同时进行的，贯穿于社会再生产的全过程。总的来说，税务管理的内容包括不断完善征管法规和征管制度，规范征管行为，建立、健全对征纳双方的监控机构和税务司法机构。

**（一）税收法规管理**

税法是指由国家最高权力机关或其授权的行政机关制定的有关调整税收分配关系的各种法律规范的总称。税法既是国家税务机关征税的法律依据，也是纳税人纳税的法律依据。纵观世界各国，特别是市场经济发达的国家，都已将税收征管过程中的各种经济手段和行政手段纳入法制轨道，建立起较为完善的税收法律体系，且有很强的刚性。通过严查重罚，树立起威慑力量，增强了纳税人依法纳税的意识。每一个税务人员都要认真执行国家税法，严格依法征税，而每一个公民都应自觉依法纳税，使全社会逐步形成依法治税的良好风尚。

**（二）税务决策管理**

美国管理学家西蒙认为"管理就是决策"，决策贯穿于管理的全过程。决策是指税务机关对税收分配全过程中各种可行方案进行选优抉择的职能。税收分配活动作为经济活动的一个组成部分，同样存在效率与公平的问题。有关这一问题的决策，体现了税务管理的实质，也是税务管理活动的起点和贯穿其中的运行依据，否则税收活动将违背客观经济规律，成为经济发展的桎梏。在目前客观经济条件下，这一问题具体表现为如何选择税制模式和税制结构，是选择所得税还是选择流转税作为主体税种，抑或是选择"双主体"；所得税类中是以企业所得税还是以个人所得税为主；在流转税类中，增值税、消费税如何有效配合、相互补充；税收管理权限的集中或分散程度如何把握；宏观税收负担确定在什么水平为宜，等等。在社会经济不断发展的今天，税制改革也必须不断深化，与时俱进。只有不断提高税务决策水平，才能为税收管理提供可靠的科学依据。

**（三）税务计划管理**

税务管理的计划职能是指税务机关为执行税收决策，对税收分配活动进行具体规划、安排并组织实施的职能。如果以为搞市场经济就应排斥、否定任何对经济的计划管理，那是对市场经济的误解。事实上，即使是市场经济高度发达的西方国家也仍然重视运用财税管理的计划职能，为经济的协调健康发展服务。一方面，税收既有为国家筹集财政资金的职能，又有实现国家经济调节目标的经济职能。另一方面，税收决策必须通过具体的计划来组织实施，没有发挥计划职能的作用，再好的决策也只是一纸空文。

**（四）税务行政管理**

税务行政管理是指国家税务机构的设置、运转和税务人员的组织管理。税务机构的设置、人员的配备、经费的到位是实现税务管理的保证。税务机构的设置，要考虑我国行政区域、经济区域、财政管理体制等因素，合理布局，以适应经济发展和不断提高税务管理水平的客观要求。税务人员的配备，要根据机构的需要来定。在保证税收工作顺利进行的前提下，达到机构和人员的最大精简、经费开支的最大节约，以真正实现管理的效益化和现代化。为适应客观经济形势发展的需要，税务机关要不断通过深化改革，建立办事高效、运转协调、行为规范的税务行政管理体系；要完善国家税务公务员制度，建设一支高素质的税务管理干部队伍，最终建立适应社会主义市场经济体制的有中国特色的税务行政管理体制。

**（五）税务稽查管理**

税务稽查管理是实现税务管理监督职能的重要手段，内容包括缉私和检查两部分。检查又包括税务查账和对外调查取证。为了保证税收决策与计划的实现，对管理主体、客体、管理过程及其结果进行监督与控制是必要的。

税务管理是通过税收政策制度法规的贯彻执行情况的严格稽查、准确的会计核算来监督控制税收分配及经济活动的，监督的目的是维护正常的经济秩序，促进市场经济的健康发展，发挥税收的监督管理作用。具体表现为：第一，对纳税人生产经营活动和纳税活动的监督；第二，对税务机关的执法活动和行为的监督；第三，对国民经济活动的监督。税务管理监督职能内容丰富，当前必须及时建立一套有效的监督制约机制来保证税务稽查发挥作用。

**（六）税源管理**

所谓税源，从理论上讲，即税收的经济来源，也就是税收的最终出处。而此处所讲的"税源"，是指税务工作"经济税源调查"中的"税源"，即某种税的征税对象及其总量分布状况。税源管理是税务管理的基础工作。它包括日常税务登记、纳税申报、发票管理、账务管理、税源调查以及税务资料档案管理等。

# 第二节　税务管理的原则

税务管理的原则即税务管理中应遵循的基本准则，是由国家经济管理的基本原则、税收在国民经济中的地位决定的。主要有以下一些原则：

## 一、集中统一与因地制宜相结合

各级税务机关要执行国家统一的税收政策、税收法规和税收计划，不允许各地方、各部门和各单位各自为政，自行其是。在此前提下，国家赋予地方一定的管理税收的权力，允许地方结合本地区实际情况制定相应的具体管理措施，把原则性与灵活性有机结合起来。"统一领导，分级管理"是我国分税制、财政管理体制的基本要求。分税制的典型特点是按税种来划分中央和地方收入。由国家税务局负责征收管理中央税和中央、地方共享税；由地方税务局负责征管地方税。中央税以及中央、地方共享税一般由中央立法、解释；而地方税可由中央立法，地方具有一定的调整权，也可由地方政府立法。这样，既坚持了中央的统一领导，坚决维护国家的统一税收政策、法令、制度的贯彻执行，又在中央统一领导下因地制宜，把应该由地方决定的税收问题授权地方管理，以便地方根据本地区的具体情况灵活地及时处理某些具体问题。

## 二、依法治税的原则

"依法办事，依率计征"是税务机关和税务人员在税务管理工作中必须遵循的一项重要原则。税法既是国家税务机关征税的法律依据，也是纳税人纳税的法律依据。税法规定各项税收活动的规范，从而使税收活动具有法律性质，税收即成为由税法确认、调整和保护的对象。税收立法是国家整个立法工作的一部分，是国家立法机关通过一定的立法程序，制定税收法律规范的活动。税收立法是由制定、修改和废止税收法律、法规的一系列活动构成的。税收法律、法规的制定是税收立法活动的首要环节，只有通过制定法律，把税收征纳关系纳入法律调整范围，才能做到严格依法征税。

## 三、公平、效率的原则

"公平、效率"是社会主义市场经济条件下税收的最高原则。税收公平原则是指税收应对所有纳税人都公正，或者指对所有纳税人都平等相待。税收公平的含义包括横向和纵向两个方面。横向公平是指所有纳税能力相同的纳税人应缴纳同样多的税，即以同等方式对待经济情况和条件相同的纳税人。纵向公平是指纳税能力不相同的纳税人应缴纳数额不同的税，即以不同的方式对待经济情况和条件不同的纳税人。

效率原则是指税务机关通过不断提高管理效率，实现税收收入最大化并有利于经济资源的配置和经济机制的顺畅运行。效率可以从税收征纳两方面加以考察。由于现时效率还很难量化，我们不妨用征税成本和纳税成本来衡量税收效率。

## 四、专业管理和群众管理相结合的原则

专业管理是整个税务管理工作的主导和核心，应健全税务管理机构，完善税收管理制度，充实专业管理人员，提高税务人员素质。群众管理是指由纳税人或协税

人员组成的办税或协税组织进行税务管理，在整个税务管理活动中起着辅助补充作用。另外，群众管理还包括发动与依靠广大群众参与税务管理，监督国家税务人员是否切实执行税收政策和法规。

在我国，税务管理中的专业管理和群众管理是相辅相成、缺一不可的。税务管理是一项涉及面非常广、群众性很强的工作，如果没有广大人民群众的积极参与和支持，单靠税务机关的力量进行专业管理，是不可能高质量地全面完成税收管理任务的。因此，在税务管理中必须贯彻专业管理与群众管理相结合的原则，这也是我国在长期税务工作实践中总结出来的一大法宝。

# 第三节　税务管理的法律依据

## 一、税收征管法的立法原则

首先是以税法作为立法基础的原则。税收征管法是以税法为基础制定的，它的根本目的是保证税法的贯彻实施。有了健全的税收征管法，才能保证税收政策法令的贯彻落实，税法才能发挥其应有的作用。税收管理形式不仅要适应各个税种的不同特点，而且要随着税法的发展变化不断加以改进。其次是结合我国实际，注重国际惯例的原则。本着必要与可行的原则，制定适应我国实际的税收征管法。再次是公平税负原则。国家对一切有收入的国民，都要根据其纳税能力的大小征收赋税。通过公平税负，为企业在市场中实现平等竞争创造条件。最后是保护纳税人合法权益的原则。新的征管制度的建立，应该使纳税人依法履行纳税义务并保护自己的合法权益，使税务机关依法履行职责并接受社会监督和司法监督，同时力求使一切与税收有关的社会经济行为都纳入法制轨道。

## 二、税收征管法的法律结构

《税收征管法》共分6章94条（修正前为6章62条）。第一章"总则"，规定了《税收征管法》的立法宗旨、适用范围、对象、主管机关及其权利和义务，并对有关部门、单位的协税工作作了原则规定。第二章"税务管理"，规定了纳税人、扣缴款义务人履行纳税义务或扣缴税款义务的基本程序和要求。第三章"税款征收"，规定了税务机关征收税款的程序和权力。第四章"纳税检查"，规定了税务机关的各项检查权。第五章"法律责任"，规定了纳税人、扣缴义务人、其他当事人以及税务机关和税务人员违反《税收征管法》所应承担的法律责任。第六章"附则"，明确了《税收征管法》的适用等问题。这一基本结构是按照税收征管的基本程序和要求设置的，既明确了征纳双方的权力（利）和义务，又使法律的履行清晰可循，有利于共同遵守，相互监督，以保证税收法律、法规的全面贯彻实施。

税收征管法体现了内外统一、税收集中、权责兼顾、便于操作的原则，它的特点主要表现在：

**（一）统一了内外税收的征管规定，有利于征管规范化**

在《税收征管法》制定以前，内资企业与外资企业、内资企业之间、外资企业之间、中国公民和外籍人员之间，不仅在税收征纳程序、征纳制度上不尽相同，而且在征纳责权上也不尽一致。《税收征管法》的制定，实现了不同所有制性质、不同资金来源、不同经营方式企业与个人之间公平税负、平等竞争。同时，也使我国的税收征管法律规范同国际上的通行做法更加接近，从而更有利于扩大对外开放，并为我国税收征管的国际协作与交流提供了便利。

**（二）强化了税务机关的执法手段**

《税收征管法》从以下几个方面明确和强化了税务机关在税收执法中的措施和手段：

（1）赋予税务机关采取税收保全措施和强制执行措施的权力。《税收征管法》规定，对于那些从事生产、经营的纳税人，有逃避纳税义务行为的，可以在规定的纳税期之前，责令限期缴纳应税款；在期限内发现纳税人有明显的转移、隐匿其应纳税的商品、货物以及其他财产或者应纳税的收入的迹象的，税务机关可以责成纳税人提供纳税担保；如果纳税人不能提供纳税担保，税务机关可以采取通知纳税人开户银行或者其他金融机构暂停支付纳税人的金额相当于应纳税款的存款，或者扣押、查封纳税人财产的保全措施。

（2）税务机关有核定纳税人应纳税额的权力。对未设置账簿，或虽设置账簿，但难以确定收入或成本费用的企业，或者境内外企业和关联企业之间业务往来收款、收费有问题的，税务机关有权进行合理调整。

（3）明确纳税检查的职权范围。《税收征管法》对纳税检查的内容、项目规定比较具体。如到纳税人的货物存放地进行检查，可以查核从事生产、经营纳税人存款账户和储蓄存款等。纳税人、扣缴义务人必须接受机关依法进行的纳税检查，不得拒绝、隐瞒。

**（三）充分体现了对纳税人合法权益的保护**

（1）税款延期缴纳的规定。这一规定主要是为了缓解纳税人因有特殊困难（如自然灾害的影响、意外事故的发生等），不能按期缴纳税款的。这样有利于企业调整生产，于国家、于纳税人都有利。

（2）对税务机关规定了税收保全措施的约束。税务机关采取税收保全措施不当，或者纳税人在限期内已缴纳税款，税务机关未立即解除税收保全措施，使纳税人的合法权益损失的，税务机关应当承担赔偿责任。

（3）保护纳税人的应纳税额的权利。纳税人超过应纳税额缴纳的税款，税务机关发现后应当立即退还；纳税人自结算缴纳税款之日起三年内发现的，可以向税务机关要求退还，以保护纳税人的合法权益。

（4）赋予纳税人对复议的选择权。纳税人对税务机关的处罚决定、强制执行措施或者税收保全措施不服的，可以先申请复议后起诉，也可以直接向法院起诉。

**（四）严格了对税务机关行使职权的约束**

《税收征管法》不仅重申了税收集中的一贯原则，而且强调了税务机关不得违反法律、行政法规的规定，擅自决定开征、停征或减税、免税、退税、补税；税务机关征收税款和扣缴义务人代扣、代收税款时，必须给纳税人开具完税凭证；对税收保全措施、强制执行措施的行使，以及查核银行账户等检查手段的实施等都规定了严格的使用条件，包括经县以上税务局（分局）局长批准的手续。此外，还规定了对税务人员的约束。这些约束不仅可以防止税务机关用权不当或者滥用职权而发生侵权行为，避免因手续不全引起不必要的税收争议和法律后果，而且有利于促进和加强税务队伍的廉政建设。同时，这也是在更高层次上体现对纳税人合法权益的保护。

**（五）明确了税务所等行政执法主体的法律地位**

税务所是最基层的执法单位，但长期以来对其执法主体的合法地位却一直不明确，因为税务所是派出机构而不承认其作为独立的执法主体存在。《税收征管法》第十四条规定，本法所称税务机关是指各级税务局、税务分局、税务所和按照国务院规定设立的并向社会公告的税务机构。《税收征管法》明确规定了税务机关是各级税务局、税务分局和税务所，这就赋予其征、管、查处的行政职权，使其在行政诉讼中拥有诉讼主体的资格。《税收征管法实施细则》第九条规定，《税收征管法》第十四条所称按照国务院规定设立的并向社会公告的税务机构，是指省以下税务局的稽查局。稽查局专司偷税、逃避追缴欠税、骗税、抗税案件的查处。该条第二款规定，国家税务总局应当明确划分税务局和稽查局的职责，避免职责交叉。由此从三个层面上规定了稽查执法主体的特殊性：一是省以下税务局的稽查局具有执法主体资格。二是将税务机关的部分职责分离给稽查局，即专司偷税、逃避追缴欠税、骗税、抗税案件的查处，同时授权国家税务总局明确划分税务局和稽查局的职责。三是税务局与稽查局应当各司其职，不得混淆执法主体。

此外，纳税人、扣缴义务人可以委托税务代理人代为办理税务事宜。税务代理人制度是目前世界上比较通行，特别是西方发达国家普遍采用的一种税收管理制度。大多数发展中国家也在积极地加以试行和推广。税务代理在我国是一项新生事物。《税收征管法》除了在第六章第八十九条中作了规定外，还在《税收征管法实施细则》中对税务代理进一步作了具体规定。1994 年 9 月 22 日国家税务总局颁发了《税务代理试行办法》，将税务代理系统化、规范化，这必将对税务代理的健康发展起到积极作用。

# 第四节 税务管理的方法

## 一、法律的方法

税务管理的法律方法是指国家通过制定税收法规和进行税务司法工作，来调整和制约税收分配关系的管理方法。

法律方法的实质是依法治税。我国税务管理中法律方法的主要表现形式是税收立法、税收执法和税收司法。

法律的方法具有权威性、强制性、稳定性和规范性。权威性是指税法是由国家权力机关颁布实施的，在其管辖范围内任何单位和个人都不得违反。强制性是指税收法律、法规和规章是以国家强制力保证实施，违反了税收法律、法规和规章就要承担相应的法律后果。稳定性是指一经颁布的税收法律、法规和规章，不能朝令夕改，要变更需经过严密的法定程序，在新的税收法律、法规和规章未颁布实施前，必须遵守原有的税法。规范性是指税法是征纳双方的活动准则，其语言要求严格、准确，税收法律、法规和规章之间不允许相互冲突。依法治税是发展我国社会主义市场经济的需要，只有坚持依法治税的原则，才能切实加强税务管理。法律的方法是税务管理的重要方法。

## 二、行政的方法

税务管理的行政方法是指税务机关凭借行政权力，通过强制性的行政命令，直接对管理对象产生影响的方法。

行政的方法具有强制性、垂直性和针对性。强制性表现在要求特定对象在思想上、行动上、纪律上服从统一意志，其具体手段有命令、指令、指示、下达任务等。这种强制性能保证有效地贯彻实施国家税收法律制度，保证税务管理的集中统一领导和税收决策、计划目标的圆满实现。垂直性表现在税务机关设置上下基本对口管理的行政机构，保证税收任务层层落实，保证税务机关上下协调一致，有效地解决工作中出现的情况和问题。针对性表现在税务机关对税务管理中出现的重要情况和特殊问题，能以指令、命令等方式及时采取措施予以解决。税务机关作为行政机关，采用行政的方法进行税务管理，要发挥人的主观能动性，不断提高管理者的素质，使其发出的指示或命令能符合税收分配规律。

## 三、激励的方法

激励的方法是指在税收征管过程中，通过刺激、鼓励来影响管理对象的一种特殊而有效的管理方法。

激励包括奖和惩两个方面，包括物质的和精神的两种形式。如为贯彻国家税法，严肃法纪，对违反税收征收管理法规的行为，除要追补税款外，还要视情节轻重，依法给予经济制裁，促使纳税人依法纳税；对遵纪守法的纳税人和扣缴义务人，给予表彰和适当的奖励。同时，对税务机关及其人员的业绩进行考核，对贯彻落实岗位责任制和目标管理，工作表现突出，成绩卓著者给予奖励；对玩忽职守，工作表现差的予以经济的或行政的制裁，以造就一支政治坚定、执法严明、廉洁奉公、文明高效的专业化税务管理干部队伍。

## 四、宣传教育的方法

宣传教育的方法是指在税收征管过程中，通过宣传税收法律、法规、规章和说服教育来影响管理对象的一种方法。

国家的税收法律、法规和规章能否贯彻执行，在一定程度上取决于纳税人知法、守法的程度。税务机关只有通过长期广泛的宣传、辅导和咨询服务，才能使纳税人从不自觉到自觉依法履行纳税义务。另外，宣传教育也适合税务系统自身建设和管理的需要，通过不断的宣传教育，增强税务机关及其工作人员的责任感、使命感，做到依法治税，防止"人情税"等不良现象的出现，从而全面提高税务管理工作的质量和效率。

# 复习思考题

**名词解释**

1. 税务管理
2. 税务管理的计划职能
3. 税务行政管理
4. 稽查管理

**简答题**

1. 什么是税务管理，其要素包括哪些？
2. 税务管理有什么作用？
3. 税务管理的内容有哪些？
4. 税务管理的原则有哪些？
5. 税务管理的方法有哪些？如何运用？

# 第二章　税收管理体制

**【本章要点】**

税收管理是在一定形式的税收管理体制下进行的，税收管理体制从制度上保证了税收管理工作的顺利进行和税收职能作用的发挥。本章介绍税收管理体制的概念和原则，在此基础上详细阐述了税权的划分、税收管理相关法律分类、税收管理法律的适用原则以及我国税务机构设置和征管范围的划分。

## 第一节　税收管理体制的概念和原则

### 一、税收管理体制的概念

税收管理体制是划分中央和地方税收管理权限的一项制度。它是国家税收制度的重要组成部分，也是国家财政管理体制的重要内容。

税收管理权限包括税收立法权、税法解释权、税种的开征或停征权、税收减免权、税目和税率的调整权等。这些税收管理权限在各级政府之间进行划分，并根据需要进行调整和修改，时而集中，时而分散，由此形成各种类型的具体税收管理体制。合理确定税收管理权限，对于正确处理税收管理的集权与分权的关系、充分调动中央和地方的积极性具有十分重要的意义。

### 二、税收管理体制的原则

#### （一）统一领导、分级管理的原则

统一领导、分级管理的原则是我国建立税收管理体制的基本原则。"统一领导"就是全国性税收的立法和管理制度的制定，必须在中央统一领导下进行。"分级管理"就是根据分税制划分的中央税和地方税的具体税种，分别由中央和地方行使管理权。统一领导和分级管理，是集权与分权的辩证统一，它们之间具有统一性，但也存在着非对抗性矛盾。如果不恰当地强调其中一个方面而忽视另一个方面，都会给经济发展带来不利的影响。因此，在我国目前的管理体制由集权型向分权型过渡以及集中力量进行经济建设过程中，一定要全面贯彻统一领导、分级管理的原则，真正做到"大权集中，小权分散，统而不死，活而不乱"，以推动我国社会主义现代化事业更快更好地发展。

**（二）责、权、利相结合的原则**

税收管理体制中的责任、权力、利益应该是相互联系、不可分割的有机整体。税收管理体制是以划分中央与地方税收管理权限为中心内容的纵向管理权责制度。建立科学合理的税收管理体制，明确管理权限，有利于协调中央与地方在税收分配中的责、权、利关系，调动中央与地方的积极性。

税收管理权责制度体系在税务管理体系中占有十分重要的地位，是税务管理运行机制必不可少的依据条件，它对各级管理主体的权责起着规定、制约和协调作用，是管理主体行使税收管理权的行为规范。无论是中央还是地方，都必须严格按既定的权责范围处理税收问题，不得超越权限。

**（三）按收入归属划分税收管理权限的原则**

分税制改革要求按照收入归属划分税收管理权限的原则，改变了传统的按税种和额度划分管理权限的做法。按收入归属划分税收管理权限，即凡属中央税和中央、地方共享税，其管理权限在中央；凡属地方税，其管理权限在地方。只有明确地划分了税收管理权限，才能使责、权、利统一起来，才谈得上"统一领导、分级管理"，也才可能避免越权，防止互相扯皮现象的发生。

**（四）有利于促进社会主义市场经济发展的原则**

建立税收管理体制，要在遵循市场经济规律的基础上。由于中央政府承担宏观调控的主要任务，因而把关系国民经济全局的税收的管理权限相对集中在中央，如关税、消费税等；对涉及局部地区经济利益的税收问题，税收管理权限适当下放给地方，如屠宰税、筵席税等；对某些重要的税收管理权限，逐步缩小甚至消除地区间的差别，消除地方保护主义，以利于公平税负、平等竞争，促进全国统一市场的形成。

# 第二节　税收权限的划分

## 一、税收立法权划分的类型

税收立法权是指制定、修改、解释或废止税收法律、法规、规章和规范性文件的权力。它包括两方面的内容：一是什么机关有税收立法权；二是各级机关的税收立法权是如何划分的。税收立法权的明确有利于保证国家税法的统一制定和贯彻执行，充分、准确地发挥各级有权机关管理税收的职能作用，防止各种越权自定章法、随意减免税收现象的发生。

税收立法权的划分可以按不同的方式进行。

首先，可以按照税种类型的不同来划分。如按流转税类、所得税类、地方税类来划分。有关特定税收领域的税收立法权通常全部给予特定一级的政府。

其次，可以按照税种的基本要素来划分。任何税种的结构都由几个要素构成：纳税人、征税对象、税基、税率、税目、纳税环节等。理论上，可以将税种的某一要素如税基和税率的立法权授予某级政府，但在实践中这种做法并不多见。

最后，可以按照税收执法的级次来划分。把立法权给予某级政府，而把行政上的执行权给予另一级，这是一种传统的划分方法，适用于任何类型的立法权。根据这种模式，将有关纳税主体、税基和税率的基本法规的立法权放在中央政府，而将更具体的税收实施规定的立法权给予较低级政府。因此，需要指定某级政府制定不同级次的法律。我国税收立法权的划分属于此种类型。

## 二、我国税收立法权划分的现状

第一，中央税，中央、地方共享税以及全国统一实行的地方税的立法权集中在中央，以保证中央政令统一，维护全国统一市场和企业平等竞争。其中，中央税是指维护国家权益、实施宏观调控所必需的税种，具体包括消费税、关税、车辆购置税、海关代征增值税和消费税等。中央、地方共享税是指与经济发展直接相关的主要税种，具体包括增值税（中央分享75%，地方分享25%）、企业所得税、个人所得税、资源税（按不同的资源品种划分，海洋石油资源税作为中央税收，其他资源税作为地方税收）、证券交易印花税。地方税具体包括营业税、资源税、土地增值税、印花税、城市维护建设税、土地使用税、房产税、车船使用税等。

第二，依法赋予地方适当的地方税收立法权。我国地域辽阔，地区间经济发展水平很不平衡，经济资源包括税源都存在着较大差异，这种状况给全国统一制定税收法律带来了一定的困难。因此，随着分税制改革的进行，有前提地、适当地给地方下放一些税收立法权，使地方可以实事求是地根据自己特有的税源开征新的税种，促进地方经济的发展。这样，既有利于地方因地制宜地发挥当地的经济优势，又便于同国际税收惯例对接。

具体地说，我国税收立法权划分的层次是这样的：

（1）全国性税种的立法权，即包括全部中央税和在全国范围内征收的地方税税法的制定、公布和税种的开征、停征权，属于全国人民代表大会（简称全国人大）及其常务委员会（简称常委会）。

（2）经全国人大及其常委会授权，全国性税种可先由国务院以"条例"或"暂行条例"的形式发布施行。经一段时期后，再行修订并通过立法程序，由全国人大及其常委会正式立法。

（3）经全国人大及其常委会授权，国务院有制定税法实施细则、增减税目和调整税率的权力。

（4）经全国人大及其常委会授权，国务院有税法解释权；经国务院授权，国家税务主管部门（财政部和国家税务总局）有税收条例解释权和制定税收条例实施细则的权力。

（5）省级人民代表大会及其常务委员会有根据本地区经济发展的具体情况和实际需要，在不违背国家统一税法、不影响中央财政收入和不妨碍社会主义统一市场的前提下，开征全国性税种以外的地方税种的税收立法权。税法的公布，税种的开征、停征，由省级人民代表大会及其常务委员会统一规定，所立税法在公布实施前须报全国人大常委会备案。

（6）经省级人民代表大会及其常务委员会授权，省级人民政府有本地区地方税法的解释权和制定税法实施细则，调整税目、税率的权力，也可在上述规定的前提下制定一些税收征收办法，还可以在全国性地方税条例规定的幅度内，确定本地区适用的税率或税额。上述权力除税法解释权外，在行使后和发布实施前须报国务院备案。

地区性地方税收的立法权应只限于省级立法机关或经省级立法机关授权的同级政府，不能层层下放。所立税法可在全省（自治区、直辖市）范围内执行，也可只在部分地区执行。

关于我国现行税收立法权的划分问题，迄今尚无一部法律对之加以完整规定，只是散见于若干财政和税收法律、法规中，尚有待于对税收基本法作出统一规定。

## 三、税收执法权的划分

根据国务院《关于实行财政分税制有关问题的通知》等有关法律、法规的规定，我国新税制下税收执法管理权限的划分大致如下：

（1）根据国务院关于实行分税制财政管理体制的决定，按税种划分中央和地方的收入。将维护国家权益、实施宏观调控所必需的税种划为中央税；将与国民经济发展直接相关的主要税种划为中央、地方共享税；将适合地方征管的税种划为地方税，并充实地方税税种，增加地方税收收入。根据按收入归属划分税收管理权限的原则，对中央税，其税收管理权由国务院及其税务主管部门（财政部和国家税务总局）掌握，由中央税务机构负责征收；对地方税，其管理权由地方人民政府及其税务主管部门掌握，由地方税务机构负责征收；对中央、地方共享税，其管理权限按中央和地方政府各自的收入归属划分，由中央税务机构负责征收，共享税中地方分享的部分，由中央税务机构直接划入地方金库。

（2）地方自行立法的地区性税种，其管理权由省级人民政府及其税务主管部门掌握。

（3）根据《国务院关于取消集市交易税、牲畜交易税、烧油特别税、奖金税、工资调节税和将屠宰税、筵席税下放地方管理的通知》的有关规定，省级人民政府可以根据本地区经济发展的实际情况，自行决定继续征收或者停止征收屠宰税和筵席税。继续征收的地区，省级人民政府可以根据《屠宰税暂行条例》和《筵席税暂行条例》的规定，制定具体征收办法，并报国务院备案。

（4）属于地方的税收管理权限，在省级及其以下的地区如何划分，由省级人民代表大会或省级人民政府决定。

（5）除少数民族自治区和经济特区外，各地均不得擅自停征全国性的地方税种。

（6）经全国人大及其常委会和国务院批准，民族自治地方可以拥有某些特殊的税收管理权，如全国性地方税种某些税目税率的调整权以及一般地方税收管理权和其他管理权等。

（7）经全国人大及其常委会和国务院批准，经济特区可以在享有一般地方税收管理权之外，拥有一些特殊的税收管理权。

（8）上述地方（包括少数民族自治地区和经济特区）的税收管理权的行使，必须以不影响国家宏观调控和中央财政收入为前提。

（9）涉外税收必须执行国家的统一税法，涉外税收政策的调整权集中在全国人大常委会和国务院，各地一律不得自行制定涉外税收的优惠措施。

（10）根据国务院的有关规定，为了更好地体现公平税负、促进竞争的原则，保护社会主义统一市场的正常发育，在税法规定之外，一律不得减税、免税，也不得采取先征后返的形式变相减免税。

## 四、税务管理相关法律的分类

税务管理相关法律是指税务管理活动涉及的全部法律规范的总和，是开展税务管理工作的基本依据。税务管理相关法律可按照不同的标准进行分类。

### （一）税收法律和其他相关法律

这是按照法律所调整对象的不同进行的分类。税收法律是直接调整税收法律关系的各种法律规范的总称，如《税收征管法》、《中华人民共和国增值税暂行条例》（以下简称《增值税暂行条例》）等税收法律。其他相关法律是指在调整行政法律关系、刑事法律关系及其他法律关系的同时，也调整税收法律关系的法律，如《中华人民共和国行政处罚法》（以下简称《行政处罚法》）、《中华人民共和国刑法》（以下简称《刑法》）等。

### （二）实体法和程序法

这是按照法律内容的不同进行的分类。实体法是规定税收法律关系主体的权利和义务的法律，如《增值税暂行条例》、《中华人民共和国营业税暂行条例》（以下简称《营业税暂行条例》）等。程序法是规定实现实体法确定的权利和义务所需程序的法律，如《中华人民共和国行政诉讼法》（以下简称《行政诉讼法》）。实际上，许多法律既有实体内容又有程序内容，如《税收征管法》、《行政处罚法》。

### （三）普通法和特别法

这是按照法律适用范围的不同进行的分类。普通法是对全国范围内的一般人、一般事，在一般情况下普遍有效的法律，如《刑法》等。特别法是对特定人、特定事，或在特定地区、特定时期有效的法律，如《中华人民共和国个人所得税法》（以下简称《个人所得税法》）。

### （四）宪法、法律、行政法规、地方性法规、规章、规范性文件

这是按照法的效力来源和效力等级的不同进行的分类。

宪法是一个国家的根本大法，具有最高法律权威和法律效力，是制定法律法规的依据。《中华人民共和国宪法》第五十六条规定，中华人民共和国公民有依照法律纳税的义务。

税收法律是享有立法权的国家最高权力机关依照法定程序制定的。我国税收法律是由全国人民代表大会及其常务委员会制定的，其法律地位和法律效力次于宪法。在我国现行税法体系中，《个人所得税法》、《中华人民共和国企业所得税法》、《税收征管法》和《中华人民共和国车船税法》等属于税收法律。

税收行政法规是国务院依据宪法和法律的授权所制定的，由总理签署国务院令公布，主要形式有"条例"或"暂行条例"。税收行政法规的效力低于宪法、税收法律。目前，税收行政法规有《增值税暂行条例》、《中华人民共和国消费税暂行条例》（以下简称《消费税暂行条例》）、《营业税暂行条例》、《中华人民共和国烟叶税暂行条例》、《中华人民共和国车辆购置税暂行条例》、《中华人民共和国进出口关税条例》、《中华人民共和国企业所得税法实施条例》（以下简称《企业所得税法实施条例》）、《中华人民共和国个人所得税法实施条例》（以下简称《个人所得税法实施条例》）、《中华人民共和国土地增值税暂行条例》等。

地方性税收法规是省、自治区、直辖市以及省级人民政府所在地的市和国务院批准的较大的市人民代表大会及其常务委员会，依据宪法、税收法律和税收行政法规，结合本地区的实际情况制定的。另外，自治地方的人民代表大会有权依照当地民族的政治、经济和文化的特点，制定税收单行条例。地方性税收法规仅在制定地范围内适用。

税收规章分为税收部门规章和地方税收规章。税收部门规章是国务院税收主管部门（财政部和国家税务总局）依据税收法律法规，在本部门权限内按照规定程序制定的，如《税务行政复议规则》、《税务代理试行办法》等。地方税收规章是省、自治区、直辖市以及较大的市级人民政府根据法律法规及地方性法规制定的。税收规章是税收征管活动的重要依据，但其法律效力较低。一般情况下，税收规章不作为税收司法的直接依据，但具有参照性的效力。司法机关在参照规章时，应当对规章的规定是否合法有效进行判断，对合法有效的规章应当适用。规章制定机关作出的与规章具有同等效力的规章解释，人民法院审理行政案件时参照适用。

税收规范性文件是行政机关依据法律、行政法规、规章的规定制定的，是对税收法律、行政法规、规章的具体化和必要补充。它在税收工作领域中数量最多、法律效力最低。

### （五）国内法和国际法

这是按照法的创制主体和适用主体的不同进行的分类。国内法是指一个主权国家制定的实施于本国的法律。国际法是国际法律关系主体参与制定或公认的适用于各个主体之间的法律。

在税收领域涉及国际法的，主要是国际税收条约、协定。国际税收条约、协定是国家之间根据国际法的规定，为确立其税收方面的相互权利和义务而缔结的书面协议。国际税收条约包括一般性的税收条约和特别税收条约。一般性的税收条约通常是多数国家参加的，主题事项涉及世界性税收问题，起着创立一般适用的国际法原则和规则的作用，如 WTO 协定。特别税收条约，一般是由两个或两个以上国家为特定事项缔结的，如中美之间的税收互惠规定。

当国际法与国内法的规定不一致时，按国际法大于国内法的原则，应当执行国际法，但涉及税收优惠的应当按最优惠的规定执行。

## 五、税务管理相关法律的适用原则

为确保税务管理的具体行政行为合法有效，在税务管理活动中，运用相关法律应遵循以下原则：

### （一）法律优位原则

法律优位原则在税法中的作用主要体现在处理不同等级税法的关系上，位阶高的法律的效力高于位阶低的法律。法律优位原则表明法律、行政法规、地方性法规、规章及规范性文件的效力是依次递减的。如果效力低的与效力高的相抵触，效力低的应当服从效力高的。值得注意的是，当地方性法规与部门规章之间对同一事项的规定不一致，不能确定如何适用时，由国务院提出意见，国务院认为应当适用地方性法规的，应当决定在该地方适用地方性法规的规定；认为应当适用部门规章的，应当提请全国人大常委会裁决。部门规章之间、部门规章与地方政府规章之间对同一事项的规定不一致时，由国务院裁决。

### （二）法不溯及既往原则

法不溯及既往原则是绝大多数国家所遵循的法律适用原则，其基本含义为：一部新法实施后，对新法实施前人们的行为不得适用新法，而只能沿用旧法。在税法领域内坚持这一原则，目的在于维护税法的稳定性和可预测性，使纳税人能在知道纳税结果的前提下作出相应的经济决策。例如，我国 1993 年颁布的《税收征管法》第四十七条规定："扣缴义务人应扣未扣、应收未收税款的，由扣缴义务人缴纳应扣未扣、应收未收税款。但是，扣缴义务人已将纳税人拒绝代扣、代收的情况及时报告税务机关的除外。"此条没有规定对应扣未扣、应收未收税款的扣缴义务人处以罚款。而 2001 年颁布的新《税收征管法》第六十九条规定，对应扣未扣、应收未收税款的扣缴义务人处应扣未扣、应收未收税款 50% 以上三倍以下的罚款。按照法不溯及既往原则，对扣缴义务人发生在 2001 年 5 月 1 日之前的应扣未扣、应收未收税款的行为，税务机关不得处以罚款。

### （三）新法优于旧法原则

新法优于旧法原则也称后法优于先法原则，其基本含义为：新法、旧法对同一事项有不同规定时，新法的效力优于旧法。其作用在于避免因法律修订带来新法、旧法对同一事项有不同的规定而给法律适用带来混乱，为法律的更新与完善提供法律适用上的保障。新法优于旧法原则的适用，以新法生效实施为标志，新法生效实施以后用新法，新法实施以前包括新法公布以后尚未实施这段时间，仍沿用旧法，新法不发生效力。

### （四）特别法优于普通法原则

此原则的含义为对同一事项两部法律分别有一般和特别规定时，特别规定的效力高于一般规定的效力。凡是特别法中作出规定的，即排斥普通法的适用。如在行政复议领域，《税收征管法》相对于《中华人民共和国行政复议法》（以下简称《行政复议法》）而言，是特别法。按照《行政复议法》的规定，当纳税人对税务机关的税务处理决定存在异议时，可以直接申请复议。但《税收征管法》第八十八条规定，纳税人、扣缴义务人、纳税担保人同税务机关在纳税上发生争议时，必须先依照税务机关的纳税决定缴纳或者解缴税款或者提供相应的担保，然后才可以依法申请行政复议。按照特别法优于普通法的原则，此时纳税人就应当按照《税收征管法》的规定先缴纳或者解缴税款或者提供相应的担保，然后才可以依法申请行政复议。

## 第三节　税务机构设置和税收征管范围划分

### 一、税务机构沿革

#### （一）革命根据地税务机构演变

第二次国内革命战争时期，为了保障根据地革命政权的需要，1930 年年初鄂豫皖、湘鄂西、川陕等根据地相继正式宣布成立税务局，初步建立了税收制度，但由于税收工作尚处在创建阶段，税务机构很不健全。

抗日战争时期，中国共产党坚持敌后抗日，先后建立了许多面积较大的抗日根据地，努力发展经济，为建立税务机构奠定了基础。1937 年，陕甘宁边区税务机关在三边成立。1938 年，晋察冀边区政府建立了税务局。1940 年，山东抗日根据地建立了各级税务领导机构。1941 年，根据中共中央的指示，陕甘宁边区政府决定成立边区税务总局、边区税务分局、县市税务局、税务所 4 级机构，加强税收管理，增加了财政收入。抗战期间，税务机构的逐步建立，对保证根据地财政收入的增加起了重要作用，为抗战的最后胜利作出了贡献。

解放战争时期，各解放区相继建立了区域性的税务总局，统一领导所属税务机构。1947年2月，东北税务总局成立。1948年10月，华北税务总局成立。在此期间，还先后成立了西北、华中、山东以及内蒙古税务总局。区域性税务机构的建立，适应了当时全国解放战争形势发展的需要，为新中国成立后统一税务机构创造了条件。

**（二）新中国成立后税务机构演变**

1949年11月28日，政务院复函财政部，同意建立全国税务总局。1950年1月1日，财政部税务总局正式成立。同年1月27日，政务院第十七次政务会议通过并由财政部发布实施《全国各级税务机关暂行组织规程》，规定全国设下列各级税务机关：中央财政部税务总局，区税务管理局，省、盟或中央直辖市、区辖市税务局，专区税务局及省辖市税务局，县、旗、市、镇税务局，税务所。

1955年第五届全国税务会议根据当时社会经济的发展情况，提出了对各级税务机构进行调整的意见。各级税务机关的组织机构为：县、市以上仍按行政区划设置，县以下的乡镇根据税源情况照顾行政区划设置。全国税务机关原则上分为税务总局，省、自治区、直辖市税务局和省辖市、县税务局3级。根据这些要求，各地税务机构作了相应调整。1958年"大跃进"时期，由于农村取消征税，城市试行国营企业"税利合一"的试点，税收的地位和作用被忽视，税务机构被兼并，许多基层税务机构被撤销。1961年以后贯彻执行"调整、巩固、充实、提高"八字方针，加强税收工作，税务机构相继得到恢复。

"文化大革命"期间，从税务总局到基层税务机构又进行了一次大撤并。1967年，税务总局工作由财政部业务组下设的一个税收业务组办理，各地还将税务局同工商、银行、财政、物价等部门合并在一起，有的地区撤销了全部税务所。1975年才恢复了税务总局的建制。1978年4月召开的全国税务工作会议提出：省和自治区都要设立税务局，专、市、县原则上都要单独设立税务局。1982年4月，国务院批转财政部《关于加强省、自治区税务局机构的报告》，决定省、自治区税务局的机构升半格，高于处级单位。到1990年上半年，全国已有27个省、自治区、直辖市单独设立税务局。在此期间，1982年8月，国务院批准成立中国海洋石油税务局。1988年5月，国务院决定将财政部税务总局改为国家税务局，为国务院直属局级机构，由财政部归口管理。同年12月，国务院再次明确规定全国税务系统实行上级税务机关和同级人民政府双重领导，以税务机关垂直领导为主。1993年，国家行政机构改革，国家税务局改为国家税务局总局，直属国务院领导。1994年，根据我国经济和社会发展及实行分税制财政管理体制的需要，税务机构设置是中央政府设立国家税务总局（正部级），省及省以下税务机构分为国家税务局和地方税务局两个系统。

国家税务总局是国务院主管税收工作的直属机构，对国家税务局系统实行机构、编制、干部、经费的垂直管理，协同省级人民政府对省级地方税务局实行双重领导。

**（三）现行国家税务总局内设机构**

2008 年 7 月 17 日，国务院正式下发了国务院常务会议审议通过的《国家税务总局主要职责、内设机构和人员编制规定》，对国家税务总局进行机构改革，总局内新组建纳税服务司、征管和科技发展司、大企业税收管理司、督察内审司、货物和劳务税司 5 个司。因而，现行国家税务总局设有办公厅、法规司、货物和劳务税司、所得税司、财产行为税司、国际税务司、规划核算司、纳税服务司、征管和科技发展司、大企业税收管理司、稽查局、财务司、督察内审司、人事司、监察局、教育中心、服务中心、信息中心等司局级部门。

**（四）省以下国家税务局系统机构设置**

省以下国家税务局系统包括省、自治区、直辖市国家税务局，地区、地级市、自治州、盟国家税务局，县、县级市、旗国家税务局以及征收分局、税务所。征收分局、税务所是县级国家税务局的派出机构，前者一般按照行政区划、经济区划或行业设置，后者一般按照经济区划或者行政区划设置。

省级国家税务局是国家税务总局直属的正厅（局）级行政机构，是本地区主管国家税收工作的职能部门，负责贯彻执行国家的有关税收法律、法规和规章，并结合本地实际情况制定具体实施办法。局长、副局长均由国家税务总局任命。

**（五）省以下地方税务局系统机构设置**

地方税务局系统包括省、自治区、直辖市地方税务局，地区、地级市、自治州、盟地方税务局，县、县级市、旗地方税务局以及征收分局、税务所。省以下地方税务局实行上级税务机关和同级政府双重领导、以上级税务机关垂直领导为主的管理体制，即地区（市）、县（市）地方税务局的机构设置、干部管理、人员编制和经费开支均由所在省（自治区、直辖市）地方税务局垂直管理。

省级地方税务局是省级人民政府的主管本地区地方税收工作的职能部门，一般为正厅（局）级行政机构，实行地方政府和国家税务总局双重领导、以地方政府领导为主的管理体制。

国家税务总局对省级地方税务局的领导，主要体现在税收政策、业务的指导和协调，对执行国家统一的税收制度、政策的监督，组织经验交流等方面。省级地方税务局的局长人选由地方政府在征求国家税务总局意见之后任免。

## 二、税收征收管理范围划分

目前，我国的税收分别由财政、税务、海关等系统负责征收管理。

**（一）国家税务总局的主要职责**

（1）拟定税收法律法规草案，制定实施细则；提出国家税收政策建议并与财政部共同审议上报、制定贯彻落实的措施。

（2）参与研究宏观经济政策、中央与地方的税权划分，提出完善分税制的建议；研究税负总水平，提出运用税收手段进行宏观调控的建议；制定并监督执行税收业务的规章制度；指导地方税收征管业务。

（3）组织实施税收征收管理体制改革；制定征收管理制度；监督检查税收法律法规、方针政策的贯彻执行。

（4）组织实施中央税，中央、地方共享税，农业税及国家指定的基金（费）的征收管理；编报税收长远规划和年度税收收入计划；对税收法律法规执行过程中的征管和一般性税政问题进行解释；组织办理工商税收减免及农业税特大灾歉减免等具体事项。

（5）开展税收领域的国际交流与合作；参加涉外税收的国际谈判，草签和执行有关的协议、协定。

（6）办理进出口商品的税收及出口退税业务。

（7）管理国家税务局系统（以下简称国税系统）的人事、劳动工资、机构编制和经费；管理省级国家税务局的正副局长及相应级别的干部，对省级地方税务局局长任免提出意见。

（8）负责税务队伍的教育培训、思想政治工作和精神文明建设；管理直属院校。

（9）组织税收宣传和理论研究；组织实施注册税务师的管理；规范税务代理行为。

（10）承办国务院交办的其他事项。

**（二）国家税务局系统负责征管的项目**

国家税务局系统负责征收和管理的项目有：增值税，消费税，车辆购置税，铁道部门、各银行总行、各保险总公司集中缴纳的营业税、所得税、城市维护建设税，中央企业缴纳的所得税，中央与地方所属企业、事业单位组成的联营企业、股份制企业缴纳的所得税，地方银行、非银行金融企业缴纳的所得税，海洋石油企业缴纳的所得税。从 2009 年 1 月 1 日起，新增企业所得税，应缴纳增值税的企业所得税，企业所得税全额为中央收入的企业和在国税局缴纳营业税的企业所得税，银行（信用社）、保险公司的企业所得税，外商投资企业和外国企业常驻代表机构的企业所得税、资源税，证券交易税（开征之前为对证券交易征收的印花税），个人所得税中对储蓄存款利息所得征收的税款的滞纳金、补税、罚款（国务院决定于 2008 年 10 月 9 日起对储蓄存款利息所得暂免征收个人所得税），由国税系统负责征管。

**（三）地方税务局系统负责征管的项目**

地方税务局系统负责征收和管理的项目有：营业税，城市维护建设税（不包括上述由国税系统负责征收管理的部分），地方国有企业、集体企业、私营企业缴纳的所得税。自 2009 年 1 月 1 日起应缴纳营业税的企业，其企业所得税由地税局管理；其他各类金融企业（除上述由国税系统负责征管的以外）的企业所得税由地税局管理，按税法规定免缴流转税的企业，按其免缴的流转税税种确定企业所得税征管归属；既不缴纳增值税，也不缴纳营业税的企业，其企业所得税暂由地税局管理。地方税务局系统还负责征管以下项目：个人所得税（不包括对银行储蓄存款利息所得征收的部分），资源税，城镇土地使用税，耕地占用税，土地增值税，房产税，车船使用税，印花税，契税，烟叶税，固定资产投资方向调节税（固定资产投资方向调节税已经从 2000 年起暂停征收）和筵席税（筵席税已经下放给地方管理，征收与否由省级人民政府根据当地的具体情况自行决定，各地已经停止征收），地方税附征的教育费附加，地方税的滞纳金、补税、罚款。在部分地区地方税务局还负责社会保险费及其他一些地方规费的征收。

　　企业所得税的征管范围调整以 2008 年为基年，2008 年年底之前国税局、地税局各自管理的企业所得税纳税人不作调整。2008 年年底之前已成立跨区经营汇总纳税企业，从 2009 年起新设立的分支机构，其企业所得税的征管部门应与总机构企业所得税征管部门相一致；从 2009 年起新增跨区经营汇总纳税企业，总机构按基本规定确定的原则划分征管归属，其分支机构企业所得税的管理部门也应与总机构企业所得税管理部门相一致。既缴纳增值税又缴纳营业税的企业，原则上按照其税务登记时自行申报的主营业务应缴纳的流转税税种确定征管归属；企业税务登记时无法确定主营业务的，一般以工商登记注明的第一项业务为准；一经确定，原则上不再调整。

　　为了加强税收征收管理，降低征收成本，避免工作交叉，简化征收手续，方便纳税人，在某些情况下，国家税务局和地方税务局可以相互委托对方代征某些税收。

　　部分地区，契税和耕地占用税由地方财政部门征收和管理。

　　海关系统负责征收和管理的项目有：关税、船舶吨税以及行李和邮递物品进口税。此外，负责代征进出口环节的增值税和消费税。

## 三、中央政府与地方政府税收收入划分

　　根据国务院关于实行分税制财政管理体制的规定，我国的税收收入分为中央政府固定收入、地方政府固定收入和中央政府与地方政府共享收入。

　　（1）中央政府固定收入包括：国内消费税，车辆购置税，关税，海关代征增值税、消费税等。

　　（2）地方政府固定收入包括：城镇土地使用税、耕地占用税、土地增值税、房产税、车船使用税、契税、烟叶税、固定资产投资方向调节税和筵席税及其地方附加税。其中，固定资产投资方向调节税和筵席税已经停止征收。

　　（3）中央政府与地方政府共享收入包括：

　　①国内增值税：中央政府分享 75%，地方政府分享 25%。

　　②营业税：铁道部、各银行总行、各保险总公司集中缴纳的部分和金融、保险

企业集中缴纳的部分归中央政府，其余部分归地方政府。

③企业所得税、外商投资企业和外国企业所得税：铁道部、各银行总行及海洋石油企业缴纳的部分归中央政府，其余部分中央与地方政府共享。中央政府分享60%，地方政府分享40%。

④个人所得税：中央政府分享60%，地方政府分享40%。

⑤资源税：海洋石油企业缴纳的部分归中央政府，其余部分归地方政府。

⑥城市维护建设税：铁道部、各银行总行、各保险总公司集中缴纳的部分归中央政府，其余部分归地方政府。

⑦印花税：从2002年起，证券交易印花税收入的97%归中央政府，其余3%和其他印花税收入归地方政府。

此外，在西藏自治区，除关税和进口环节的增值税、消费税以外，在该自治区征收的其他税收全部留给该自治区。

# 复习思考题

**名词解释**

1. 税收管理体制
2. 税收立法权
3. 实体法和程序法
4. 普通法和特别法
5. 法律不溯及既往

**简答题**

1. 什么是税收管理体制？
2. 试述我国税务机构的沿革。
3. 税收征管范围如何划分？
4. 税收管理体制的原则是什么？
5. 税收管理权包括哪些内容？
6. 我国现行中央和地方共享收入有哪些？

# 第三章　税收征收管理

**【本章要点】**

本章首先对税务登记这一税收征收管理的首要环节作了详尽的介绍，并介绍了账簿凭证的基本内容。纳税申报是税收征收管理制度的重要组成部分，本章在最后部分详细介绍了纳税申报实务，务求能让读者充分熟悉和理解纳税申报实务的办事流程。

## 第一节　税务登记

税务登记又叫纳税登记，是税务机关依法对纳税人开业、停业、复业及其他生产经营活动情况变化进行登记管理的一项基本制度。对税收法律关系的双方——纳税人和征税机关都有重要意义。

### 一、税务登记的对象

根据《税收征管法》的有关规定，需办理税务登记的对象主要有四类：

一是指从事生产经营的纳税人，这类纳税人一般均须领取工商营业执照，包括：企业，企业在外地设立的分支机构和从事生产、经营的场所，个体工商户和从事生产、经营的事业单位（以下统称从事生产、经营的纳税人），自领取营业执照之日起30日内，须持有关证件，向税务机关申报办理税务登记；二是指不从事生产经营的纳税人，但依照法律、行政法规定负有纳税义务的单位和个人，除临时取得应税收入或发生应税行为以及只缴纳个人所得税、车船使用税的外，也应按规定向税务机关办理税务登记；三是指负有代扣代缴、代收代缴义务人应向税务机关申报登记领取代扣代缴或代收代缴税款凭证；四是指从事生产、经营的纳税人到外县（市）经营，在同一地累计超过180天的，应当在营业地办理税务登记证。

### 二、税务登记的基本要求

**（一）实行"统一代码，分别登记，分别管理"**

税务登记包括开业、变更和注销登记以及税务登记验证、换证、增值税一般纳税人年检、非正常户处理等内容。税务机构分设后，国家划清了税务登记的管理范围，实行了"统一代码，分别登记，分别管理"。

所谓统一代码，是指纳税人在全国范围统一只有一个纳税人识别号，即税务登记号。不论是哪个税务局登记——国税局还是地税局，只能赋予同一纳税人一个同一的纳税人识别号。

所谓分别登记和分别管理，是指既有国税机关管理的税收又有地税机关管理的税收的纳税人，应分别向主管的国税局和地税务局办理税务登记，分别接受管理。

《税收征收管理法》第十五条第二款规定，工商行政机关应当将其办理的营业执照情况，定期向税务部门通报。国家税务局和地方税务局也应当相互通报税务登记情况，对于在双方均需办理税务登记的纳税人的登记信息，应当相互及时提供。

**（二）不断加强对漏登漏管户的管理，提高税务登记率**

税务登记管理的难点是将应该进行税务登记管理的纳税人都纳入管理之中。我国当前税收征管的内外部环境存在着诸多影响税务登记管理的因素。从税源上看，随着我国经济转型，大量国企改制改组，个体私营经济的不断发展，新的经济形式、经营方式、生产模式、从业手段大量涌现，形成了多种经济成分并存的新格局。许多经营单位生产不固定、营业不正常、管理不规范不仅给基层税务部门进行税务登记管理造成了极大的困难，而且给税收征管带来了很大的难度。从征管改革上看，伴随着传统的专管员管户制的取消，税收管理模式向"征、管、查"三位一体新型模式转变，新老税收征管模式在转换过程中出现了一段不容忽视的"空位"，表现在税务人员只就"表"稽核、就"表"征税，对不依法办理税务登记户，没有明确由谁负责，加之和相关部门的协调机制不十分健全，因此存在着大量的漏征漏管户。针对这一现象，税务部门应将清理漏征漏管户作为工作重点之一，花大力气进行全面清理整顿。要抓好漏登户的管理，应做好税务机关各部门间的协调和税法宣传工作，不断提高公民遵守税法的意识。同时也要加强与工商、民政等部门的联系，掌握相关信息，从多方面入手，齐抓共管，相互协调，形成合力，堵塞疏漏，不断提高税务登记办证率。

**（三）规范纳税人档案资料，加强税源管理**

日常的税务征收管理工作是税务管理的基础性工作，也是一个执法活动的全过程，其工作核心是围绕如何组织税收收入，其活动内容可以分为征、管、查三大块。新的税收征管模式下的专业分工的实质是建立一种税收征管工作内部的权力制约机制，实现依法治税，并通过专业化分工提高征管效率。尽管新的税收征管模式没有表述管理系列的地位，但并不意味着"集中征收，重点稽查"就可以放松对税源的基础管理。相反，在取消专管员制度后，税务机关对税源户的掌握不再依赖专管员下户察看，要在没有专管员包办代替的前提下，全面推行纳税人自行申报纳税制，实现集中征收，税务机关必须更加高度重视税务登记管理等基础工作，建立详细、完整、真实、规范的纳税人分户档案，掌握纳税人全面、真实的纳税资料，对纳税人实行源泉控制，以保证纳税人遵守税法。可见，建立纳税人分户档案，作为对纳税人的事前监控，是税务登记管理的一项重要内容。

### 三、税务登记的主要内容

税务登记的内容主要是通过纳税人填写的税务登记表来体现的。税务登记表的内容包括：

（1）纳税人名称、投资各方名称、法定代表人或业主姓名及其居民身份证号码、护照或其他合法证件的号码。

（2）纳税人住所、经营地点。

（3）经济类型或经济性质、核算方式、分支机构、隶属关系。

（4）生产经营范围或经营方式，主营和兼营项目。

（5）注册资金（资本）、投资总额、开户银行及账号。

（6）财务负责人、办税人员姓名、职务。

（7）生产经营期限、从业人数、营业执照号码。

（8）其他有关事项。如企业的责任制形式，以及纳税人的分支机构，还应当登记总机构名称、地址、法定代表人、行业财务负责人及其他有关事项。外商投资企业和在中国境内设立机构的外国企业还应当登记账本位币、结算方式、会计年度以及境外机构的名称、地址、业务范围及其他有关事项。税务机关对纳税人提供的申请报告填报的税务登记表和附送的有关证件、资料进行调查核实后，对符合登记条件的给予登记，发给税务登记证件。税务登记证件包括：税务登记证和临时税务登记证及其副本、注册税务登记卡等。

### 四、税务登记的作用

建立税务登记制度，对于纳税人依法纳税和税务机关依法征税都有重要的作用。

（1）通过办理税务登记，税务机关能够全面掌握本地区从事工业、商业、交通运输业、饮食服务业、建筑安装业和其他各行各业等纳税人的户数，了解税源户的分布情况，合理地调配征管力量，防止漏户，有效地组织税收征管工作，减少税款的流失。

（2）有利于增强纳税人依法纳税的观念，提高纳税人计缴款的准确性，保证应缴税款及时足额地缴入国库。

### 五、税务登记的程序

税务登记按时间划分可分为开业登记、变更登记和注销税务登记。一般的程序应为：申请→受理→核准。开业、变更和注销登记各有其特点，因而在有些方面又有所不同。下面介绍各自的操作程序。

**（一）开业登记程序**

《税收征管法》第十五条规定："企业，企业在外地设立的分支机构和从事生产、经营的场所，个体工商户和从事生产、经营的事业单位（以下统称从事生产、经营的纳税人）自领取营业执照之日起三十日内，持有关证件，向税务机关申报办理税务登记。税务机关应当自收到申报之日起三十日内审核并发给税务登记证件。

工商行政管理机关应当将办理登记注册、核发营业执照的情况，定期向税务机关通报。

本条第一款规定以外的纳税人办理税务登记和扣缴义务人办理扣缴税款登记的范围和办法，由国务院规定。"

《税收征管法》第十七条规定："从事生产、经营纳税人应当按照国家有关规定，持税务登记证件，在银行或者其他金融机构开立基本存款账户和其他存款账户，并将其全部账号向税务机关报告。

银行和其他金融机构应当在从事生产、经营的纳税人的账户登录税务登记证件号码，并在税务登记证件中登录从事生产、经营的纳税人的账户账号。

税务机关依法查询从事生产、经营的纳税人开立账户的情况时，有关银行和其他金融机构应当予以协助。"

由此可见，纳税人在办理工商经营执照的 30 日内必须到主管税务机关办理税务登记，然后持税务登记证件，在银行或者其他金融机构开立基本存款账户和其他存款账户。纳税人申请办理税务登记，首先填写申请税务登记报告书，并提供下列证件：营业执照、有关合同、章程、协议书、居民身份证、护照或者其他合法证件以及税务机关要求提供的有关证件、资料等。其次是税务机关纳税人填报的税务登记表、提供的证件的资料，税务机关应当自收到之日起 30 日内审核完毕，符合规定的，予以登记，并发给税务登记证件。对纳税人非独立核算的分支机构及非从事生产经营的纳税人核发注册税务登记证。税务登记证件的样式，由国家税务总局制定。具体的开业税务登记流程图如下：

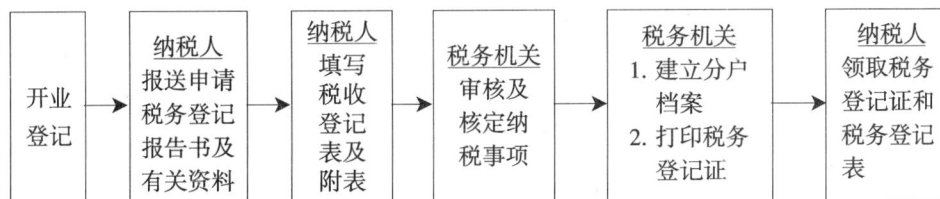

图 3-1 开业税务登记流程

《税务登记表》（见表 3-1 至表 3-4）分四种类型，分别适用于内资企业、企业分支机构、个体工商户和其他单位。应根据企业的经济类型领取相应的表格，填登完毕后将登记表及有关资料报送税务机关审核。

【例】富华大酒店有限公司为国有股份制企业，于 2012 年 1 月 22 日领取工商营业执照，1 月 28 日正式开业。该酒店主管单位为富华实业发展集团公司，申请注册地址为××市东山区，生产经营地址为东山区永兴路 188 号。该酒店是集餐饮、住宿、娱乐为一体的三星级酒店，兼营烟酒、书刊零售，经营期限为 15 年，酒店员工总计 186 人。富华大酒店实行独立核算，自负盈亏。该酒店工商营业执照核准的注册资本为 25 000 万元，企业合同规定的投资总额为 26 000 万元。

根据以上资料填表，如表 3 - 1 所示。

表 3 - 1　　　　　　　　　　　　税务登记表

纳税人识别码：□□□□□□□□□□□□□□□

**适用于内资企业**

**填表须知**

一、本表适用于国有企业、集体企业、股份合作企业、国有联营企业、集体联营企业、国有与集体联营企业、其他联营企业、国有独资公司、其他有限责任公司、股份有限公司、私营独资企业、私营合伙企业、私营有限责任公司、私营股份有限公司、其他企业填用。

二、报送此表时还应附送如下资料：

1. 营业执照或其他核准执业证件及工商登记表或其他核准执业登记表复印件；

2. 有关机关、部门批准设立的文件；

3. 有关合同、章程、协议书；

4. 法定代表人和董事会成员名单；

5. 法定代表人（负责人）或业主居民身份证、护照或者其他证明身份的合法证件；

6. 组织机构统一代码证书；

7. 住所或经营场所证明；

8. 委托代理协议书复印件；

9. 税务机关需要的其他资料。

三、本表一式三份，税务机关自存二份，退纳税人一份。

四、本表应用钢笔填写，字迹应清晰、工整。

| 纳税人名称 | ××市富华大酒店有限公司 | | | | |
|---|---|---|---|---|---|
| 法定代表人（负责人） | 李荣耀 | 身份证件名称 | 身份证 | 证件号码 | 220102194502022389 |
| 注册地址 | ××市东山区 | | | 邮政编码 | 130011 |
| 生产经营地 | 东山区永兴路 188 号 | | | 邮政编码 | 130011 |

（续上表）

| 所属主管单位 | ××市富华实业发展集团公司 | | | | |
|---|---|---|---|---|---|
| 生产经营范围 | 主营 | 餐饮客房娱乐服务 | | | |
| | 兼营 | 烟酒、书刊零售 | | | |
| 发照工商机关 | 工商机关名称 | ××市工商行政管理局 | | | |
| | 营业执照名称 | | 营业执照字号 | 企国总副字第101186号 | |
| 发照日期 | 2012年1月22日 | | 开业日期 | 2012年1月28日 | |
| 开户银行名称 | 银行账号 | 币种 | | 是否缴税账号 | |
| ××市工商银行东山支行 | 030－06123012018 | 人民币 | | | |
| | | | | | |
| | | | | | |
| 生产经营期限 | 15年 | 从业人员 | 186人 | | |
| 经营方式 | 服务、零售 | 登记注册类型 | | 行业 | 服务 |
| 财务负责人 | 张雪 | 办税人员 | 王丽珊 | 联系电话 | 85240478 |
| 隶属关系 | | 注册资本 | 25 000万元人民币 | | |
| 投资方名称 | 投资资金 | 投资币种 | 与美元汇率比价 | 所占投资比例 | 分配比例 |
| | | | | | |
| | | | | | |
| | | | | | |
| | | | | | |
| 会计报表种类 | | | | | |
| 低值易耗品摊销方法 | | | | | |
| 折旧方式 | | | | | |

| 所属非独立核算的分支机构 | 纳税人识别号 | 纳税人名称 | 生产经营地 | 负责人 |
|---|---|---|---|---|
| | | | | |
| | | | | |
| | | | | |
| | | | | |
| E-mail | | | | |

法定代表人/负责人（签章）：　　　　　　　　　　　　纳税人（签章）：

填表日期：　　　　　　　　　　　　　　　　　　　　年 月 日

以下由受理登记税务机关填写：

税务登记证发放日期：　　年 月 日

税务登记有效期限：

税务登记机关（公章）：　　　　　　　　税务登记经办人（签章）：

## 填表说明

一、纳税人名称：应按照工商行政管理部门注册登记的全称填写。

二、身份证件名称：指居民身份证或其他有效证件。

三、经营方式、登记注册类型、隶属关系、行业：应按照相应代码内容填写。

四、生产经营期限：系工商登记证件登填的有限期限。

五、注册资本：系填写登记单位工商登记的注册资本总额。

六、开业日期：系按企业实际投资经营（含试生产、试营业）日期填写，尚未投产经营的可按计划日期填写，并予注明。

七、会计报表种类：按《会计制度》要求应报送的报表名称。

八、低值易耗品摊销方式、折旧方式：按《财务准则》规定，制定本企业的核算方式。

九、税务登记有效期限：填写为长期。

表 3－2　　　　　　　　　　　　税务登记表

纳税人识别码：□□□□□□□□□□□□□□□

### 适用于企业分支机构
#### 填表须知

一、本表适用于各种类型企业的分支机构填用。

二、报送此表时还应附送如下资料：

1. 中华人民共和国政府部门颁发的批准证书复印件；

2. 中华人民共和国国家工商行政管理部门颁发的营业执照复印件；

3. 已被批准的可行性研究报告、章程复印件各一份；

4. 已被批准的合同书复印件（外国独资企业除外）；

5. 房产证明复印件；

6. 总机构所在地税务机关提供的外地设立分支机构的证明；

7. 税务机关需要的其他资料。

三、本表一式二份，税务机关自存一份，退纳税人一份。

四、本表用中文填写，也可用中、英两种文字填写。

五、本表应用钢笔填写，字迹要清晰、工整。

| 纳税人名称 | （中文） | | | | |
| --- | --- | --- | --- | --- | --- |
| | （英文） | | | | |
| 法定代表人（负责人） | | 身份证件名称 | | 证件号码 | |
| 注册地址 | | | | 邮政编码 | |
| 生产经营地 | | | | 邮政编码 | |
| 生产经营范围 | 主营 | | | | |
| | 兼营 | | | | |

（续上表）

| 合同（章程）批准机关 | 名称 | | | | |
|---|---|---|---|---|---|
| | 批准文号 | | 批准日期 | | 年　月　日 |
| 发照工商机关 | 工商机关名称 | | | | |
| | 营业执照名称 | | 营业执照字号 | | |
| | 发照日期 | 年 月 日 | 开业日期 | | 年　月　日 |
| 生产经营期限 | | | 从业人员 | | |
| 经营方式 | | 登记注册类型 | | | |
| 财务负责人 | | 办税人员 | | | |
| 隶属关系 | | | 注册资本 | | |
| 开户银行名称 | 银行账号 | | 币种 | | 是否缴税账号 |
| | | | | | |
| | | | | | |
| 会计报表种类 | | | | | |
| 低值易耗品摊销方法 | | | | | |
| 折旧方式 | | | | | |
| 总机构情况 纳税人识别号 | | | | | |
| 纳税人名称 | | | | | |
| 注册地址 | | | | | |
| 注册资本 | | | | | |
| 登记注册类型 | | | | | |
| 经营范围 | | | | | |
| 法定代表人 | | | | | |
| 主管税务机关 | | | | | |
| E-mail 地址 | | | | | |

法定代表人/负责人（签章）：　　　　　　　　　　　　　　　　　　　　纳税人（签章）：

填表日期：　　　　　　　　　　　　　　　　　　　　　　　　　　　　　　　年 月 日

以下由受理登记税务机关填写：

税务登记证发放日期：　　　年 月 日

税务登记有效期限：

税务登记机关（公章）：　　　　　　　　税务登记经办人（签章）：

**填表说明**

一、纳税人名称：应按照工商行政管理部门注册登记的全称填写。

二、身份证件名称：指居民身份证或其他有效证件。

三、经营方式、登记注册类型、隶属关系、行业、核算方式：应按照相应代码内容填写。

四、生产经营期限：系工商登记证件登填的有效期限。

五、注册资本：系填写登记单位工商登记的注册资本总额。

六、开业日期：系按企业实际投产经营（含试生产、试营业）日期填写，尚未投产经营的可按计划日期填写，并予注明。

七、会计报表种类：按《会计制度》要求应报送的报表名称。

八、低值易耗品摊销方式、折旧方式：按《财务准则》规定，制定本企业的核算方式。

九、税务登记有效期限：填写为长期。

表3－3　　　　　　　　　　　　　税务登记表

纳税人识别码：□□□□□□□□□□□□□□□

### 适用于个体工商户

### 填表须知

一、本表适用于个体工商业户填用。

二、报送此表时还应附送如下资料：

1. 营业执照或其他核准执业证件及工商登记表或其他核准执业登记表复印件；

2. 核准开业通知书；

3. 住所、经营场所证明；

4. 业主居民身份证、护照或者其他证明身份的合法证件及照片；

5. 税务机关需要的其他资料。

三、本表一式二份，税务机关自存一份，退纳税人一份。

四、本表应用钢笔填写，字迹应清晰、工整。

| 纳税人名称 | | | | | 业主照片 |
|---|---|---|---|---|---|
| 注册地址 | | | 邮政编码 | | |
| 生产经营地址 | | | 邮政编码 | | |
| 业主姓名 | | 身份证件名称 | | 证件号码 | |
| 业主住所 | | | 联系电话 | | |

| 合伙人情况 | 姓名 | 身份证件名称及号码 | 联系电话 | 邮政编码 | 住所 |
|---|---|---|---|---|---|
| | | | | | |
| | | | | | |
| | | | | | |

| 生产经营范围 | 主营 | |
|---|---|---|
| | 兼营 | |

| 开户银行名称 | 银行账号 | 币种 | 是否缴税账号 |
|---|---|---|---|
| | | | |
| | | | |

（续上表）

| 生产经营期限 | | | 从业人数 | | | |
|---|---|---|---|---|---|---|
| 经营方式 | | 登记注册类型 | | 行业 | | |
| 注册资本 | | | 投资总额 | | | |
| 所在市场 | | | | | | |
| 商品货物<br>存放地址 | | | 面积 | | | |
| 发照工商机关 | 工商机关名称 | | | | | |
| | 营业执照名称 | | | | | |
| | 发照日期 | | 年 月 日 | 开业日期 | | 年 月 日 |
| E-mail 地址 | | | | | | |

法定代表人/负责人（签章）：　　　　　　　　　　　　　　　纳税人（签章）：

填表日期：　　　　　　　　　　　　　　　　　　　　　　　年 月 日

以下由受理登记税务机关填写：

税务登记证发放日期：　　年 月 日

税务登记有效期限：

税务登记机关（公章）：　　　　　　　税务登记经办人（签章）：

## 填表说明

一、纳税人名称：应按照工商行政管理部门注册登记的全称填写。

二、身份证件名称：指居民身份证或其他有效证件。

三、经营方式、登记注册类型、行业：应按照相应代码内容填写。

四、生产经营期限：系工商登记证件登填的有效期限。

五、注册资本：系填写登记单位工商登记的注册资本总额。

六、开业日期：系按企业实际投产经营（含试生产、试营业）日期填写，尚未投资经营的可按计划日期填写，并予注明。

七、生产经营地址：个体经营经营地的地址。

八、联系电话：个体经营经营地的电话。

九、业主姓名：填写经营者姓名。

十、业主住所：填写经营者家庭地址。

十一、业主照片：贴经营者照片。

十二、合伙人情况。

1. 姓名：填写合伙者姓名；

2. 身份证号：填写合伙者居民身份证号码；

3. 住所：填写合伙经营者家庭住址。

十三、生产经营范围：按营业执照经营范围填写。

十四、注册资本：填写工商行政部门确认的资金。

十五、税务登记有效期限：工商登记核发临时营业执照，填工商登记核准的期限，其余的填长期。

表3－4                                税务登记表

纳税人识别码：□□□□□□□□□□□□□□□

**适用于其他单位**

**填表须知**

一、本表适用于除工商行政管理机关外其他部门批准登记的纳税人填用。

二、报送此表时还应附送如下资料：

1. 有关机关、部门批准设立的文件；

2. 有关合同、章程、协议书；

3. 法定代表人和负责人员名单；

4. 法定代表人（负责人）或业主居民身份证、护照或者其他证明身份的合法证件；

5. 组织机构统一代码证书；

6. 住所或经营场所证明；

7. 委托代理协议书复印件；

8. 税务机关需要的其他资料。

三、本表一式二份，税务机关自存一份，退纳税人一份。

四、本表应用钢笔填写，字迹应清晰、工整。

| 纳税人名称 | | | | | |
|---|---|---|---|---|---|
| 法定代表人（负责人） | | 身份证件名称 | | 证件号码 | |
| 注册地址 | | | | 邮政编码 | |
| 业务范围 | | | | | |
| 核算形式 | | | 预算管理形式 | | |
| 所属主管单位 | | | | | |
| 批准机关 | 机关名称 | | | | |
| | 批准文号 | | 批准日期 | 年 月 日 | |
| 收费许可证照 | 名称 | | 字号 | | |
| | 有效期限 | 年 月 日— 年 月 日 | | | |
| | 发照日期 | 年 月 日 | | | |
| 财务负责人 | | 办税人员 | | 联系电话 | |
| 隶属关系 | | 登记注册类型 | | 行业 | |
| 开户银行名称 | 银行账号 | | 币种 | 是否缴税账号 | |
| | | | | | |
| | | | | | |
| | | | | | |

（续上表）

| 会计报表种类 | | | | |
|---|---|---|---|---|
| 所属非独立核算的分支机构 | 纳税人识别号 | 纳税人名称 | 地址 | 负责人 |
| | | | | |
| | | | | |
| | | | | |
| | | | | |
| E-mail 地址 | | | | |

法定代表人/负责人（签章）：　　　　　　　　　　　　　　　纳税人（签章）：

填表日期：　　　　　　　　　　　　　　　　　　　　　　　　年　月　日

以下由受理登记税务机关填写：

税务登记证发放日期：　　　年　月　日

税务登记有效期限：

税务登记机关（公章）：　　　　　　　税务登记经办人（签章）：

## 填表说明

一、纳税人名称：应按照管理部门登记注册的全称填写。

二、身份证件名称：指居民身份证或其他有效证件。

三、登记注册类型、隶属关系、行业：应按照相应代码内容填写。

四、开业日期、批准日期：按照有关部门批准的内容填写。

五、会计报表种类：按《会计制度》要求应报送的报表名称。

六、业务范围：按其应税收入项目填写。

七、核算形式：填独立核算自负盈亏、独立核算统负盈亏或非独立核算；

八、预算管理形式：填全额预算、差额预算、自收自支、预算外。

## 附：新开业的符合增值税一般纳税人条件的企业

新开业的符合增值税一般纳税人条件的企业（指会计核算健全，能够提供准确税务资料的），应在办理税务登记的同时申请办理增值税一般纳税人认定手续。

税务机关对其预计年应税销售额超过规定标准的（工业 100 万元），可暂认定为增值税一般纳税人；其开业后的实际年应税销售额未超过规定标准的，应重新申请办理增值税一般纳税人认定手续。

（依据：《国家税务总局增值税一般纳税人申请认定办法》第五条，国税发〔1994〕059 号）

对设有固定经营场所和拥有货物实物的新办商贸零售企业以及注册资金在 500 万元以上、人员在 50 人以上的新办大中型商贸企业在进行税务登记时，即提出一般纳税人资格认定申请的，可认定为一般纳税人，直接进入辅导期，实行辅导期一般纳税人管理。一般纳税人纳税辅导期一般应不少于 6 个月。

对经营规模较大，拥有固定的经营场所、固定的货物购销渠道、完善的管理和核算体系的大中型商贸企业，可不实行辅导期一般纳税人管理，而直接按照正常的一般纳税人管理。

（依据：《国家税务总局关于加强新办商贸企业增值税征收管理有关问题的紧急通知》，国税发明电〔2004〕37号）

《紧急通知》第一条第（二）项所称注册资金在500万元以上，人员在50人以上的新办大中型商贸企业，提出一般纳税人资格认定申请的，经主管税务机关案头审核、法定代表人约谈和实地查验，确认符合规定条件的，可直接认定为一般纳税人，不实行辅导期一般纳税人管理。

对已认定为增值税一般纳税人的新办商贸零售企业，第一个月内首次领购专用发票数量不能满足经营需要，需再次领购的，税务机关应当在第二次发售专用发票前对其进行实地查验，核实其是否有货物实物，是否实际从事货物零售业务。对未从事货物零售业务的，应取消其一般纳税人资格。

（依据：《国家税务总局关于加强新办商贸企业增值税征收管理有关问题的补充通知》，国税发明电〔2004〕62号）。

由于新办小型商贸批发企业尚未进行正常经营，对其一般纳税人资格，一般情况下需要经过一定时间的实际经营才能审核认定。但对具有一定经营规模，拥有固定的经营场所，有相应的经营管理人员，有货物购销合同或书面意向，有明确的货物购销渠道（供货企业证明），预计年销售额可达到180万元以上的新办商贸企业，经主管税务机关审核，也可认定其为一般纳税人，实行辅导期一般纳税人管理。

对新办小型商贸批发企业中只从事货物出口贸易，不需要使用专用发票的企业（以下简称出口企业），为解决出口货物退（免）税问题提出一般纳税人资格认定申请的，经主管税务机关案头审核、法定代表人约谈和实地查验，符合企业设立的有关规定，并有购销合同或书面意向，有明确的货物购销渠道（供货企业证明），可给予其增值税一般纳税人资格，但不发售增值税防伪税控开票系统和增值税专用发票。以后企业若要经营进口业务或内贸业务要求使用专用发票，则需重新申请，主管税务机关审核后按有关规定办理。

出口企业在申请认定一般纳税人资格时，应向税务机关提供由商务部或其授权的地方对外贸易主管部门加盖备案登记专用章的有效《对外贸易经营者备案登记表》，作为申请认定的必报资料。

对认定为上述类型一般纳税人的新办出口企业，税务机关管理部门要在相关批文中注明不售专用发票，并将认定情况及时反馈给进出口税收管理部门。进出口税收管理部门应根据有关规定予以审核办理出口货物退（免）税。

注册资金在500万元以上，人员在50人以上的新办大中型商贸企业，提出一般纳税人资格认定申请的，经主管税务机关案头审核、法定代表人约谈和实地查验，确认符合规定条件的，可直接认定为一般纳税人，不实行辅导期一般纳税人管理。

（依据：《国家税务总局关于加强新办商贸企业增值税征收管理有关问题的补充通知》，国税发明电〔2004〕62号）。

（4）已开业的小规模企业，其年应税销售额超过规定标准的，应在次年1月底以前申请办理增值税一般纳税人认定手续。

（依据：《国家税务总局增值税一般纳税人申请认定办法》第六条，国税发〔1994〕059号）

新办小型商贸企业必须自税务登记之日起，一年内实际销售额达到180万元，方可申请一般纳税人资格认定。

（依据：《国家税务总局关于加强新办商贸企业增值税征收管理有关问题的紧急通知》，国税发明电〔2004〕37 号）

在 2004 年 6 月 30 日前已办理税务登记并正常经营的属于小规模纳税人的商贸企业，按其实际纳税情况核算年销售额实际达到 180 万元后，经主管税务机关审核，可直接认定为一般纳税人，不实行辅导期一般纳税人管理。

（依据：《国家税务总局关于加强新办商贸企业增值税征收管理有关问题的补充通知》，国税发明电〔2004〕62 号）。

（5）全部销售免税货物的企业不办理增值税一般纳税人认定手续。

（依据：《国家税务总局增值税一般纳税人申请认定办法》第四条，国税发〔1994〕059 号）

（6）为加强增值税一般纳税人的管理，在临时一般纳税人转为一般纳税人过程中，如会计核算健全，且未有下列情形之一者，不取消其一般纳税人资格。

①虚开增值税专用发票或者有偷、骗、抗税行为；

②连续 3 个月未申报或者连续 6 个月纳税申报异常且无正当理由；

③不按规定保管、使用增值税专用发票、税控装置，造成严重后果。

（依据：国家税务总局《关于使用增值税防伪税控系统的增值税一般纳税人资格认定问题的通知》，国税函〔2002〕326 号）

### （二）变更登记的程序

纳税人在办理税务登记后，如发生下列情况之一的，应自有关部门批准之日起 30 日内到原登记税务机关申报办理变更税务登记：

（1）改变单位名称或法定代表人。

（2）改变所有制性质、隶属关系、经营地址。

（3）改变经营方式、经营范围。

（4）改变经营期限开户银行及账户。

（5）改变工商证照的。

办理变更税务登记程序与前述开业登记程序基本一致，纳税人在填写变更税务登记表的同时，还应提供有关变更的证明资料。变更税务登记的业务流程如下：

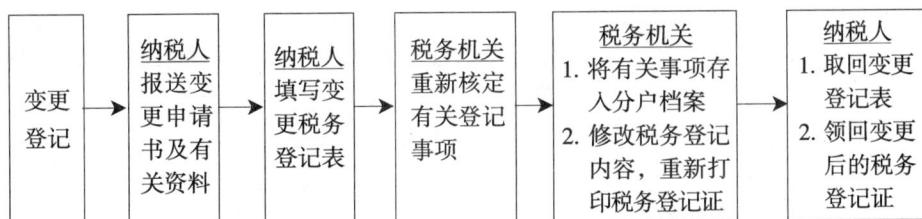

**图 3-2 变更税务登记流程**

变更税务登记表见表 3-5。

**表 3 – 5**                      **变更税务登记表**

纳税人识别号：□□□□□□□□□□□□□□□

纳税人名称：

| 变 更 登 记 事 项 | | | |
|---|---|---|---|
| 序　号 | 变更项目 | 变更前内容 | 变更后内容 |
| 1 | | | |
| 2 | | | |
| | | | |
| | | | |
| | | | |

| 送交证件情况 |
|---|
| |

<table>
<tr><td colspan="3" align="right">纳税人（签章）</td></tr>
<tr><td>法定代表人（负责人）：</td><td>办税人员：</td><td>年　月　日</td></tr>
</table>

| 主管税务机关审批意见： |
|---|
| （公章） |

负责人：          经办人员：          年　月　日

### 填表须知

一、本表适用于各类纳税人填用。

二、报送此表时还应附送如下资料：

1. 税务登记变更内容与工商行政管理部门登记变更内容一致的应提交：

（1）工商执照及工商变更登记表复印件；

（2）纳税人变更登记内容的决议及有关证明文件；

（3）主管税务机关发放的原税务登记证件（税务登记证正、副本和税务登记表等）；

（4）主管税务机关需要的其他资料。

2. 变更税务登记内容与工商行政管理部门登记内容无关的应提交：

（1）纳税人变更登记内容的决议及有关证明、资料；

（2）主管税务机关需要的其他资料。

3. 涉及税种、税目、税率变化，纳税人应重新填写税种登记表，报主管税务机关重新核定。

三、本表一式三份，税务机关自存二份，退纳税人一份。

四、本表应用钢笔填写，字迹应清晰、工整。

### （三）注销税务登记程序

纳税人发生的解散、破产、撤销以及其他情形，依法终止纳税义务的，应在所在地向工商行政管理机关办理注销登记前，持有关证件向原税务机关申报办理注销税务登记。按规定不需要在工商行政管理机关办理注销登记的，应当自有关机关批准或者宣告终止之日起15日内，持有关证件向原税务登记机关申报办理注销税务登记。纳税人因住所、经营地点而涉及改变税务登记机关的，应当在向工商行政管理机关申请办理变更或注销税务登记前的住所、经营地点变动前，向原税务机关申报办理注销税务登记并向迁达地税务机关申请办理税务登记。纳税人被工商行政管理机关吊销营业执照的，应当自营业执照被吊销之日起15日内向原税务登记机关申报办理注销税务登记。

纳税人在办理注销税务登记以前，应当向税务机关结清应纳税款、滞纳金、罚款、缴销发票和其他税务证件，然后向主管税务机关提交申请报告，提供有关撤销、破产、解散和吊销等有关证件。注销税务登记的流程如下：

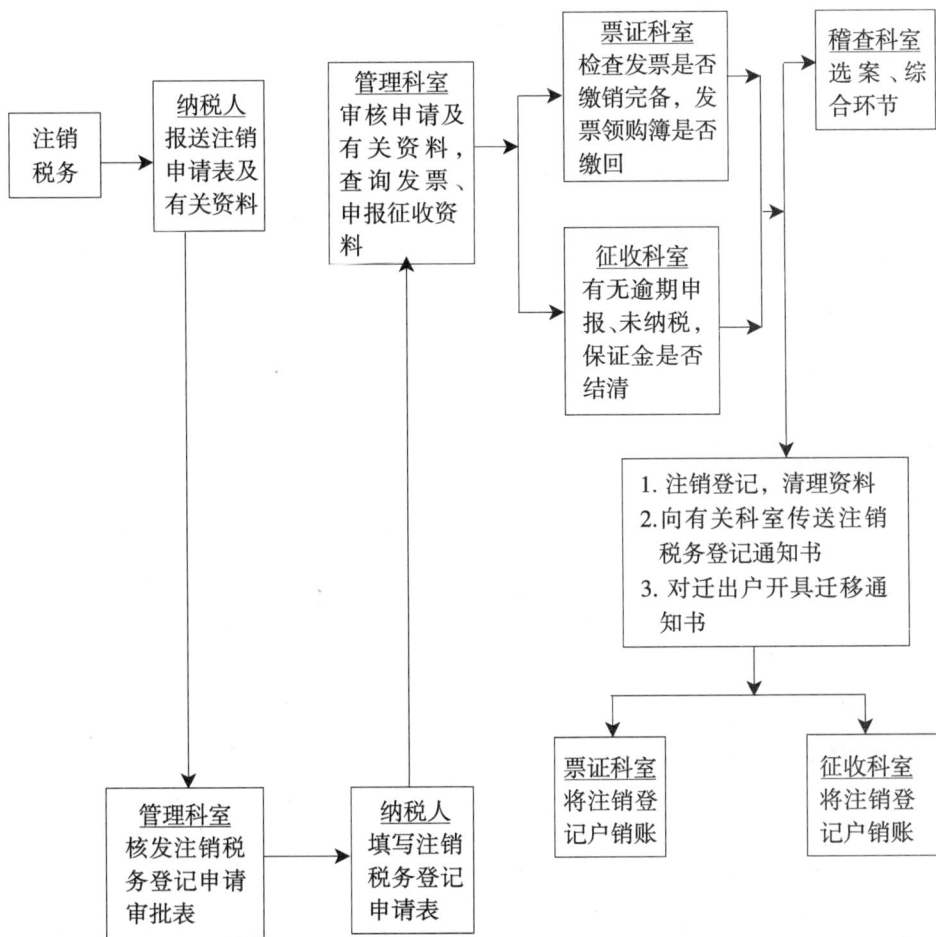

图 3-3　注销税务登记流程

注销税务登记表见表3-6。

表3-6　　　　　　　　　　　**注销税务登记申请审批表**

纳税人识别号：□□□□□□□□□□□□□□□

纳税人名称：

| 联系地址 | | | 联系电话 | |
|---|---|---|---|---|
| 注销原因 | | | | |
| 批准机关 | 名称 | | | |
| | 批准文号及日期 | | | |
| | | | | |

法定代表人（负责人）：　　　　　办税人员：　　　　　　　纳税人（签章）

年　月　日

以下由税务机关填写

| 实际经营期限 | | | 已经享受优惠 | |
|---|---|---|---|---|
| 负责人：　　　　　　　经办人：　　　　　　　年　月　日 | | | | |
| 发票管理环节封存发票情况 | 领购发票名称 | | | |
| | 领购发票数量 | | | |
| | 已使用发票数量 | | | |
| | 结存发票数量 | | | |
| | 起止号码 | | | |
| | 发票领购簿名称 | | | |
| | 负责人：　　　　　经办人：　　　　　年　月　日 | | | |
| 稽查环节清算情况 | 负责人：　　　　　经办人：　　　　　年　月　日 | | | |
| 征收环节结算清缴税款情况 | | | | |
| 登记环节审核意见 | 封存税务机关发放证件情况 | 税务登记证正本 | 税务登记证副本 | 其他有关证件 |
| | | | | |
| | | | | |
| | 负责人：　　　　　经办人：　　　　　年　月　日 | | | |

（续上表）

| 分支机构名称 | 税务登记注销情况 | 主管税务机关 |
|---|---|---|
|  |  |  |
|  |  |  |
|  |  |  |

| 批准意见 | 主管税务机关：<br><br>局长签字： | （公章）<br>年　月　日 |
|---|---|---|

注：本表一式两份，一份税务机关留存，一份退纳税人。

## 六、税务登记证的使用和管理

税务登记证是表明纳税人依法具有纳税义务，并已向主管税务部门办理纳税登记手续的证明。纳税人在办理申请减税、免税、退税、领购发票、办理外出经营活动税收管理证明以及其他有关税务事项时，必须持有税务登记证件。税务机关对税务登记证件实行定期验证和换证制度。纳税人应当在规定的期限内持有关证件到主管税务机关办理验证或者换证手续。纳税人领取的税务登记证件和扣缴义务人领取的代扣代缴、代收代缴税款凭证，不得转借、涂改、损毁、买卖或者伪造。纳税人遗失税务登记证件或者扣缴义务人遗失代扣代缴、代收代缴税款凭证，应及时向主管税务机关写出书面报告公开声明作废，同时申请补发。依照税收法律、行政法规规定负有代扣代缴、代收代缴税款的扣缴义务人，应当向主管税务机关申报领取代扣代缴或者代收代缴税款凭证。从事生产、经营活动的纳税人，到外县（市）从事生产、经营活动的，必须持所在地税务机关填发的外出经营活动税收征管证明，向营业地税务机关验报登记，接受税务管理。

另外，《征管法实施细则》第二十一条规定："从事生产、经营的纳税人到外县（市）临时从事生产、经营活动的，应当持税务登记证副本和所在地税务机关填开的外出经营活动税收征管证明，向营业地税务机关报验登记，接受税务管理。从事生产、经营的纳税人外出经营，在同一地累计超过180天的，应当在营业地办理税务登记手续。"《税务登记证管理办法》（2003国家税务总局令第7号）第十条第五款规定："从事生产、经营的纳税人外出经营，自其在同一县（市）实际经营或提供劳务之日起，在连续的12个月内累计超过180天的，应当自期满之日起30日内，向生产、经营所在地税务机关申报办理税务登记，税务机关核发临时税务登记证及副本。"

# 第二节　账簿凭证的基本内容

## 一、账簿凭证的界定

账簿又称账册，是以会计凭证为依据，由具有专门格式和相互联系的账页组成，用来连续地登记各种经济业务的簿籍。会计账簿按其外表形式可分为订本式账簿、活页式账簿和卡片式账簿三类。按用途可分为序时账簿、分类账簿和备查账簿三类。序时账簿是按经济业务发生的先后顺序逐笔登记的账簿，又称日记账，如现金日记账、银行存款日记账簿。分类账簿是对经济业务进行分类登记的账簿。分类账按其分类概括程度不同，又可分为总分类账和明细分类账。备查账簿是对某些在序时账簿和分类账簿等主要账簿中未能记载的事项或记载不详的事项进行补充登记的辅助性账簿。由于设置账簿是会计核算的一种专门方法，通过设置和登记账簿，可以全面、系统分门别类地记录提供企业、事业单位及其他经济组织、经济活动的各种必要的数据资料，对加强经济核算，满足经营管理的需要具有重要意义。同时，也是税务机关正确了解纳税人和扣缴义务人经济活动情况，进而正确计算税款的主要依据。

凭证，一般是指会计凭证。它是记载经济业务的发生，明确经济责任，并据以登记账簿的书面证明。会计凭证分原始凭证和记账凭证。原始凭证是由会计人员根据审核无误的原始凭证，按照经济业务的内容进行归类，并据以确定会计分录而填制的作为登记账簿依据的凭证。记账凭证按其所记录的经济业务是否与现金和银行存款的收付有联系，可分为收款凭证、付款凭证和转账凭证三种。

## 二、账簿凭证管理的意义

所谓账簿，是以会计凭证为依据，对单位的经济业务进行全面、系统、连续、分类地记录和核算的簿籍，由具有一定格式、相互连缀的账页组成。一般来说，纳税人办理税务登记之后就有了纳税义务。但纳多少税，需根据纳税人的账簿、凭证来计算，因此对纳税人的账簿、凭证进行管理，对于依法征税、依率计税以及税收征收管理过程的继续有着重要的意义。为了保证国家税收和正确计算征收，防止和打击偷、漏、逃税等违法行为，必须加强对纳税人的账簿、凭证管理。其目的就是通过法律规定，促使纳税人自觉依法执行国家的财务、会计制度，按照统一标准取得合法凭证，进行会计核算，真实记录经济活动，客观反映有关纳税的信息资料，防止纳税人伪造、变造、隐匿、擅自销毁账簿和凭证。这些在税收征管法及其实施细则中对账簿、凭证的管理都作了明确规定。

### 三、设置账簿凭证的规定

《税收征管法》第十九条明确规定："纳税人、扣缴义务人按照有关法律、行政法规和国务院财政、税务主管部门的规定设置账簿，根据合法、有效凭证记账，进行核算。"

不论是从事生产经营的纳税人还是从事非生产经营的纳税人、扣缴义务人都要按照规定设置账簿。设置账簿、进行会计核算是一项政策性强、技术难度较大的工作，需要具有会计专业知识的专门人员负责，对确无建账能力的个体工商户，经税务机关批准可以不设置账簿。为了使不设置账簿的个体工商户对自己经营情况心中有数，也为了方便税务机关掌握其起初的经营情况，正确核定应纳税额，这部分业户必须按税务机关的要求建立收支凭证粘贴簿、进货登记簿、销售登记簿、商品盘点表等日记性的简易账册，如实记载生产经营情况。如使用收支粘贴簿的个体工商户，要按时将购货、购料所取得的发票和支出的费用、税金等凭证，如实粘贴在凭证粘贴簿上；使用销售登记簿的个体工商户要按日将商品销售的数量、金额、单价等逐栏记录。这些账簿凭证是税务机关征收税款的重要依据，个体工商户必须按规定的要求使用和保管；从事生产、经营的纳税人的财务、会计制度或财务、会计处理办法，应当报送税务机关备案。

### 四、税务账簿凭证的管理

《税收征管法》第二十四条规定："从事生产、经营的纳税人、扣缴义务人必须按照国务院财政、税务主管部门规定的保管期限保管账簿、记账凭证、完税凭证及其他有关资料。账簿、记账凭证、完税凭证及其他有关资料不得伪造、变造或者擅自损毁。"保管期限按财政部、国家税务总局的规定执行。

纳税人、扣缴义务人的账簿、记账凭证、完税凭证及其他有关资料，如原始凭证等，能比较全面地反映其经济活动和财务收支情况，反映纳税人、扣缴义务人进行财务会计核算的全过程。这些资料是进行纳税检查、财务检查的主要依据，是发现问题、解决问题的关键所在。因而，必须妥善保管。

完税凭证，是指税务机关统一制定的，税务人员向纳税人征收税款或者纳税人向国家金库缴纳税款的依据之一。对扣缴义务人来说，其使用的扣税凭证，一方面是凭此扣缴税款的凭证，另一方面是证明其已履行扣缴义务的书面证明。因此，《税收征管法》将完税凭证与会计账簿、记账凭证同等对待，要求纳税人、扣缴义务人按规定妥善保管。现行的完税凭证主要有通用完税证、定额完税证、印花税票和税收缴款书等。

纳税人、扣缴义务人的账簿、记账凭证、完税凭证及其他有关资料的保管，应当按照会计档案的保管规定及财政部、国家税务总局的有关规定办理；会计档案是指会计凭证、会计账簿和会计报表等会计核算专业资料。会计档案是记录和反映经济业务的重要史料和证据，是总结经验、进行决策及检查各项责任事故的重要依据。因此，会计档案是各单位的重要档案之一，也是国家档案的重要组成部分。各单位每年形成的会计档案，应由会计部门按照归案的要求整理立卷或装订成册。各单位对会计档案应进行妥善的科学管理，存放有序，便于查找。同时严格执行安全和保密制度，严防毁损、散失和泄密。按照财政部和国家档案局于 1998 年 8 月 21 日联合制定发布的《会计档案管理办法》规定，各种会计档案的保管期限，根据其特点，分为永久和定期两类。定期保管期限分为 3 年、5 年、10 年、15 年、25 年五种。对保管期满的会计档案，需要销毁时，要编制销毁清册，报经有关部门批准后销毁。永久保存的主要是各级财政总决算报表、税收年度决算报表和有关涉及外事的凭证、账簿和报表，以及行政事业单位的年度决算报表等。

## 五、安装、使用税控装置的规定

《税收征管法》第二十三条规定，国家根据税收征收管理的需要，积极推行使用税控装置，同时纳税人应当安装、使用税控装置，对已安装的税控装置应当加以保护，不得损毁或者擅自改动。

### （一）税控装置的必要性

所谓税控装置，是指由国家法定机关依法指定企业生产、安装、维修，由国家法定机关依法实施监管，具有税收监控功能和严格的物理、电子保护的计税装置。如电子收款机、电子记程表、税控加油机等。

随着我国市场经济的迅速发展和科学技术水平的不断提高，许多商业、服务业、娱乐业等行业从提高经营管理效率和经营效益出发，越来越多地采用电子计算机、电子货币卡、电子计价系统等技术手段进行财务管理，经营情况也较多地通过电子数据反映。如在一些商业领域使用收银机，出租车行业使用计价器，某些大型娱乐场所使用电子消费卡等，使有形的发票变成无形的数据。原有的税收管理方式已不能完全适应对现代化经营管理方式实行监管的需要。为了尽快提升我国税收监控水平，更好地实现税收的源泉控制，从国外许多国家加强税收征管的经验看，推广使用税控装置是发展的方向。这不仅有利于堵塞税收漏洞，增加税收透明度和公正性，还可以大大降低税收征收管理成本，加大税收征收管理力度，保护消费者权益，打击偷、逃税行为，对防止税收中的舞弊行为也有重要作用。为此，近年来，我国在有条件的商业、服务业、娱乐业、出租车行业、石油行业推广使用税控装置，也收到了较好的效果。有的地方在出租车行业推广使用税控装置后，税收收入增加 50% 以上。为了使推广使用税控装置有法可依、有章可循，《税收征管法》第二十三条规定，国家根据税收征收管理的需要，逐步推广使用税控装置。纳税人应当按照规定安装、使用税控装置，不得损毁或者擅自改动。

**（二）使用税控装置的具体要求**

根据目前推广使用税控装置管理办法，使用税控装置的基本要求如下：

（1）推行使用税控装置是加强税收监控和发票管理，提高税收征收电算化管理水平，堵塞税收漏洞，保障国家税收，维护经济秩序的重要措施，是一项复杂的系统工程，税务机关要提高认识，加强领导，精心组织，逐步推行。

（2）为了保障推行税控装置工作的顺利开展，确保税控装置的保密性能、产品质量和维修服务满足税收监控的需要，税控装置实行专管、专产、专营、专修制度。

（3）根据目前我国国情和经济发展现状及税收征收管理的需要，推广使用税控装置的工作可以选择已经具备安装使用条件的行业、纳税企业和有一定经营规模及固定经营场所的个体工商户先行安装使用。对尚不具备条件的单位，不得强制推行。

（4）税控装置购置费用由用户自行负担，其营销方式应本着尽量减少中间环节，降低成本，有利于减轻纳税人负担和专项控制、严格管理的原则确定，并努力做好售后服务。

（5）推广使用税控装置涉及面广、难度大，除税务机关应当加强监督管理外，其他有关部门应当予以积极支持和配合。

（6）纳税人应当按照规定安装、使用税控装置，并逐笔如实输入销售或经营数据，不得损毁或者擅自改动税控装置。纳税人不按照规定安装、使用税控装置的，由税务机关依法予以查处。

# 第三节　纳税申报实务

纳税申报管理是税务机关按照税法规定，在纳税人、扣缴义务人依法进行纳税申报的基础上，通过法定的程序和方法将纳税人应纳税款组织征收入库的活动。它是税收征管活动的核心环节，也是税收管理服务和税务稽查的目的和归宿。

## 一、纳税申报的作用

纳税申报是指纳税人履行纳税义务时就计算缴纳税款的有关事项向税务机关提出书面报告的一种法定手续，也是税务机关办理征收业务、核实应纳税款、开具完税凭证的主要依据，它是税收征收管理的一个重要环节，也是实施税务管理的一项重要制度。纳税申报的对象是按照税收法律、行政法规的规定，负有纳税义务、代扣代缴、代收代缴税款义务的单位和个人。

几乎所有国家在税法上都明确规定纳税人要按期申报有关税务事项，纳税义务人向税务机关提交申报表，表明了承担依法纳税的法律责任。申报表也是税务机关进行审核、征收、查账甚至诉讼的文件依据。新中国成立以来一直把纳税申报作为税务管理的重要内容，在各个税种中都有明确规定。纳税人必须按照税务机关的规定申报纳税。

自纳税申报制度执行以来，对于增强纳税人依法纳税的自觉性，提高计算应纳税额的正确性，防止错缴漏缴税款，保证国家税收的及时足额入库起到了重要作用。同时，也有利于税务机关依法征收税款，查处税务违章案件。《税收征管法》及其实施细则中写入纳税申报的条款，进一步提高了纳税申报制度的法律地位，以国家法律的形式明确了征纳双方的税收法律责任，这为推行科学新型的税收征管模式，实现纳税人自觉如实申报纳税提供了法律保障。

## 二、纳税申报的对象和内容

### （一）纳税申报的对象

负有纳税义务、代扣代收税款义务的单位和个人，无论本期有无应缴、应纳税款，都应按规定的期限如实向主管税务机关办理纳税申报。享受减免税的纳税人，也应按期申报，并按照税务机关规定，报送减免税金的统计报告。具体申报的对象包括：从事生产、经营的纳税人和扣缴义务人；无营业执照的临时经营单位和个人；在集市贸易市场上出售应税农、林、牧、水产品和宰杀自养牲畜出售肉类的纳税人；已办理税务登记，但本期无收入、收益的纳税人；法律、法规规定其他取得应税收入及发生应税款项的单位和个人。

### （二）纳税申报的内容

《税收征管法》规定，纳税人在纳税期限内，无论有无应税收入、所得以及其他应税项目，均必须在规定的申报期限内，持纳税申报表、财务会计报表及其他纳税资料，向税务机关输出纳税申报；扣缴义务人在扣缴税期内无论有无代扣、代收税款，均必须在规定的期限内代扣、代收、代缴税款报告表以及其他有关资料，向税务机关办理扣缴税款的报告。享受减税免税的纳税人，在减免税期限内，也应当办理纳税申报，并按税务机关的规定报送减免税金的统计报告。纳税申报的内容有：经营项目、产品销售状况、营业利润、收入或财产数额、各种税的课税品目或数额、申报计税金额、适用税率、应纳税额、已纳税额、实纳税额等。增值税、消费税、企业所得税纳税申报表见表3－7至表3－11。

**表 3 - 7**　　　　　　　　　　**增值税纳税申报表**

（适用于增值税一般纳税人）

根据《中华人民共和国增值税暂行条例》第二十二条和第二十三条的规定制定本表。纳税人不论有无销售额，均应按主管税务机关核定的纳税期限按期填报本表，并于次月 1 日起 15 日内，向当地税务机关申报。

税款所属期间：自　年　月　日至　年　月　日　　　填表日期：　年　月　日

| 纳税人识别号 | | | | | | | | | | | | 所属行业 |
|---|---|---|---|---|---|---|---|---|---|---|---|---|

| 纳税人名称 | （公章） | 法定代表人姓名 | 注册地址 | 营业地址 |
|---|---|---|---|---|
| 开户银行及账号 | | 企业登记注册类型 | | 电话号码 |

| 项目 | | 栏次 | 一般货物及劳务 | | 即征即退货物及劳务 | |
|---|---|---|---|---|---|---|
| | | | 本月数 | 本年累计 | 本月数 | 本年累计 |
| 销售额 | （一）按适用税率征税货物及劳务销售额 | 1 | | | | |
| | 其中：应税货物销售额 | 2 | | | | |
| | 应税劳务销售额 | 3 | | | | |
| | 纳税检查调整的销售额 | 4 | | | | |
| | （二）按简易征收办法征税货物的销售额 | 5 | | | | |
| | 其中：纳税检查调整的销售额 | 6 | | | | |
| | （三）免、抵、退办法出口货物销售额 | 7 | | | — | — |
| | （四）免税货物及劳务销售额 | 8 | | | — | — |
| | 其中：免税货物销售额 | 9 | | | — | — |
| | 免税劳务销售额 | 10 | | | — | — |

（续上表）

| | | | | | |
|---|---|---|---|---|---|
| 税款计算 | 销项税额 | 11 | | | |
| | 进项税额 | 12 | | | |
| | 上期留抵税额 | 13 | — | | — |
| | 进项税额转出 | 14 | | | |
| | 免、抵、退货物应退税额 | 15 | | — | |
| | 按适用税率计算的纳税检查应补缴税额 | 16 | | — | |
| | 应抵扣税额合计 | 17 = 12 + 13 - 14 - 15 + 16 | — | | — |
| | 实际抵扣税额 | 18（如 17 < 11，则为 17，否则为 11） | | | |
| | 按适用税率计算的应纳税额 | 19 = 11 - 18 | | | |
| | 期末留抵税额 | 20 = 17 - 18 | — | | — |
| | 按简易征收办法计算的应纳税额 | 21 | | | |
| | 按简易征收办法计算的纳税检查应补缴税额 | 22 | | — | |
| | 应纳税额减征额 | 23 | | | |
| | 应纳税额合计 | 24 = 19 + 21 - 23 | | | |
| 税款缴纳 | 期初未缴税额（多缴为负数） | 25 | | | |
| | 实收出口开具专用缴款书退税额 | 26 | | — | — |
| | 本期已缴税额 | 27 = 28 + 29 + 30 + 31 | | | |
| | ①分次预缴税额 | 28 | | — | |
| | ②出口开具专用缴款书预缴税额 | 29 | — | — | |
| | ③本期缴纳上期应纳税额 | 30 | | | |
| | ④本期缴纳欠缴税额 | 31 | | | |
| | 期末未缴税额（多缴为负数） | 32 = 24 + 25 + 26 - 27 | | | |
| | 其中：欠缴税额（≥0） | 33 = 25 + 26 - 27 | | — | — |
| | 本期应补（退）税额 | 34 = 24 - 28 - 29 | | — | — |

（续上表）

| 税款缴纳 | 即征即退实际退税额 | 35 | — | — |
|---|---|---|---|---|
| | 期初未缴查补税额 | 36 | — | — |
| | 本期入库查补税额 | 37 | — | — |
| | 期末未缴查补税额 | 38 = 16 + 22 + 36 − 37 | — | — |

| 授权声明 | 如果你已委托代理人申报，请填写下列资料：<br>为代理一切税务事宜，现授权<br><br>（地址） 为本纳税人的代理申报人，<br>任何与本申报表有关的往来文件，都可寄予此人。<br><br>授权人签字： | 申报人声明 | 此纳税申报表是根据《中华人民共和国增值税暂行条例》的规定填报的，我相信它是真实的、可靠的、完整的。<br><br><br><br>声明人签字： |
|---|---|---|---|

以下由税务机关填写：

收到日期： 接收人： 主管税务机关盖章：

### "增值税纳税申报表（适用于一般纳税人）"及其附表填表说明

本申报表适用于增值税一般纳税人填报。增值税一般纳税人销售按简易办法缴纳增值税的货物，也适用本表。

（一）本表"税款所属期间"是指纳税人申报的增值税应纳税额的所属期间，应填写具体的起止年、月、日。

（二）本表"填表日期"指纳税人填写本表的具体日期。

（三）本表"纳税人识别号"栏，填写税务机关为纳税人确定的识别号，即税务登记证号码。

（四）本表"所属行业"栏，按照国民经济行业分类与代码中的最细项（小类）进行填写（国民经济行业分类与代码附后）。

（五）本表"纳税人名称"栏，填写纳税人单位名称全称，不得填写简称。

（六）本表"法定代表人姓名"栏，填写纳税人法定代表人的姓名。

（七）本表"注册地址"栏，填写纳税人税务登记证所注明的详细地址。

（八）本表"营业地址"栏，填写纳税人营业地的详细地址。

（九）本表"开户银行及账号"栏，填写纳税人开户银行的名称和纳税人在该银行的结算账户号码。

（十）本表"企业登记注册类型"栏，按税务登记证填写。

（十一）本表"电话号码"栏，填写纳税人注册地和经营地的电话号码。

（十二）表中"一般货物及劳务"是指享受即征即退的货物及劳务以外的其他货物及劳务。

（十三）表中"即征即退货物及劳务"是指纳税人按照税法规定享受即征即退税收优惠政策的货物及劳务。

（十四）本表第1项"（一）按适用税率征税货物及劳务销售额"栏数据，填写纳税人本期按适用税率缴纳增值税的应税货物和应税劳务的销售额（销货退回的销售额用负数表示）。包括在财务上不作销售但按税法规定应缴纳增值税的视同销售货物和价外费用销售额，外贸企业作价销售进料加工复出口的货物，税务、财政、审计部门检查按适用税率计算调整的销售额。"一般货物及劳务"的"本月数"栏数据与"即征即退货物及劳务"的"本月数"栏数据之和，应等于"附表一"（本书略）第7栏的"小计"中的"销售额"数。"本年累计"栏数据，应为年度内各月数之和。

（十五）本表第2项"其中：应税货物销售额"栏数据，填写纳税人本期按适用税率缴纳增值税的应税货物的销售额（销货退回的销售额用负数表示）。包括在财务上不作销售但按税法规定应缴纳增值税的视同销售货物和价外费用销售额，以及外贸企业作价销售进料加工复出口的货物。"一般货物及劳务"的"本月数"栏数据与"即征即退货物及劳务"的"本月数"栏数据之和，应等于"附表一"（本书略）第5栏的"应税货物"中17%税率"销售额"与13%税率"销售额"的合计数。"本年累计"栏数据，应为年度内各月数之和。

（十六）本表第3项"应税劳务销售额"栏数据，填写纳税人本期按适用税率缴纳增值税的应税劳务的销售额。"一般货物及劳务"的"本月数"栏数据与"即征即退货物及劳务"的"本月数"栏数据之和，应等于"附表一"（本书略）第5栏的"应税劳务"中的"销售额"数。"本年累计"栏数据，应为年度内各月数之和。

（十七）本表第4项"纳税检查调整的销售额"栏数据，填写纳税人本期因税务、财政、审计部门检查并按适用税率计算调整的应税货物和应税劳务的销售额。但享受即征即退税收优惠政策的货物及劳务经税务稽查发现偷税的，不得填入"即征即退货物及劳务"部分，而应将本部分销售额在"一般货物及劳务"栏中反映。"一般货物及劳务"的"本月数"栏数据与"即征即退货物及劳务"的"本月数"栏数据之和，应等于"附表一"（本书略）第6栏的"小计"中的"销售额"数。"本年累计"栏数据，应为年度内各月数之和。

（十八）本表第5项"（二）按简易征收办法征税货物的销售额"栏数据，填写纳税人本期按简易征收办法征收增值税货物的销售额（销货退回的销售额用负数表示）。包括税务、财政、审计部门检查并按简易征收办法计算调整的销售额。"一般货物及劳务"的"本月数"栏数据与"即征即退货物及劳务"的"本月数"栏数据之和，应等于"附表一"（本书略）第14栏的"小计"中的"销售额"数。"本年累计"栏数据，应为年度内各月数之和。

（十九）本表第6项"其中：纳税检查调整的销售额"栏数据，填写纳税人本期因税务、财政、审计部门检查并按简易征收办法计算调整的销售额，但享受即征即退税收优惠政策的货物及劳务经税务稽查发现偷税的，不得填入"即征即退货物及劳务"部分，而应将本部分销售额在"一般货物及劳务"栏中反映。"一般货物及劳务"的"本月数"栏数据与"即征即退货物及劳务"的"本月数"栏数据之和，应等于"附表一"（本书略）第13栏的"小计"中的"销售额"数。"本年累计"栏数据，应为年度内各月数之和。

（二十）本表第7项"（三）免、抵、退办法出口货物销售额"栏数据，填写纳税人本期执行免、抵、退办法出口货物的销售额（销货退回的销售额用负数表示）。"本年累计"栏数据，应为年度内各月数之和。

（二十一）本表第8项"（四）免税货物及劳务销售额"栏数据，填写纳税人本期按照税法规定直接免征增值税的货物及劳务的销售额及适用零税率的货物及劳务的销售额（销货退回的销售额用负数表示），但不包括适用免、抵、退办法出口货物的销售额。"一般货物及劳务"的"本月数"栏数据，应等于"附表一"（本书略）第18栏的"小计"中的"销售额"数。"本年累计"栏数据，应为年度内各月数之和。

（二十二）本表第9项"其中：免税货物销售额"栏数据，填写纳税人本期按照税法规定直接免征增值税货物的销售额及适用零税率货物的销售额（销货退回的销售额用负数表示），但不包括适用免、抵、退办法出口货物的销售额。"一般货物及劳务"的"本月数"栏数据，应等于"附表一"（本书略）第18栏的"免税货物"中的"销售额"数。"本年累计"栏数据，应为年度内各月数之和。

（二十三）本表第10项"免税劳务销售额"栏数据，填写纳税人本期按照税法规定直接免征增值税劳务的销售额及适用零税率劳务的销售额（销货退回的销售额用负数表示）。"一般货物及劳务"的"本月数"栏数据，应等于"附表一"（本书略）第18栏的"免税劳务"中的"销售额"数。"本年累计"栏数据，应为年度内各月数之和。

（二十四）本表第11项"销项税额"栏数据，填写纳税人本期按适用税率计征的销项税额。该数据应与"应交税费——应交增值税"明细科目贷方"销项税额"专栏本期发生数一致。"一般货物及劳务"的"本月数"栏数据与"即征即退货物及劳务"的"本月数"栏数据之和，应等于"附表一"（本书略）第7栏的"小计"中的"销项税额"数。"本年累计"栏数据，应为年度内各月数之和。

（二十五）本表第12项"进项税额"栏数据，填写纳税人本期申报抵扣的进项税额。该数据应与"应交税费——应交增值税"明细科目借方"进项税额"专栏本期发生数一致。"一般货物及劳务"的"本月数"栏数据与"即征即退货物及劳务"的"本月数"栏数据之和，应等于"附表二"（本书略）第12栏中的"税额"数。"本年累计"栏数据，应为年度内各月数之和。

（二十六）本表第13项"上期留抵税额"栏数据，为纳税人前一申报期的"期末留抵税额"数，该数据应与"应交税费——应交增值税"明细科目借方月初余额一致。

（二十七）本表第14项"进项税额转出"栏数据，填写纳税人已经抵扣但按税法规定应作进项税转出的进项税额总数，但不包括销售折扣、折让，销货退回等应负数冲减当期进项税额的数额。该数据应与"应交税费——应交增值税"明细科目贷方"进项税额转出"专栏本期发生数一致。"一般货物及劳务"的"本月数"栏数据与"即征即退货物及劳务"的"本月数"栏数据之和，应等于"附表一"（本书略）第13栏中的"税额"数。"本年累计"栏数据，应为年度内各月数之和。

（二十八）本表第15项"免、抵、退货物应退税额"栏数据，填写退税机关按照出口货物免、抵、退办法审批的应退税额。"本年累计"栏数据，应为年度内各月数之和。

（二十九）本表第16项"按适用税率计算的纳税检查应补缴税额"栏数据，填写税务、财政、审计部门检查按适用税率计算的纳税检查应补缴税额。"本年累计"栏数据，应为年度内各月数之和。

（三十）本表第17项"应抵扣税额合计"栏数据，填写纳税人本期应抵扣进项税额的合计数。

（三十一）本表第18项"实际抵扣税额"栏数据，填写纳税人本期实际抵扣的进项税额。"本年累计"栏数据，应为年度内各月数之和。

（三十二）本表第19项"按适用税率计算的应纳税额"栏数据，填写纳税人本期按适用税率计算并应缴纳的增值税额。"本年累计"栏数据，应为年度内各月数之和。

（三十三）本表第20项"期末留抵税额"栏数据，为纳税人在本期销项税额中尚未抵扣完，留待下期继续抵扣的进项税额。该数据应与"应交税费——应交增值税"明细科目借方月末余额一致。

（三十四）本表第21项"按简易征收办法计算的应纳税额"栏数据，填写纳税人本期按简易征收办法计算并应缴纳的增值税额，但不包括按简易征收办法计算的纳税检查应补缴税额。"一般货物及劳务"的"本月数"栏数据与"即征即退货物及劳务"的"本月数"栏数据之和，应等于"附表一"（本书略）第12栏的"小计"中的"应纳税额"数。"本年累计"栏数据，应为年度内各月数之和。

（三十五）本表第22项"按简易征收办法计算的纳税检查应补缴税额"栏数据，填写纳税人本期因税务、财政、审计部门检查并按简易征收办法计算的纳税检查应补缴税额。"一般货物及劳务"的"本月数"栏数据与"即征即退货物及劳务"的"本月数"栏数据之和，应等于"附表一"（本书略）第13栏的"小计"中的"应纳税额"数。"本年累计"栏数据，应为年度内各月数之和。

（三十六）本表第23项"应纳税额减征额"栏数据，填写纳税人本期按照税法规定减征的增值税应纳税额。"本年累计"栏数据，应为年度内各月数之和。

（三十七）本表第24项"应纳税额合计"栏数据，填写纳税人本期应缴增值税的合计数。"本年累计"栏数据，应为年度内各月数之和。

（三十八）本表第25项"期初未缴税额（多缴为负数）"栏数据，为纳税人前一申报期的"期末未缴税额（多缴为负数）"。

（三十九）本表第26项"实收出口开具专用缴款书退税额"栏数据，填写纳税人本期实际收到税务机关退回的，因开具《出口货物税收专用缴款书》而多缴的增值税款。该数据应根据"应交税费——未交增值税"明细科目贷方本期发生额中"收到税务机关退回的多缴增值税款"数据填列。"本年累计"栏数据，为年度内各月数之和。

（四十）本表第27项"本期已缴税额"栏数据，是指纳税人本期实际缴纳的增值税额，但不包括本期入库的查补税款。"本年累计"栏数据，为年度内各月数之和。

（四十一）本表第28项"①分次预缴税额"栏数据，填写纳税人本期分次预缴的增值税额。

（四十二）本表第29项"②出口开具专用缴款书预缴税额"栏数据，填写纳税人本期销售出口货物而开具专用缴款书向主管税务机关预缴的增值税额。

（四十三）本表第30项"③本期缴纳上期应纳税额"栏数据，填写纳税人本期上缴上期应缴未缴的增值税款，包括缴纳上期按简易征收办法计提的应缴未缴的增值税额。"本年累计"栏数据，为年度内各月数之和。

（四十四）本表第31项"④本期缴纳欠缴税额"栏数据，填写纳税人本期实际缴纳的增值税欠税额，但不包括缴纳入库的查补增值税额。"本年累计"栏数据，为年度内各月数之和。

（四十五）本表第32项"期末未缴税额（多缴为负数）"栏数据，为纳税人本期期末应缴未缴的增值税额，但不包括纳税检查应缴未缴的税额。"本年累计"栏与"本月数"栏数据相同。

（四十六）本表第33项"其中：欠缴税额（≥0）"栏数据，为纳税人按照税法规定已形成欠税的数额。

（四十七）本表第34项"本期应补（退）税额"栏数据，为纳税人本期应纳税额中应补缴或应退回的数额。

（四十八）本表第35项"即征即退实际退税额"栏数据，填写纳税人本期因符合增值税即征即退优惠政策规定，而实际收到的税务机关返还的增值税额。"本年累计"栏数据，为年度内各月数之和。

（四十九）本表第36项"期初未缴查补税额"栏数据，为纳税人前一申报期的"期末未缴查补税额"。该数据与本表第25项"期初未缴税额（多缴为负数）"栏数据之和，应与"应交税费——未交增值税"明细科目期初余额一致。"本年累计"栏数据应填写纳税人上年度末的"期末未缴查补税额"数。

（五十）本表第37项"本期入库查补税额"栏数据，填写纳税人本期因税务、财政、审计部门检查而实际入库的增值税款，包括：①按适用税率计算并实际缴纳的查补增值税款；②按简易征收办法计算并实际缴纳的查补增值税款。"本年累计"栏数据，为年度内各月数之和。

（五十一）本表第38项"期末未缴查补税额"栏数据，为纳税人纳税检查本期期末应缴未缴的增值税额。该数据与本表第32项"期末未缴税额（多缴为负数）"栏数据之和，应与"应交税费——未交增值税"明细科目期初余额一致。"本年累计"栏与"本月数"栏数据相同。

表 3-8

**增值税纳税申报表**

（适用于小规模纳税人）

纳税人识别号：□□□□□□□□□□□□□□□

纳税人名称（公章）：　　　　　金额单位：元（列至角分）

税款所属期间：　　年　月　日至　　年　月　日　　　填表日期：　　年　月　日

| | 项目 | 栏次 | 本月数 | 本年累计 |
|---|---|---|---|---|
| 一、计税依据 | （一）应征增值税货物及劳务不含税销售额 | 1 | | |
| | 其中：税务机关代开的增值税专用发票不含税销售额 | 2 | | |
| | 税控器具开具的普通发票不含税销售额 | 3 | | |
| | （二）销售使用过的应税固定资产不含税销售额 | 4 | — | — |
| | 其中：税控器具开具的普通发票不含税销售额 | 5 | — | — |
| | （三）免税货物及劳务销售额 | 6 | | |
| | 其中：税控器具开具的普通发票销售额 | 7 | | |
| | （四）出口免税货物销售额 | 8 | | |
| | 其中：税控器具开具的普通发票销售额 | 9 | | |

（续上表）

| 项目 | | 栏次 | 本月数 | 本年累计 |
|---|---|---|---|---|
| 二、税款计算 | 本期应纳税额 | 10 | | |
| | 本期应纳税额减征额 | 11 | | |
| | 应纳税额合计 | 12＝10－11 | | |
| | 本期预缴税额 | 13 | — | |
| | 本期应补（退）税额 | 14＝12－13 | — | |

| 纳税人或代理人声明：<br><br>此纳税申报表是根据国家税收法律的规定填报的，我确定它是真实的、可靠的、完整的。 | 如纳税人填报，由纳税人填写以下各栏： |
|---|---|
| | 办税人员（签章）：　　　　　财务负责人（签章）： |
| | 法定代表人（签章）：　　　　　联系电话： |
| | 如委托代理人填报，由代理人填写以下各栏： |
| | 代理人名称：　　　经办人（签章）：　　　　联系电话： |
| | 代理人（公章）： |

受理人：　　　　　受理日期：　　年　月　日　　受理税务机关（签章）：

注：本表为 A3 竖式一式三份：一份纳税人留存，一份主管税务机关留存，一份征收部门留存。

表 3－9　　　　　　　　　　　　**消费税纳税申报表**

填表日期：　　年　月　日

纳税人识别号：□□□□□□□□□□□□□□□　　　　　金额单位：元（列至角分）

| 应税消费品名称 | 适用税目 | 应税销售额（数量） | 适用税率（单位税额） | 当初准予扣除外购应税消费品买价 | | | | 外购应税消费品适用税率（单位税率） |
|---|---|---|---|---|---|---|---|---|
| | | | | 合计 | 期初库存外购应税消费品买价（数量） | 当期购进外购应税消费品买价（数量） | 期末库存外购应税消费品买价（数量） | |
| 1 | 2 | 3 | 4 | 5＝6＋7－8 | 6 | 7 | 8 | 9 |
| 合计 | | | | | | | | |
| | | | | | | | | |

（续上表）

| 应纳消费税 | | 当期准予扣除外购应税消费品已纳税款 | 当期准予扣除委托加工应税消费品已纳税款 | | | |
|---|---|---|---|---|---|---|
| 本期 | 累计 | | 合计 | 期初库存委托加工应税消费品已纳税款 | 当期收回委托加工应税消费品已纳税款 | 期末库存委托加工应税消费品已纳税款 |
| $15 = 3 \times 4 - 10$ 或 $3 \times 4 - 11$ 或 $3 \times 4 - 10 - 11$ | 16 | $10 = 5 \times 9$ | $11 = 12 + 13 - 14$ | 12 | 13 | 14 |

| 已纳消费税 | | 本期应补（退）税金额 | | | |
|---|---|---|---|---|---|
| 本期 | 累计 | 合计 | 上期结算税金额 | 补交本年度欠税 | 补交以前年度欠税 |
| 17 | 18 | $19 = 15 - 17 + 20 + 21 + 22$ | 20 | 21 | 22 |
| | | | | | |

| 截至上年底累计欠税额 | 本年度新增欠税额 | |
|---|---|---|
| | 本期 | 累计 |
| 23 | 24 | 25 |
| | | |

| 如纳税人填表，由纳税人填写以下各栏 | | 如委托代理人填表，由代理人填写以下各栏 | | | 备注 |
|---|---|---|---|---|---|
| 会计主管（签章） | 纳税人（公章） | 代理人名称 | | 代理人（公章） | |
| | | 代理人地址 | | | |
| | | 经办人 | | 电话 | |

| 以下由税务机关填写 | | | |
|---|---|---|---|
| 收到申报表日期 | | 接收人 | |

填表说明：

1. 表中 2 栏"适用税目"必须按照《中华人民共和国消费税暂行条例》规定的税目填写。

2. 本表一式三联，第一联纳税人留存，第二联主管税务机关留存，第三联税务机关作税收会计原始凭证。

表 3 - 10　　　　　　　　　　　　营业税纳税申报表

填表日期：　　　年　　月　　日

纳税人识别号：□□□□□□□□□□□□□□□　　　　金额单位：元（列至角分）

| 纳税人名称 | | | | | | | 税款所属期间 | | | | |
|---|---|---|---|---|---|---|---|---|---|---|---|
| 税目 | 经营项目 | 营　业　额 | | | | | 税率 | 本　期 | | | |
| | | 全部收入 | 不征税项目 | 减除项目 | 减免税项目 | 应税营业额 | | 应纳税额 | 减免税额 | 已纳税额 | 应补(退)税额 |
| 1 | 2 | 3 | 4 | 5 | 6 | 7=3-4-5-6 | 8 | 9=7×8 | 10=6×8 | 11 | 12 |
| | | | | | | | | | | | |
| | | | | | | | | | | | |
| | | | | | | | | | | | |
| | | | | | | | | | | | |
| 　合计 | | | | | | | | | | | |
| 如纳税人填报，由纳税人填写以下各栏 | | 如委托代理人填报，由代理人填写以下各栏 | | | | | | | | 备注 | |
| 会计主管（签章） | 纳税人（公章） | 代理人名称 | | | | | 代理人（公章） | | | | |
| | | 地址 | | | | | | | | | |
| | | 经办人 | | 电话 | | | | | | | |
| 以下由税务机关填写 | | | | | | | | | | | |
| 收到申报表日期 | | | | | | 接收人 | | | | | |

填表说明：

1. 本表适用于营业税纳税义务人填报。

2. "全部收入"，系指纳税人的全部营业收入。

3. "不征税项目"，系指税法规定的不属于营业税征收范围的营业额。

4. "减除项目"，系指税法规定允许从营业收入中扣除的项目的营业额。

5. "减免税项目"，系指税法规定的减免税项目的营业额。

表 3 – 11　　　　中华人民共和国企业所得税年度纳税申报表（A 类）

税款所属期间：　　　　年　　月　　日至　　　年　　月　　日

纳税人识别号：□□□□□□□□□□□□□□□

纳税人名称：　　　　　　　　　　　　　　　　　　　　金额单位：元（列至角分）

| 类别 | 行次 | 项目 | 金额 |
|---|---|---|---|
| 利润总额计算 | 1 | 一、营业收入 | |
| | 2 | 减：营业成本 | |
| | 3 | 营业税金及附加 | |
| | 4 | 销售费用 | |
| | 5 | 管理费用 | |
| | 6 | 财务费用 | |
| | 7 | 资产减值损失 | |
| | 8 | 加：公允价值变动收益 | |
| | 9 | 投资收益 | |
| | 10 | 二、营业利润 | |
| | 11 | 加：营业外收入 | |
| | 12 | 减：营业外支出 | |
| | 13 | 三、利润总额（10 + 11 – 12） | |
| 应纳税所得额计算 | 14 | 加：纳税调整增加额 | |
| | 15 | 减：纳税调整减少额 | |
| | 16 | 其中：不征税收入 | |
| | 17 | 免税收入 | |
| | 18 | 减计收入 | |
| | 19 | 减、免税项目所得 | |
| | 20 | 加计扣除 | |
| | 21 | 抵扣应纳税所得额 | |
| | 22 | 加：境外应税所得弥补境内亏损 | |
| | 23 | 纳税调整后所得（13 + 14 – 15 + 22） | |
| | 24 | 减：弥补以前年度亏损 | |
| | 25 | 应纳税所得额（23 – 24） | |

（续上表）

| 类别 | 行次 | 项目 | 金额 |
|---|---|---|---|
| 应纳税额计算 | 26 | 税率（25%） | |
| | 27 | 应纳所得税额（25×26） | |
| | 28 | 减：减免所得税额 | |
| | 29 | 减：抵免所得税额 | |
| | 30 | 应纳税额（27－28－29） | |
| | 31 | 加：境外所得应纳所得税额 | |
| 应纳税额计算 | 32 | 减：境外所得抵免所得税额 | |
| | 33 | 实际应纳所得税额（30＋31－32） | |
| | 34 | 减：本年累计实际已预缴的所得税额 | |
| | 35 | 其中：汇总纳税的总机构分摊预缴的税额 | |
| | 36 | 汇总纳税的总机构财政调库预缴的税额 | |
| | 37 | 汇总纳税的总机构所属分支机构分摊的预缴税额 | |
| | 38 | 合并纳税（母子体制）成员企业就地预缴比例 | |
| | 39 | 合并纳税企业就地预缴的所得税额（33×38） | |
| | 40 | 本年应补（退）的所得税额（33－34） | |
| 附列资料 | 41 | 以前年度多缴的所得税额在本年抵减额 | |
| | 42 | 以前年度应缴未缴在本年入库所得税额 | |

| 纳税人公章： | 代理申报中介机构公章： | 主管税务机关受理专用章： |
|---|---|---|
| 经办人： | 经办人及执业证件号码： | 受理人： |
| 申报日期：  年 月 日 | 代理申报日期：  年 月 日 | 受理日期：  年 月 日 |

**《中华人民共和国企业所得税年度纳税申报表（A类）》填报说明**

一、适用范围

本表适用于实行查账征收的企业所得税居民纳税人填报。

二、填报依据及内容

根据《中华人民共和国企业所得税法》及其实施条例的规定计算填报，并依据企业会计制度、企业会计准则等企业的"利润表"以及纳税申报表相关附表的数据填报。

三、有关项目填报说明

（一）表头项目

1."税款所属期间"：正常经营的纳税人，填报公历当年1月1日至12月31日；纳税人年度中间开业的，填报实际生产经营之日的当月1日至同年12月31日；纳税人年度中间发生合并、分立、破产、停业等情况的，填报公历当年1月1日至实际停业或法院裁定并宣告破产之日的当月月末；纳税人年度中间开业且年度中间又发生合并、分立、破产、停业等情况的，填报实际生产经营之日的当月1日至实际停业或法院裁定并宣告破产之日的当月月末。

2."纳税人识别号"：填报税务机关统一核发的税务登记证号码。

3."纳税人名称"：填报税务登记证所载纳税人的全称。

（二）表体项目

本表是在企业会计利润总额的基础上，加减纳税调整额后计算出"纳税调整后所得"（应纳税所得额）。会计与税法的差异（包括收入类、扣除类、资产类等一次性和暂时性差异）通过"纳税调整明细表"（由于篇幅所限，本书略去相关附表，下同）集中体现。本表包括利润总额计算、应纳税所得额计算、应纳税额计算和附列资料四个部分。

1."利润总额的计算"中的项目，适用于执行《企业会计准则》的企业，其数据直接取自"利润表"；实行《企业会计制度》、《小企业会计制度》等会计制度的企业，其"利润表"中项目与本表不一致的部分，应当按照本表要求对"利润表"中的项目进行调整后填报。

该部分的收入、成本费用明细项目，适用《企业会计准则》、《企业会计制度》或《小企业会计制度》的纳税人，通过"收入明细表"和"成本费用明细表"反映；适用《企业会计准则》、《金融企业会计制度》的纳税人填报"金融企业收入明细表"、"金融企业成本费用明细表"的相应栏次；适用《事业单位会计准则》、《民间非营利组织会计制度》的事业单位、社会团体、民办非企业单位、非营利组织，填报"事业单位、社会团体、民办非企业单位收入项目明细表"和"事业单位、社会团体、民办非企业单位支出项目明细表"。

2."应纳税所得额计算"和"应纳税额计算"中的项目，除根据主表逻辑关系计算出的指标外，其余数据来自相关附表。

3."附列资料"包括用于税源统计分析的上年度税款在本年入库金额。

（三）行次说明

1.第1行"一、营业收入"：填报纳税人主要经营业务和其他业务所确认的收入总额。本项目应根据"主营业务收入"和"其他业务收入"科目的发生额分析填列。一般企业通过"收入明细表"计算填列；金融企业通过"金融企业收入明细表"计算填列；事业单位、社会团体、民办非企业单位、非营利组织应填报"事业单位、社会团体、民办非企业单位收入明细表"的"收入总额"，包括按税法规定的不征税收入。

2.第2行"减：营业成本"项目，填报纳税人经营主要业务和其他业务发生的实际成本总额。本项目应根据"主营业务成本"和"其他业务成本"科目的发生额分析填列。一般企业通过"成本费用明细表"计算填列；金融企业通过"金融企业成本费用明细表"计算填列；事业单位、社会团体、民办非企业单位、非营利组织应按填报"事业单位、社会团体、民办非企业单位收入明细表"和"事业单位、社会团体、民办非企业单位支出明细表"分析填报。

3. 第3行"营业税金及附加"：填报纳税人经营业务应负担的营业税、消费税、城市维护建设税、资源税、土地增值税和教育费附加等。本项目应根据"营业税金及附加"科目的发生额分析填列。

4. 第4行"销售费用"：填报纳税人在销售商品过程中发生的包装费、广告费等费用和为销售本企业商品而专设的销售机构的职工薪酬、业务费等经营费用。本项目应根据"销售费用"科目的发生额分析填列。

5. 第5行"管理费用"：填报纳税人为组织和管理生产经营发生的管理费用。本项目应根据"管理费用"科目的发生额分析填列。

6. 第6行"财务费用"：填报纳税人为筹集生产经营所需资金等而发生的筹资费用。本项目应根据"财务费用"科目的发生额分析填列。

7. 第7行"资产减值损失"：填报纳税人各项资产发生的减值损失。本项目应根据"资产减值损失"科目的发生额分析填列。

8. 第8行"加：公允价值变动收益"：填报纳税人按照相关会计准则规定应当计入当期损益的资产或负债公允价值变动收益，如交易性金融资产当期公允价值的变动额。本项目应根据"公允价值变动损益"科目的发生额分析填列，如为损失，本项目以"－"号填列。

9. 第9行"投资收益"：填报纳税人以各种方式对外投资所取得的收益。本行应根据"投资收益"科目的发生额分析填列，如为损失，用"－"号填列。企业持有的交易性金融资产处置和出让时，处置收益部分应当自"公允价值变动损益"项目转出，列入本行，包括境外投资应纳税所得额。

10. 第10行"二、营业利润"：填报纳税人当期的营业利润。根据上述行次计算填列。

11. 第11行"加：营业外收入"：填报纳税人发生的与其经营活动无直接关系的各项收入。除事业单位、社会团体、民办非企业单位外，其他企业通过"收入明细表"相关行次计算填报；金融企业通过"金融企业收入明细表"相关行次计算填报。

12. 第12行"减：营业外支出"：填报纳税人发生的与其经营活动无直接关系的各项支出。一般企业通过"成本费用明细表"相关行次计算填报；金融企业通过"金融企业成本费用明细表"相关行次计算填报。

13. 第13行"三、利润总额"：填报纳税人当期的利润总额。根据上述行次计算填列。金额等于第 10 + 11 – 12 行。

14. 第14行"加：纳税调整增加额"：填报纳税人未计入利润总额的应税收入项目、税收不允许扣除的支出项目、超出税收规定扣除标准的支出金额，以及资产类应纳税调整的项目，包括房地产开发企业按本期预售收入计算的预计利润等。纳税人根据"三、纳税调整项目明细表""调增金额"列下计算填报。

15. 第15行"减：纳税调整减少额"：填报纳税人已计入利润总额，但税收规定可暂不确认为应税收入的项目，以及在以前年度进行了纳税调增，根据税收规定从以前年度结转过来在本期扣除的项目金额。包括不征税收入、免税收入、减计收入和房地产开发企业已转销售收入的预售收入按规定计算的预计利润等。纳税人根据"纳税调整项目明细表""调减金额"列下计算填报。

16. 第 16 行"其中：不征税收入"：填报纳税人计入营业收入或营业外收入中的属于税收规定的财政拨款、依法收取并纳入财政管理的行政事业性收费、政府性基金以及国务院规定的其他不征税收入。

17. 第 17 行"免税收入"：填报纳税人已并入利润总额中核算的符合税收规定免税条件的收入或收益，包括：国债利息收入；符合条件的居民企业之间的股息、红利等权益性投资收益；在中国境内设立机构、场所的非居民企业从居民企业取得与该机构、场所有实际联系的股息、红利等权益性投资收益；符合条件的非营利组织的收入。本行应根据"主营业务收入"、"其他业务收入"和"投资净收益"科目的发生额分析填列。

18. 第 18 行"减计收入"：填报纳税人以《资源综合利用企业所得税优惠目录》规定的资源作为主要原材料，生产销售国家非限制和禁止并符合国家和行业相关标准的产品按 10% 的规定比例减计的收入。

19. 第 19 行"减、免税项目所得"：填报纳税人按照税收规定应单独核算的减征、免征项目的所得额。

20. 第 20 行"加计扣除"：填报纳税人当年实际发生的开发新技术、新产品、新工艺发生的研究开发费用，以及安置残疾人员和国家鼓励安置的其他就业人员所支付的工资。符合税收规定条件的，计算应纳税所得额按一定比例的加计扣除金额。

21. 第 21 行"抵扣应纳税所得额"：填报创业投资企业采取股权投资方式投资于未上市的中小高新技术企业 2 年以上的，可以按照其投资额的 70% 在股权持有满 2 年的当年抵扣该创业投资企业的应纳税所得额；当年不足抵扣的，可以在以后纳税年度结转抵扣。

22. 第 22 行"加：境外应税所得弥补境内亏损"：依据《境外所得计征企业所得税暂行管理办法》的规定，纳税人在计算缴纳企业所得税时，其境外营业机构的盈利可以弥补境内营业机构的亏损。即当"利润总额"加"纳税调整增加额"减"纳税调整减少额"为负数时，该行填报企业境外应税所得用于弥补境内亏损的部分，最大不得超过企业当年的全部境外应税所得；如为正数时，如以前年度无亏损额，本行填零；如以前年度有亏损额，取应弥补以前年度亏损额的最大值，最大不得超过企业当年的全部境外应税所得。

23. 第 23 行"纳税调整后所得"：填报纳税人当期经过调整后的应纳税所得额。金额等于本表第 13 + 14 − 15 + 22 行。当本行为负数时，即为可结转以后年度弥补的亏损额（当年可弥补的所得额）；如为正数时，应继续计算应纳税所得额。

24. 第 24 行"减：弥补以前年度亏损"：填报纳税人按税收规定可在税前弥补的以前年度亏损额。金额等于"企业所得税弥补亏损明细表"第 6 行第 10 列。但不得超过本表第 23 行"纳税调整后所得"。

25. 第 25 行"应纳税所得额"：金额等于本表第 23 − 24 行。本行不得为负数，本表第 23 行或者依上述顺序计算结果为负数，本行金额填零。

26. 第 26 行"税率"：填报税法规定的税率 25%。

27. 第 27 行"应纳所得税额"：金额等于本表第 25 × 26 行。

28. 第 28 行"减：减免所得税额"：填列纳税人按税收规定实际减免的企业所得税额。包括小型微利企业、国家需要重点扶持的高新技术企业、享受减免税优惠过渡政策的企业，其实际执行税率与法定税率的差额，以及经税务机关审批或备案的其他减免税优惠。金额等于"税收优惠明细表"第 33 行。

29. 第 29 行"减：抵免所得税额"：填列纳税人购置用于环境保护、节能节水、安全生产等专用设备的投资额，其设备投资额的 10% 可以从企业当年的应纳税额中抵免；当年不足抵免的，可以在以后 5 个纳税年度结转抵免。金额等于"税收优惠明细表"第 40 行。

30. 第 30 行"应纳税额"：填报纳税人当期的应纳所得税额，根据上述有关的行次计算填列。金额等于本表第 27 - 28 - 29 行。

31. 第 31 行"加：境外所得应纳所得税额"：填报纳税人来源于中国境外的应纳税所得额（如分得的所得为税后利润应还原计算），按税法规定的税率（居民企业 25%）计算的应纳所得税额。金额等于"境外所得税抵免计算明细表"第 10 列合计数。

32. 第 32 行"减：境外所得抵免所得税额"：填报纳税人来源于中国境外的所得，依照税法规定计算的应纳所得税额，即抵免限额。

企业已在境外缴纳的所得税额，小于抵免限额的，"境外所得抵免所得税额"按其在境外实际缴纳的所得税额填列；大于抵免限额的，按抵免限额填列，超过抵免限额的部分，可以在以后 5 个年度内，用每年度抵免限额抵免当年应抵税额后的余额进行抵补。

可用境外所得弥补境内亏损的纳税人，其境外所得应纳税额公式中"境外应纳税所得额"项目和境外所得税税款扣除限额公式中"来源于某外国的所得"项目，为境外所得，不含弥补境内亏损部分。

33. 第 33 行"实际应纳所得税额"：填报纳税人当期的实际应纳所得税额。金额等于本表第 30 + 31 - 32 行。

34. 第 34 行"减：本年累计实际已预缴的所得税额"：填报纳税人按照税收规定本年已在月（季）累计预缴的所得税额。

35. 第 35 行"其中：汇总纳税的总机构分摊预缴的税额"：填报汇总纳税的总机构 1 至 12 月份（或 1 至 4 季度）分摊的在当地入库预缴税额。附报"中华人民共和国汇总纳税分支机构分配表"。

36. 第 36 行"汇总纳税的总机构财政调库预缴的税额"：填报汇总纳税的总机构 1 至 12 月份（或 1 至 4 季度）分摊的缴入财政调节入库的预缴税额。附报"中华人民共和国汇总纳税分支机构分配表"。

37. 第 37 行"汇总纳税的总机构所属分支机构分摊的预缴税额"：填报分支机构就地分摊预缴的税额。附报"中华人民共和国汇总纳税分支机构分配表"。

38. 第 38 行"合并纳税（母子体制）成员企业就地预缴比例"：填报经国务院批准的实行合并纳税（母子体制）的成员企业按规定就地预缴的比例。

39. 第 39 行"合并纳税企业就地预缴的所得税额"：填报合并纳税的成员企业就地应预缴的所得税额。根据"实际应纳税额"和"预缴比例"计算填列。金额等于本表第 33 × 38 行。

40. 第 40 行"本年应补（退）的所得税额"：填报纳税人当期应补（退）的所得税额。金额等于本表第 33 - 34 行。

41. 第 41 行"以前年度多缴的所得税在本年抵减额"：填报纳税人以前年度汇算清缴多缴的税款尚未办理退税的金额，且在本年抵缴的金额。

42. 第 42 行"上年度应缴未缴在本年入库所得税额"：填报纳税人以前年度损益调整税款、上一年度第四季度或第 12 月份预缴税款和汇算清缴的税款，在本年入库金额。

### 三、纳税申报的要求和规定

#### （一）纳税申报的方式

《税收征管法》第二十六条规定："纳税人、扣缴义务人可以直接到税务机关办理纳税申报或者报送代扣代缴、代收代缴税款报告表，也可以按照规定采取邮寄、数据电文或者其他方式办理上述申报、报送事项。"

纳税申报方式是指纳税人、扣缴义务人向税务机关办理纳税申报或者报送代扣代缴、代收代缴税款报告表的方式。根据上述规定，纳税人、扣缴义务人可以直接到税务机关办理纳税申报或者报送代扣代缴、代收代缴税款报告表，也可以按照规定采取邮寄、数据电文或者其他方式办理上述申报、报送事项。其他方式包括委托代理人代为办理申报、报送事项。

直接申报，也称上门申报，是指纳税人、扣缴义务人在规定的申报期限内，到主管税务机关指定的办税服务场所报送纳税申报表、代扣代缴、代收代缴税款报告表及有关资料。

邮寄申报，是指纳税人、扣缴义务人在规定的申报期限内，按照规定，通过向税务机关邮寄纳税申报资料或者代扣代缴、代收代缴税款资料进行申报的方式。

数据电文申报，也称电子申报，是指纳税人、扣缴义务人在规定的申报期限内，通过与税务机关接受办理纳税申报、代扣代缴及代收代缴税款申报的电子系统联网的电脑终端，按照规定和系统发出的指示输入申报内容，以完成纳税申报或者代扣代缴及代收代缴税款申报的方式。

#### （二）纳税申报期限的规定

纳税期限是纳税义务人应当纳税款的具体时限，也是纳税义务人履行纳税义务的期限。每种税的基本法中都有纳税期限的明确规定，但在方法上有按期纳税和按次纳税两种。

按期纳税是以纳税义务人发生的纳税义务后的一定时间作为纳税期限。我国的增值税、营业税、消费税、企业所得税等主要税种一般均实行按期纳税。其中，对于增值税、营业税、消费税等流转税，一般按权责发生制原则，以交易为发生，以实现销售为纳税义务发生时间，并区分不同税种和税额大小，规定增值税、消费税以1天、3天、5天、10天、15天、1个月或1个季度为一期，营业税以5天、10天、15天、1个月或者1个季度为一期，逐期计算缴纳。纳税义务人以1个月或1个季度为一期纳税的，自期满之日起5日内预缴税款，并于次月1日起15日内申报纳税，并结算上月应纳税款。企业所得税按年计算，分月或分季预缴，月份或季度终了后15日内预缴，年度终了后5个月内汇算清缴。负有个人所得税纳税义务的个人（年所得12万元以上的），可以由本人或者委托他人于纳税年度终了后3个月以内向主管税务机关申报。

　　按次纳税是以纳税义务人从事生产经营活动的次数作为纳税期限。对不能按照固定期限纳税的，可以按次纳税，如进口商品征收的关税、增值税和消费税，个人所得税包括对个人劳务报酬所得，稿酬所得，特许权使用费所得，利息、股息、红利所得，财产租赁所得，财产转让所得等。

　　纳税人、扣缴义务人不能按期办理纳税申报或者报送代扣代缴、代收代缴税款报告表的，经税务机关核准，可以延期申报。延期申报的条件是：因不可抗拒的力量或财务处理上的特殊原则造成的确实不能按照规定办理纳税申报的状况。所谓不可抗拒的力量造成的情况，是指既不可避免，亦不可克服的自然灾害，如火灾、水灾、地震等。

### （三）纳税申报内容的完整、准确

　　纳税申报表是税务机关审核计算应纳税款或代扣、代收税款的主要凭证，也是证明纳税人是否正确履行纳税义务的法律依据，所以一定要及时、真实、完整地填写纳税申报表或扣缴报告表。为了保证纳税人纳税申报的正确性，便于税务机关对纳税人的申报表进行审核，掌握纳税人的生产经营状况，《税收征管法》规定纳税人在向税务机关报送纳税申报表时，还要附送财务会计报表以及其他有关资料。

# 复习思考题

**名词解释**

1. 税务登记
2. 统一代码
3. 税务登记证
4. 税控装置
5. 纳税申报

**简答题**

1. 账簿凭证管理有何意义？
2. 设置账簿凭证的规定有哪些？
3. 简述账簿凭证的管理。
4. 纳税申报有何作用？
5. 纳税申报的对象和内容的规定是什么？
6. 简述纳税申报的要求和规定。
7. 税务登记的对象和时限要求是什么？
8. 税务登记有哪些内容？
9. 简述开业登记的程序。
10. 注销税务登记的范围和时限要求是什么？

# 第四章　税收征管模式

**【本章要点】**

科学的税收征管模式是税收管理活动顺利进行并达到预期目的的重要保证。本章首先对税收征管形式和税款征收方式的具体形式与内容作具体介绍，第三节结合《税收征管法》详细介绍税款征收的措施，最后从实务角度阐述关联企业税款征收的相关知识。

## 第一节　税收征管形式

### 一、税收征管形式的概念

征收管理形式是指税务机关在征收管理活动中采取的具体组织管理形式。它是保证税收管理活动顺利进行并达到预期目的的重要手段。我国幅员辽阔，地区经济发展不平衡，纳税人和征税对象情况复杂，各地税源集散状况不同，税务人员征管水平不一。税收征管形式的选择应根据有利于征收、方便纳税、合理分工、因地制宜的原则，以便于税务机关有效管理监督和纳税人申报缴税；既要有利于控制重点税源，又要有利于组织零散收入。

税收征管形式随着社会政治经济形势的发展而变化。新中国成立以来先后采用了驻厂征管、行业征管、按地段征管、巡回征管、查缉征管等多种税收征管形式。

### 二、税收征管形式的内容

税收征管形式包含三个方面的内容，即税务机关对纳税人的管理形式、税务机关自身的内部分工形式、利用社会中介机构参与税收征管的形式。

**（一）基层税务机关对纳税人的管理形式**

基层税务机关对纳税人的管理形式有如下几种：

1. 分片管理

分片管理亦称"块块征管"，指在市（区）、县范围内按行政区划组织征收管理的形式。其特点是：凡是管辖区内的工商业户，不分经济性质、经营行业、企业隶属关系，都由所在地区税务机关及其派出机构（分局、所、组）统一管理。分片管理形式适用于小城市和农村。在农村，行业零星，税源分散，适宜按经济区划分片管理。其具体做法是：按行政区或经济区设置税务分局、税务所，分别管辖区内的纳税户；分局、所内部视税源情况与专管员状况，划分若干地段，分为若干片，配备相应的专管员，各自管辖其管辖区内的税收。分片管理形式的优点是：与地方政府及其职能机构的设置对口，便于争取当地政府和有关部门的支持和配合；管辖地域不宽，征纳双方联系方便，易于了解和掌握企业生产经营和税源变化情况。分片管理形式的主要缺点是：纳税人情况复杂，不利于同企业主管部门联系和配合，也不便于了解掌握全行业生产经营情况及进行同行业经济指标的对比分析。

2. 行业管理

行业管理亦称"条条征管"，指在一个市（区）、县范围内按行业系统和隶属关系组织征收管理的形式。其特点是：在一个城市或地区内打破行政区划界限，按纳税人的生产经营行业和部门隶属关系划分征管范围，实行行业归口管理。行业管理形式适用于工商户集中、行业分工清楚、归口管理明确的大中城市。其具体做法是：与若干企业主管部门（局、公司）对口成立税务分局、税务所，以下再按行业建立税务专管组织，负责具体征管工作。行业管理的优点是：便于税务专管员熟悉本行业税政业务，掌握全行业的生产经营和纳税情况，进行行业性对比分析；便于税务机关和税务专管员加强同主管部门的联系和配合，及时研究解决征纳工作中一些行业性疑难问题。行业管理的主要缺点是：所管企业分散，税务专管员进行征管时所占用的在途时间较多；同纳税人联系不便，对某些偏僻地段的纳税人或小税源户，容易出现漏管和管理不力的现象。

3. 分片和行业结合征管

分片和行业结合征管是在一个地区内把按地域和按行业结合起来组织征收管理的形式。它是城市税收征管中较为普遍采用的一种征管形式。其具体做法有两种：①以行业为主，结合划片进行征管。在按行业系统设置税务分局、税务所的基础上，结合企业所在地形成的"块块"，兼顾企业大小、税源多少和税务专管员力量配备等，划分若干专责管理地段，分工负责。②以分片为主，结合行业进行征管。在按地区设置税务分局、税务所的基础上，在"块块"的范围内，按行业分别配备一定的专管员进行征管。采取分片和行业结合的征管形式，可减少税务专管员征管时的往返在途时间，便于进行行业税源分析和解决行业性税政业务，在一定程度上可弥补按"条条"管理和按"块块"管理的不足。

4. 巡回管理

巡回管理是对征收面广、流动性大、季节性强、分散零星的税源采取的征收管理形式。其特点是：根据税源的分布和流动有针对性地组织征收管理。一般适用于农村或集贸市场的税收征收管理。其具体做法是：在税务所管辖范围内，对纳税人划片分工给征管人员巡回管理。征管人员通常在所管范围内选择一个合适的地点，定期对纳税人进行集中辅导，办理纳税申报，缴纳有关税款；巡回于所管片内的纳税人中，了解税源变化情况，同时进行纳税检查和监督。

5. 按经济性质划分管理

按经济性质划分管理是在一个地区内按纳税户的经济性质分工组织征收的管理形式。它适用于对大中城市工商业户的税收征收管理。其具体做法是：在一个城市范围内，按纳税户的经济性质建立税务分局、税务所，分别管理国有企业、集体企业、三资企业、私营企业和个体工商户；在分局、所内部再按行业或地段建立专管组织或配备专人分工管理；也可在按地区建立税务分局、税务所的基础上，再按纳税户的不同经济性质建立专管组织或配备专人分工管理。按经济性质划分管理的主要优点是：便于掌握和分析同一经济性质企业的生产经营和纳税情况，有利于执法口径的统一。按经济性质划分管理的主要缺点是：同一经济性质的纳税户分散，税务专管员征管时花费的在途时间较多，难以顾及全面。

6. 查缉征管

查缉征管是税务机关设置纳税检查站对流动税源组织征收管理的形式。查缉征管作为固定征管形式的一种补充，是控制税源和查补偷、漏税的一种方式。纳税检查站经批准可以单独设立，也可以与公安、工商行政、交通、海关等相关职能部门联合设立。检查站一般设在各贸易市场、交通道、水陆码头等场所。稽查范围包括运经本站的应税商品、货物和按规定应受纳税检查站稽查的其他税务违章行为。查缉征管有利于加强税收的多环节控管，防止偷、漏税。

**（二）基层税务机关内部分工形式**

基层税务机关具体负责税收征收管理工作，包括税务登记、账簿凭证管理、发票管理、纳税申报管理、税款征收、纳税检查、税收违章处罚等方面的工作。这些工作归纳起来可以分为征收、管理、检查三个部分。科学地进行内部分工，有利于优化税收征收管理。目前，税务机关内部分工主要有以下两种形式：

1. 征管查一体的征管形式

我国在发展国民经济第一个五年（1953—1957 年）计划期间对工商税收实行一种"一员进厂，征查统管，征收、管理、检查一条线"的征管方式。当时，我国的国营、集体经济日益壮大，私营和个体经济所占比重逐渐缩小。在经济成分渐趋于单一，流通环节、渠道和征税环节趋于减少的情况下，税收征收管理相应实行了这种征管方式。征收人员集征收、管理、稽查工作于一身，三大环节一人抓，简化了手续，适应了当时客观经济形势的需要，起过积极的作用。

这种征管形式的优点是：可以发挥征收、管理、检查三大环节的衔接、连动、协调优势，可以使征收人员利用熟悉纳税人的情况，做好各税种的征收管理与检查工作，在一定程度上缓解了税务人员不足的情况。

这种征管形式的缺点也较多，主要是不能适应市场经济和复杂税制对征收管理的客观要求，不利于征收人员深入细致地开展工作和提高业务素质，不利于廉政建设，容易出现征收人员徇私舞弊现象。

由于这种征管形式存在较多弊端，目前，只在经济不发达、交通不便利、征收力量不足的农村、集贸市场税收征收中才采用这种征管形式。

2. 征管查分离的征管形式

征管查分离是税务机关管理工商税收的一种形式。我国实行改革开放政策后，对经济体制和税收制度进行了一系列改革，到20世纪80年代后期，对税收征管形式也进行了改革。在基层税收征管中，根据税源分布及纳税人的不同情况，实行税款征收、纳税管理、纳税检查相分离的征管形式，把过去由一人征收管理的办法，变为征、管、查分别由三人负责或征管与检查分别由两人负责。这种征管形式，层次分明，分工周密，便于征管人员互相促进、互相制约，有利于克服过去一人包办的弊端，有利于进一步建立和完善税收管理中的制约和促进机制。

征管查分离后，三个岗位的人员除编制税收计划、宣传税法、健全纳税户资料档案等职责相同外，各自还有不同的职责。

管理人员的职责主要是：①办理税务登记、变更登记、歇业登记；进行纳税鉴定和修改纳税鉴定。②催收和审查纳税户的月、季度财务报表，进行纳税辅导，建立护税协税网络。③督促纳税户按期申报纳税，依限清缴欠税，偷、漏税及罚款，按时、准确地办理年终决算。④审查纳税户减、免税申请报告，按法定程序办理减、免税审批手续，并对减、免税跟踪问效。⑤帮助纳税户健全账、票，搞好票证管理。⑥掌握与反馈经济信息，运用税收杠杆，促进生产，培养税源。⑦及时向征收和检查人员通报情况，共同研究和改进工作。

征收系统和人员的职责主要是：①审核纳税人的纳税申报表、缴款书和应征税款计算的准确性。②组织好应纳税款入库工作。③实施税收保全和有关处罚。④收集积累征税资料，为管理、检查部门提供信息。⑤办理好纳税资料的审核、整理、归集等工作。

检查系统和人员的职责主要是：①检查税收法规政策的执行。②检查纳税人的纳税事宜。③办理各种偷、抗、欠、骗税等违章案件报批手续。④检查减、免、退税情况。⑤整理检查资料，分析偷、抗、欠、骗税动向并提出防范措施。

征管查分离的征管形式的优点是：有利于做到依法治税，维护税收的严肃性；有利于征收管理工作的规范化和专业化，提高征管质量和效率；有利于税务查账的深入开展；有利于提高税务人员的素质和推动廉政建设等。

征管查分离的征管形式的缺点是：税务内部的分工复杂，包括的职责过多，没有分清税务机关的职责与纳税人的职责，不利于强化纳税人的纳税意识，不利于降低征税成本、提高征税效益。同时，如果分工不合理还会导致内部力量的分散，影响相互间的配合，征收任务也难以落实。

**（三）申报、代理、稽查的征管形式**

申报、代理、稽查的征管形式是指纳税人按期进行纳税申报，社会中介机构代理办税，税务机关进行日常和重点税务稽查三位一体的征管模式。它是我国在市场经济条件和新的税收制度下进行税收征管改革的目标。

申报即纳税申报，是指由纳税人按照税法规定按期向税务机关申报有关纳税事项；代理即税务代理，是指税务代理人在规定的范围内代纳税人办理税务事宜；稽查即税务稽查，是税务机关依法对纳税人履行纳税义务情况进行严密的检查。在新体制下，税务部门征管的重点将转向对申报和代理的监督检查，这种制约机制可以有效地减少偷税和漏税。为此，我国应尽快制定出科学严谨、简便实用的税务稽查制度，调整机构，充实力量，加快培养高素质的税务稽查人才，并授予稽查机构必要的权力，明确其职责，以确保征管新体制顺利而有效地运行。

**（四）税收管理员制度**

随着经济的发展，经济总量、税源总量、税收总量和纳税人数量不断增加。为了加强对税源的科学化、精细化管理，国家税务总局在深入调查研究、吸取历史教训和总结各地经验的基础上，在征管模式不变的前提下，于2005年颁发了《税收管理员制度（试行）》。这是新中国成立以来第一个专门针对税收管理员颁布的制度。

1. 税收管理员制度的优点

（1）目的明确。其目的就是加强税源管理，切实解决疏于管理、淡化责任的问题，推进依法治税，提高征管的效率和质量。

（2）内涵明确。税收管理员制度的建立是税务机关税收征管工作的需要，这是一项明确岗位职责、落实管理责任、规范税务人员行为、促进税源管理、优化纳税服务的基础制度。

（3）原则明确。税收管理员制度遵循管户与管事相结合、管理与服务相结合、属地管理与分类管理相结合的原则。

（4）职责明确。税收管理员的职责是信息采集、纳税辅导、税收宣传、纳税评估和税收监控。该制度要求税收管理员不直接从事税款征收、税务稽查、违章处罚和审批减免税、缓抵退税等工作。

（5）监督明确。这项制度的监督内容为：实行税收管理员轮换制，定期听取税收管理员的工作汇报，加强对税收管理员的政治教育、岗位技能培训、业绩考核、能级管理；对构成违纪的给予行政处分，构成犯罪的追究刑事责任。

2. 税收管理员制度的缺点

（1）目前税收管理员队伍整体素质不高，不能适应税收工作的需要。

（2）虽然我国的税收信息化有了很大发展，但目前税收征管信息化手段还不能满足税收管理员工作的需要。

（3）税收管理员的工作职责与其他相关部门之间还有划分不清之处，相互推诿和扯皮现象仍有发生。

（4）全国缺少统一的，分地区、分行业的纳税评估指标体系，税收管理员在工作时还有一些困难。

（5）还缺少与《税收管理员制度（试行）》相配套的《税收管理员轮换制度》、《税收管理员培训制度》、《税收管理员考核制度》、《税收管理员能级管理制度》等规定。

### 3. 税收管理员制度的评价

税收管理员制度借助于现代化手段，建立涵盖广泛、反应灵敏的动态的税源管理体系。它是与市场经济发展相适应的税源管理制度，把管户与管事有效地结合起来，实现管理的效率和有效性并重。一方面，税收管理员按照规定与纳税人保持制度化的联系，提供专业的纳税服务和指导，帮助纳税人及时准确申报纳税，保证税务管理工作的高效率。另一方面，通过税收管理员的实地调查报告，税务机关能够掌握税源户籍、财务核算、资金周转和流转额等关键的涉税信息，从而进行有针对性的、有效的税收管理，充分发挥税收在经济和社会发展中的作用。

### 4. 税收专管员制度与税收管理员制度的比较

（1）二者含义不同。税收专管员是按区域、地段、行业、所有制性质等对纳税人进行全方位管理的人员。税收管理员是基层税务机关及其税源管理部门中负责分片、分类管理税源，负有管户责任的工作人员。

（2）经济背景不同。从新中国成立到 20 世纪 90 年代初，我国实行计划经济，所有制形式、经济成分、分配方式单一，生产力水平低下，经济总量和税收总量小，我国的税收专管员制度正是这样的经济背景下产生和发展的。从 20 世纪 90 年代初到现在，我国实行社会主义市场经济，所有制形式、经济成分、分配方式复杂，生产力水平有了较大提高，经济总量、税收总量和纳税人数量也有了较大增加，税收管理员制度正是在这样经济背景下产生和发展的。

（3）法治背景不同。从新中国成立到 20 世纪 90 年代初，我国基本处于法制创建时代，普遍存在"人治大于法治"的现象。税收也是如此，法律制度不健全且层次低下，都是条例、办法、细则和规定等。税收专管员制度正是在这样的法治背景下产生和发展的。这就造成两个弊端：一是征税人对纳税人执法刚性不强；二是法律缺少对征税人约束的规定。从 20 世纪 90 年代初起，我国强调依法治国，法治逐渐增强。税收法律、法规也进入全面立法、完善提高阶段，初步形成以法律、法规为主体，与规章制度和规范性文件相配套，实体法和程序法并重的税收法律体系和框架。这一方面约束了纳税人，提高其纳税遵从度；另一方面约束了征税人，规范了其征税行为。税收管理员制度正是在这样的法治背景下产生发展的。

（4）管理模式不同。在税收专管员时期，税收专管员对涉税事宜一人裁断，权力无制约，是一种管户的、传统的、粗放式的、全职能的管理制度。在税收管理员时期，我国采取"以纳税申报和优化服务为基础，以计算机网络为依托，集中征收，重点稽查，强化管理"的征管模式。在这一模式下，全国各地普遍建立了征收、管理、稽查分离的征管格局，把原来税收专管员的权力分解到征收、管理、稽查三个系列岗位中去，税收管理员不直接从事税款征收、税务稽查、违章处罚和审批减免税、缓抵退税。这是一种管户与管事相结合的、现代的、集约式的、专业化的管理制度。

（5）管理手段不同。在税收专管员时期，由于管理手段落后，全靠手工操作，需要大量的专管员，以适应纳税人少、税制简单的情况。这样必然导致征管效率、质量低下和征税成本增高。在税收管理员时期，计算机信息技术和网络技术被应用于税收工作，既提高了工作效率和征管质量，也降低了征税成本。税收管理员从大量、重复的手工操作中解脱出来，实行税源的精细化管理。

（6）管理理念不同。在税收专管员时期，税收专管员是管理者，纳税人是被管理者。征税人就是管理纳税人的，可以不遵守税法；税法是给纳税人制定的，纳税人必须遵守。在税收管理员时期，征纳双方的行为都受法律的约束，在法律面前是平等的。税收管理员在享有征税权利的同时，也要履行为纳税人服务的义务；纳税人在履行纳税义务的同时，也享有知情和复议等权利。

（7）工作职责不同。税收专管员是一员进户、各税统管、集征管查于一身，包揽了纳税人一切涉税事宜，征纳双方的权利和义务不清。税收管理员的职责在《税收管理员制度（试行）》中被详细规定：不直接从事税款征收、税务稽查、违章处罚和审批减免税、缓抵退税；从事税法宣传、纳税辅导、日常管理、信息采集、纳税评估、税源监控和纳税服务。这样，征纳双方的权利和义务十分清楚。

税收专管员和税收管理员是税收领域的专用术语，它们是两个不同的概念。可以说税收管理员的前身就是20世纪50年代的税收专管员，但建立税收管理员制度不是恢复过去的税收专管员制度，而是与税收专管员制度有着本质的不同，已被赋予了新的内涵：管事与管户相结合，管理与服务相结合，权利与责任相结合；变集权管理为分权管理，变全程式管理为环节式管理，变保姆式服务为依法服务。税收管理员制度是对税收专管员制度的进一步发展和完善。

# 第二节　税款征收方式

税款征收方式，亦称税款征收的方法，是指税务机关对纳税人的应纳税款，确定从计算到缴库所采取的具体方法。税务机关应从有利于组织收入、简化手续、方便群众、便于管理的原则出发，实行正确的税款征收方式。由于税种不同，纳税人的经营方式多种多样，核算水平高低不一，所以必须根据具体情况，分别确定不同的征收方式。目前，我国的税款征收方式一般有以下几种：

## 一、自核自缴

自核自缴方式也就是通常所说的"三自"纳税，或者说是在"三自"纳税基础上发展起来的一种纳税方式。它是由纳税人依据税法和财务会计核算资料及报表，自行计算应纳税额，自行填写税款缴款书，自行在规定的期限内到银行缴纳税款，并同时向税务机关报送纳税申报表。这种缴纳方式要求纳税人法治观念和依法纳税意识强，财务会计制度健全，经济核算完善，有专门办税人员，且需由纳税人提出申请，填写"企业三自纳税申报表"，经主管税务机关审查核实，并经县以上税务机关批准后，才能采用。一般适用于符合以上条件的国有大中型企业。这一方法将会随着社会中介服务体系的日益健全，特别是税务代理制的普遍推行以及电子计算机的广泛应用与网络化，逐步应用到其他企业。

## 二、代扣代缴、代征代缴

代扣代缴是指持有纳税人收入的单位和个人从持有的纳税人收入中扣缴其应纳税款并向税务机关解缴的征收方式。一般是支付纳税人收入的单位和个人履行代扣代缴税款义务。如我国个人所得税法规定，以支付所得的单位或个人为代扣代缴义务人，并代扣代缴个人所得税。

代征代缴，又叫代收代缴，或简称代征，是指税务机关委托某些单位代理税务机关按照税收法规办理税款征解的一种征收方式。这是对一些零散税收和边远地区，为了节省人力、方便纳税而采取的方式。如对烧油特别税的征收就规定了供油单位为代征单位，屠宰税及其他零星税款的征收也多采用这种方式。

代扣代缴、代征代缴方式都是国家为了有效控制税源，不使税款流失，方便纳税和简化税款征收手续而采用的征收方式。

## 三、定期定额征收

对于规模较小，确无记账能力以缴纳流转税为主的个体工商户，经业户申请，报县（市）级国家税务局批准的，可以采取定期定额征收方式征收税款，但必须按照税务机关的规定，建立收支凭证粘贴簿、进销货登记簿，并完整保存有关纳税资料。其他所有企业和业户都应按规定建账建证，自行申报纳税。经税务机关调查核实，根据纳税人的具体情况，再按一定时间（季、半年等）核定销售（营业）收入额和所得额附征率，实行流转税和所得税合并征收。

【例】某个体零售店经当地税务部门核定月定营业额 6 000 元（不含税收入），定期时间为一年，当地所得税附征率核定为 1.5%，计算该纳税人每月应纳多少税款（从 2009 年 1 月 1 日起小规模纳税人征收率降至 3%，不再分工业和商业性质小规模纳税人）。

增值税：6 000 × 3% = 180（元）

城建税：180 × 7% = 12.6（元）

所得税：6 000 × 1.5% = 90（元）

合计应纳税：180 + 12.6 + 90 = 282.6（元）

采用定期定额征收方式，主管税务机关应根据纳税人的纳税申报，经税务机关调查核实并分析研究，集体联评，以尽量使定额符合纳税人的生产、经营实际情况，并可根据实际情况调整纳税人的定额。

## 四、查账征收

查账征收，又称查账计征，是指纳税人根据税法，依据财务会计核算资料和报表，依照适用的税率自行计算并缴纳应纳税额的一种方式。其程序是：先由纳税人在规定的纳税期限内，用"纳税申报表"向税务机关办理纳税申报，经税务机关查账核实后，由纳税人缴纳税款。

查账征收的适用范围很广，已成为大多数国有企业、集体企业缴税的主要方式。这种方式的适用条件是企业法治观念和依法纳税的意识强，账簿凭证设置健全，会计核算真实、准确，会计资料齐全，并设有专门办税人员，经主管税务机关审查批准。

## 五、查验征收

查验征收是指由纳税人将其应税商品拿到主管税务机关或税务机关指定的地点报验登记，税务机关查验后征收税款，发给查验和完税证，并据此运、销的一种税款征收方式。

这种征收方法，是税务机关针对某些零星、分散的高税率货物和难以进行源泉控制的流动商品，在纳税人申报纳税时，由税务机关派员到应税货物的现场进行查验，并将查验商品的数量、价格、销售额、所征税款等逐一登记在《查验商品登记簿》上，贴查验或盖上查验戳后，才能进行运、销的一种管理方式。它一般适用于生产销售农村手工业品者，私营企业、个体业户、未取得工商营业执照的经营者也可采用这种方式。

## 六、查定征收

查定征收是税务机关在纳税人缺乏完整会计资料的情况下，税务机关对其采取按月核定计税标准，分期征收的一种税款征收方式。这种征收方式主要适用于会计核算不健全的小型工矿企业和个体业户。由于其产品不固定、零星，账册不健全，税源分散，为了有效地控制税源，简化纳税手续，税务机关根据其生产设备、从业人员、耗用原材料等因素，以及在正常生产经营条件下每月的实际产、销情况，查定其产量和销售额，按定额或以查定的销售（营业）额作为计税标准，在一定期限（5 天、10 天或 15 天）内，依率计征税款，月底结算。如果实际产量或销售（营业）额超过定额或计税标准，则由纳税人向税务机关申报补定税，也可由税务机关重新审查确定定额或计税标准。在采用这种方式的时候，要认真、细致地进行调查研究，确实查实定额或计税标准，使之尽可能符合纳税人的实际。

# 第三节  税款征收的措施

为了使税款征收能切实有效地得到实施，《税收征管法》在"税款征收"一章中，从各个方面详细明确和规范了税款征收的行为和要求。

## 一、完税凭证的种类和内容

### （一）完税凭证的种类

完税凭证是税务机关根据税法向纳税人收取税款时使用的专用凭证，是纳税人依法履行纳税义务的合法证明。它主要包括以下两类：一是税收完税证，包括通用完税证、定额完税证、印花税票等，是税务机关或代征单位向个体工商户或其他纳税人征收工商各税时使用的凭证。二是税收缴款书，是纳税人自行到国库或国库征收处缴纳税款，代扣代缴单位向国库汇总解缴代扣税款所使用的凭证。见表4–1、表4–2。

表4–1 　　　　　　　　　中华人民共和国税收完税证

经济类型　　　　　　　　　　　　　　　　　　　　税完字第××××号

| 纳税人代码 | | | | 地址 | | | | | | | | | |
|---|---|---|---|---|---|---|---|---|---|---|---|---|---|
| 纳税人名称 | | | | 税款所属时期 | | | 年　月　日 | | | | | | |
| 税别 | 品目名称 | 课税数量 | 计税金额或销售收入 | 税率或单位税额 | 已扣或扣除额 | 实缴税额 | | | | | | | |
| | | | | | | 十万 | 千 | 百 | 十 | 元 | 角 | 分 | |
| | | | | | | | | | | | | | |
| 金额合计（大写）　　拾　　万　　仟　　佰　　拾　　元　　角　　分 | | | | | | | | | | | | | |
| 税务机关　　　（盖章） | 委托代征单位　　　　　　（盖章）　填票人（章） | | | | | | | | | | 备注 | | |

表4-2
**税收缴款书**

| 预算科目 | 款项 | 消费税 | | 缴款单位（人） | 代码 | |
| | | 一般消费税 | | | 全称 | |
| | 级次 | 中央 | | | 开户银行 | |
| 收款国库 | | | | | 账号 | |
| 税款所属时期 | | | | 税款限缴日期 | | |

| 品目名称 | 课税数量 | 计税金额或销售收入 | 税率或单位税额 | 已缴或扣除额 | 实缴税额 | | | | | | | |
| | | | | | 十万 | 千 | 百 | 十 | 元 | 角 | 分 |
| | | | | | | | | | | | |
| | | | | | | | | | | | |
| | | | | | | | | | | | |

| 金额合计（大写） | | 拾 | 万 | 仟 | 佰 | 拾 | 元 | 角 | 分 | |

| 缴款单位（人）<br><br>（盖章）<br>经办人（章） | 税务机关<br><br>（盖章）<br>填票人（章） | 上列款项已核收记入收款单位账户<br><br>国库（银行）盖章<br>年　月　日 | 备注 | |

注：逾期不缴按税法规定加收滞纳金。

## （二）完税证的内容

各种完税证的内容不尽相同，以填列项目较多的专用缴款书为例，其主要内容包括：

（1）纳税人部分。包括：纳税人的名称、地址、开户银行、账号、电话、经济性质、隶属关系等。

（2）税源部分。包括：税种、类别、产品名称、计税单位、计税数量、计税单价、计税总值、营业额、所得额、销售收入额、所得税额、税率等。

（3）税收部分。包括：应纳税额、总计金额、扣除金（税）额、应纳所得税额、减征或抵免税额，以及附加收入、滞纳金、预算科目等。

（4）征收管理部分。包括：征收机关（委托代征、代扣单位）、填票人、复核人、填票日期、税款所属时期、税款限缴日期以及票证专用章戳等。

（5）其他部分。包括：反映收入归属情况的收入机关、预算级次、收款国家金库及其章戳、收款日期、会计分录、备注，以及个别完税票证的特定项目。

## 二、课征滞纳金

纳税人或扣缴义务人未按税法规定的纳税期限缴纳税款，而是从最后限期的次日起缴纳，税务机关依照税法规定，按其滞纳税款加收一定比例的款项，即滞纳金。如有上述情况，税务机关除责令纳税人、扣缴义务人限期缴纳税款之外，从滞纳之日起至缴纳税款之日止，按日课征 0.5‰的滞纳金。由于税务机关的责任导致纳税人少缴税款的，只补征税款，不加收滞纳金。

## 三、减税、免税

减税、免税是依据税法规定对某些特殊情况给予减轻或免除税收负担的一种税收措施或特殊调节手段。减税是对应征税款给予减少征收一部分的税收优惠措施。免税是对应征税款给予免予征收的税收优惠措施。减税、免税是在统一征税规定的基础上，针对经济中的特殊情况，对某些纳税人或课税对象给予鼓励和照顾的税收优惠措施。减税、免税一般可分为法定减免、特定减免和临时减免。

法定减免是指各种税的基本立法所列举的减税、免税。

特定减免是根据政治经济情况发展变化和贯彻税收政策的需要，专案规定的减免税。特定减免通常由国务院或国家主管业务部门如财政部、税务总局、海关总署作出决定。

临时减免指在法定减免和特定减免以外的其他减免，主要是照顾纳税人的某些特殊、暂时的困难而临时批准的一些减税、免税。如因生产经营条件发生重大变化，纳税人依法纳税暂时发生困难，由国家主管税收部门或地方政府按照税收管理权限的规定，临时批准进行减税、免税，通常是定期的减免税或一次性的减免税。

## 四、纳税保证措施

纳税保证是税务机关为使纳税人在发生纳税义务后保证履行纳税义务所采取的一种控制管理措施。它充分体现了税收的强制性。税务机关有根据认为从事生产、经营的纳税人有逃避纳税义务行为的（如接到关于某纳税人偷、漏税举报并取得一定证据的），可以在规定的纳税期前就责令纳税人限期缴纳应纳税款；在限期内发现纳税人有明显的转移、隐匿其应纳税的商品、货物以及其他财产或者应纳税的收入的迹象的，税务机关可责成纳税人提供纳税担保。纳税人欠缴税款需要出境的，应当在出境前向税务机关结清应纳税款或者提供担保。纳税人向税务机关提供其所拥有的未设置抵押权的财产作为纳税担保物。如果纳税人逾期不缴纳税款，税务机关有权依法将交保财产变价抵缴其应纳税款、滞纳金和罚款。"延期缴纳税款申请审批表"、"纳税担保书"、"纳税担保清单"如表4-3、表4-4、表4-5所示。

表4－3　　　　　　　　　　　　　　　延期缴纳税款申请审批表

| 纳税人 | | | 税务登记证号码 | |
|---|---|---|---|---|
| 经济性质 | | 开户银行 | | 账号 |
| 延期缴纳税种 | | | | |
| 延期缴纳税额 | | | | |
| 税款所属时期 | | | 申请延期缴纳期限 | 年　月　日 |
| 延期缴纳税款的理由 | | | | |
| 准予延期税额 | | 准予延期税额 | | 准予延期税额 |
| 准予延期期限 | | 准予延期期限 | | 准予延期期限 |
| 基层征收单位的意见　　　　（盖章）　年　月　日 | | 县（区）级税务机关批准　　　　（盖章）　年　月　日 | 地（市）级及以上税务机关批准　　　　（盖章）　年　月　日 | |

表4－4　　　　　　　　　　　　　　　纳税担保书　　　　　　　　　　　No.：

| 纳税担保人 | 名称 | | 经济性质 | |
|---|---|---|---|---|
| | 地址 | | 电话号码 | |
| 开户银行账号 | | | | |
| 纳税人 | 名称 | | 经济性质 | |
| | 地址 | | 电话号码 | |
| 应税（商品）项目 | | | 担保形式 | |
| 担保应纳税额 | 人民币（大写） | | | |
| | 人民币￥ | | | |

（续上表）

| 担保期限和担保责任 | 　年　月　日前担保纳税人缴清税款，否则由纳税担保人负责缴纳税款。 |
|---|---|
| 附：用于担保的财产证明 | |
| 纳税担保人签字：<br>证件名称：<br>证件号码：<br>　　　　纳税担保人（章）<br>　　　　年　月　日 | 纳税人签字：<br>纳税人识别号：<br>　　　　纳税人（章）<br>　　　　年　月　日 | 税务机关经办人签字：<br>　　　　税务机关（章）<br>　　　　年　月　日 |

表4－5　　　　　　　　　　　　　　　纳税担保清单

| 纳税人 | | 税务登记证号 | | |
|---|---|---|---|---|
| 应税（商品）项目 | | | | |
| 应纳税额 | | 附：担保财产证明的份数 | | |
| 担保财产名称 | 规格 | 数量 | 单价 | 金额 |
| | | | | |
| | | | | |
| | | | | |
| 合计 | | | | |
| 担保财产的价值 | 人民币（大写） | | ￥ | |
| 担保期限及担保责任 | 限于　　年　月　日前缴清税款，逾期将以担保物的财产变价抵缴税款。 | | | |
| 纳税人签字<br><br>　　　　（章）<br>　　　年　月　日 | | 主管税务机关签字<br><br>　　　　（章）<br>　　　年　月　日 | | |

## 五、税收保全措施

保全是一种保证财产或证据安全的制度，即某种财产或证据可能发生灭失、流失或损坏，而在此类情形发生之前，对其采取强制手段予以保护的制度。

税收保全措施是指税务机关对可能由于纳税人的行为或某种客观原因致使以后

税款的征收不能保证或难以保证的情况，依法要求纳税人将一定数量的商品、货物置于税务机关的控制之下，纳税人如果不能按期缴纳税款或罚款，税务机关将从其控制下的纳税人的财产价值中扣取，使国家收入得到保障的措施。

**（一）实施税收保全措施的条件**

采取税收保全措施，应当符合以下两个条件：

（1）纳税人有逃避纳税义务的行为。在这里，逃避纳税义务的行为不同于偷税行为。尽管实施这两种行为的最终目的都是不缴或者少缴税款，但偷税是纳税人隐瞒计税依据，采用的方法是伪造、变造、隐匿、销毁账簿、凭证；逃避纳税义务的行为隐瞒的是纳税人缴纳税款的支付能力，采用的方法主要是转移、隐匿可以用作缴纳税款的货币或者实物。

（2）必须是在规定的纳税期之前和责令缴纳应纳税款的限期之内。假定纳税人的纳税期限是7月10日，则告知纳税人对其采取税收保全措施的时间应在7月10日之前，而不是之后。

**（二）税收保全措施的种类及其适用**

现行税务工作的税收保全措施主要有三种情况：

（1）纳税人临时到外省、自治区、直辖市经营，需向经营地税务机关购买营业发票时，经营地税务机关可以要求纳税人提供担保人，或者根据其所购发票的票面限额及数量缴纳不超过1万元的保证金。各种保全措施在纳税人未履行税法规定的义务前都有效，只有当纳税人自觉履行或税务机关采取拍卖等形式变卖担保财产，从中扣缴税款或保证金后，才解除保全措施。这是《税收征管法》第三十七条所规定的内容，我们将其称为简易税收保全措施。

（2）税务机关有根据认为从事生产、经营的纳税人有逃避纳税义务行为的，可以先在规定的纳税期之前，责令限期缴纳应纳税款；在限期内发现纳税人有明显的转移、隐匿其应纳税的物品、货物以及其他财产或应纳税的收入的迹象的，税务机关可以责成纳税人提供纳税担保。如果纳税人不能提供纳税担保，经县以上税务局（分局）局长批准，税务机关可以采取下列税收保全措施：书面通知纳税人开户银行或者其他金融机构暂停支付纳税人的金额相当于应纳税款的存款；扣押、查封纳税人的价值相当于应纳税款的商品、货物或其他财产。这是《税收征管法》第三十八条所规定的内容，我们将其称为一般税收保全措施。

（3）税务机关对从事生产、经营的纳税人以前纳税期的纳税情况依法进行税务检查时，发现纳税人有逃避纳税义务行为，并有明显的转移、隐匿其应纳税的商品、货物以及其他财产或者应纳税的收入的迹象的，可以按照《税收征管法》规定的批准权限采取税收保全措施或者强制执行措施。这是《税收征管法》第五十五条所规定的内容，我们将其称为特殊税收保全措施。

**（三）不同税收保全措施的比较**

税收保全措施，是法律赋予税务机关的一种强制权力。《税收征管法》分别在

第三十七条、第三十八条和第五十五条规定了税务机关在何种情况下可以采取税收保全措施。我们分别称之为简易税收保全措施、一般税收保全措施和特殊税收保全措施。这三种税收保全措施的差异如下：

（1）适用对象不同。简易税收保全措施适用对象是未按照规定办理税务登记的从事生产、经营的纳税人以及临时从事经营的纳税人。另外两种税收保全措施的适用对象是已办理税务登记的从事生产、经营的纳税人。

（2）税款所属期不同。简易税收保全措施的税款是从纳税人开始生产、经营以来至税务机关检查时的应纳税款；一般税收保全措施的税款是当期发生的税款；而特殊税收保全措施的税款是以前纳税期的税款。

（3）执行对象不同。简易税收保全措施所执行的对象是纳税人的商品、货物。另外两种税收保全措施执行的对象分为两种：一是纳税人在开户银行或其他金融机构的存款；二是纳税人的商品、货物或其他财产。

（4）采取的手段不同。由于执行对象不同，因而所采取的手段也相应不同。简易税收保全措施手段只有一种：扣押纳税人的商品、货物。而另外两种税收保全措施采取的手段有两种：①冻结纳税人的存款；②扣押纳税人的商品、货物或其他财产。

（5）程序不同。简易税收保全措施程序简单，即税务机关核定应纳税款后，责令纳税人缴纳；拒不缴纳的，税务机关即可采取税收保全措施。一般税收保全措施程序是：责令纳税人限期缴纳应纳税款；不缴纳的，责成纳税人提供纳税担保；不能提供纳税担保的，经县以上税务局（分局）局长批准，税务机关可以采取税收保全措施。特殊税收保全措施程序是：只要发现纳税人符合条件，即发现纳税人有逃避纳税义务行为，并有明显的转移、隐匿其应纳税的商品、货物以及其他财产或应税收入的迹象的，经县以上税务局（分局）局长批准，税务机关就可采取税收保全措施。

（6）批准权限不同。对简易税收保全措施，没有规定批准权限，因而只要是《税收征管法》规定的税务机关就有权实施。另外两种则有"经县以上税务局（分局）局长批准"的限制条件。

（7）责令缴纳期限不同。简易税收保全措施没有规定期限，从法理上分析，应是当场缴纳。一般税收保全措施的期限最长不超过15日。特殊税收保全措施的期限比较复杂。特殊税收保全措施是税务机关在检查纳税人以前纳税期时，发现纳税人有逃避纳税义务行为，并有明显的转移、隐匿其应纳税的商品、货物以及其他财产或应纳税的收入的迹象所采取的应急手段。当税务机关对纳税人以前纳税期的税款已有定论时，应采取强制措施，以保证应纳税入库；当尚未有定论时，为避免税款流失，应果断地依法采取税收保全措施，因此，并不需要限期缴纳及提供担保。当然，为了保障纳税人的利益，《税收征管法实施细则》第八十八条规定，税收保全措施的期限一般不超过6个月，超过期限的应自动解除税收保全措施。

### （四）税收保全措施的终止

税收保全措施终止有两种情况：一是纳税人在规定限期内缴纳了税款，税务机关必须立即解除税收保全措施；二是纳税人在限期期满后仍不缴纳税款，经县以上税务局（分局）局长批准，税务机关可以书面通知纳税人开户银行或其他金融机构从其暂停支付的存款中扣缴税款，或者拍卖所扣押、查封的商品、货物或其他财产，以拍卖所得抵缴税款，这时，税收保全措施终止。对于采取税收保全措施不当，使纳税人合法利益受到损害的，税务机关必须按照有关规定承担赔偿责任，进行赔偿。

税收保全的流程如图4-1所示。

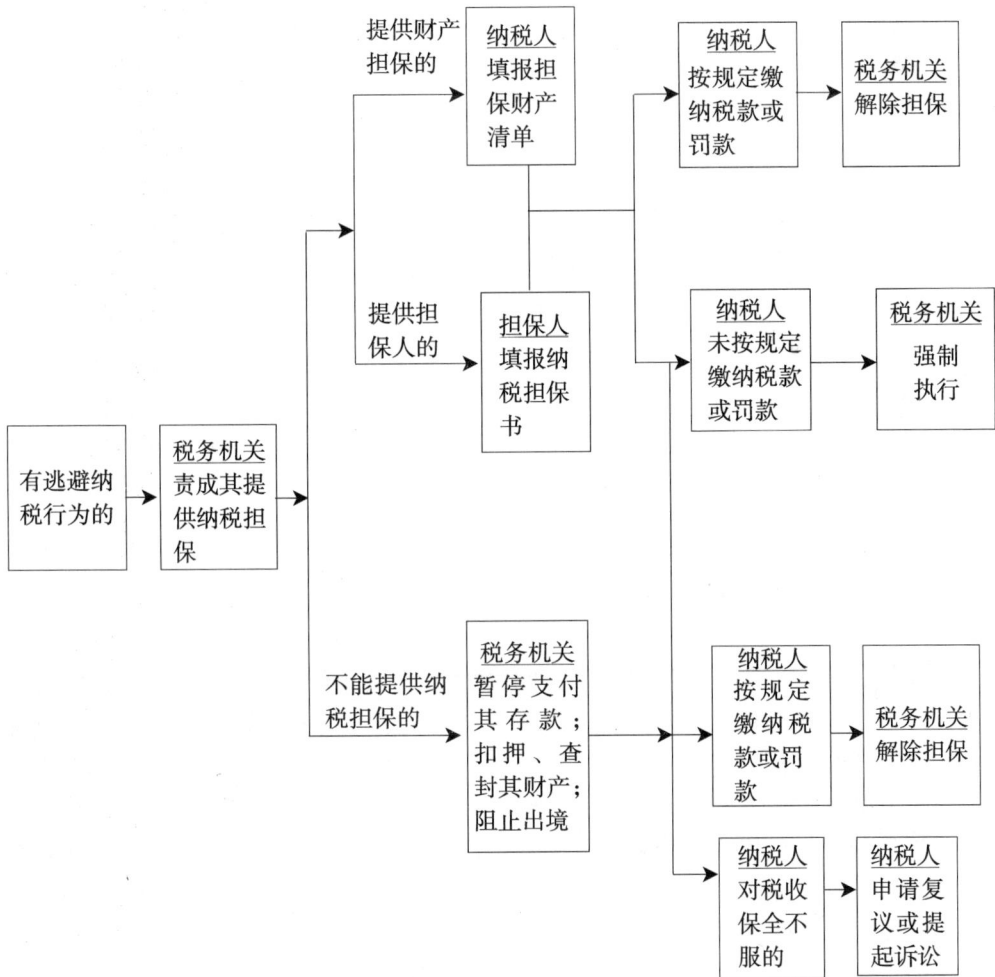

**图4-1 税收保全的流程**

## 六、税收强制执行措施

税收强制执行措施，是指纳税人税款缴纳期限已过而还未缴纳时，税务机关可以通过银行扣缴当事人的存款或扣押、查封、拍卖、变卖一部分商品、货物或财产以抵缴税款的措施。这是国家税收强制力的具体体现。

税务处理决定文书是具有法律效力的文书，当事人逾期不执行的，税务机关可依法采取税收强制执行措施。税收强制执行措施包括税务行政强制执行和司法强制执行。

税收强制执行的流程如图4-2所示。

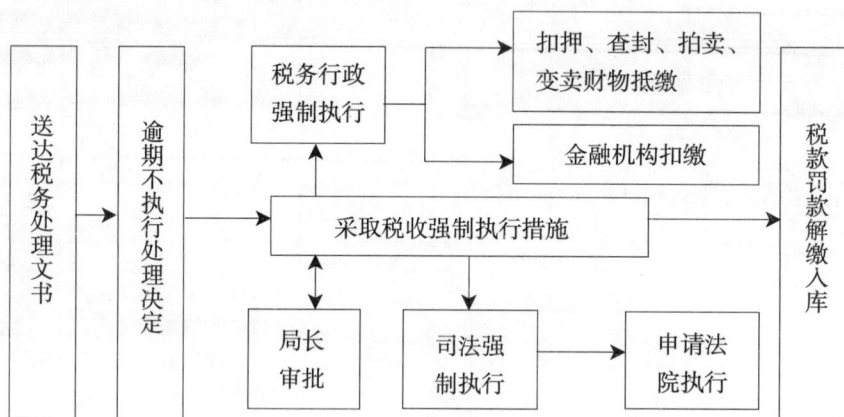

**图4-2　税收强制执行的流程**

### （一）税务行政强制执行

1. 税务行政强制执行的适用条件

按照税收法律、法规的规定，税务机关实施强制措施是有条件限制的，不能随意采用。依照《税收征管法》及其实施细则的规定，只有在下列情况下才可采取税务行政强制执行措施：

（1）《税收征管法》第五十五条规定，税务机关对从事生产、经营的纳税人以前纳税期的纳税情况依法进行税务检查时，发现纳税人有逃避纳税义务行为，并有明显的转移、隐匿其应纳税的商品、货物以及其他财产或者应纳税的收入的迹象的。

（2）《税收征管法》第三十八条规定，从事生产、经营的纳税人未按照规定的期限缴纳税款，纳税担保人未按照规定的期限缴纳所担保的税款，由税务机关责令限期缴纳，逾期仍未缴纳的；税务机关已采取冻结存款，扣押、查封商品、货物或其他财产的税收保全措施，限期期满仍未缴纳税款的。

（3）《税收征管法》第四十条规定，从事生产经营的纳税人、扣缴义务人未按照规定的期限缴纳或解缴税款，纳税担保人未按照规定的期限缴纳所担保的税款，由税务机关责令限期缴纳，逾期未缴纳的。

（4）《税收征管法》第三十七条、《税收征管法实施细则》第五十八条规定，对未按规定办理税务登记的从事生产、经营的纳税人以及临时从事经营的纳税人，税务机关已采取扣押商品、货物的税收保全措施，限期期满仍未缴纳税款的。

2. 税务行政强制执行的实施方式

（1）扣缴税款。从事生产、经营的纳税人、扣缴义务人未按照规定的期限缴纳或解缴税款，纳税担保人未按照规定的期限缴纳所担保的税款，由税务机关责令限期缴纳，逾期仍未缴纳的，经县以上税务局（分局）局长批准，签发"税收强制执行决定书（扣缴税收款项适用）"（表4－6），送达当事人；同时，签发"扣缴税收款项通知书"（见表4－7），送达当事人的开户银行或其他金融机构，从其存款账户上扣缴税款。

表4－6

**_____税务局（稽查局）**

**税收强制执行决定书**

**（扣缴税收款项适用）**

____税强扣〔____〕____号

_____：

　　根据《中华人民共和国税收征收管理法》_____规定，经_____税务局（分局）局长批准，决定从____年__月__日起从你（单位）在_____的存款账户（账号：_____）中扣缴以下款项，缴入国库：

税　　　　款（大写）：_____（￥____）

滞　纳　　金（大写）：_____（￥____）

罚　　　　款（大写）：_____（￥____）

没收违法所得（大写）：_____（￥____）

合　　　计（大写）：_____（￥____）

　　如对本决定不服，可自收到本决定之日起六十日内依法向_____申请行政复议，或者自收到本决定之日起三个月内依法向人民法院起诉。

税务机关（签章）

年　月　日

表 4 – 7

---

**_____ 税务局（稽查局）**

**扣缴税收款项通知书**

**___ 税强扣〔 ____ 〕 ____ 号**

_____ ：

　　_____ 未按规定缴纳税款（滞纳金、罚款），根据《中华人民共和国税收征收管理法》_____ 规定，经 _____ 税务局（分局）局长批准，请于本通知书送达之时起至 ____ 年 __ 月 __ 日止按所附缴款凭证共 ____ 份开具的金额（大写）_____（￥ _____）元从其在你处的存款账户（账号：_____）扣缴入库（账号：_____）。

税务机关（签章）

年 月 日

　　以下由银行（或其他金融机构）填写

　　存款账户余额：

　　签收人：

　　签收时间： 年 月 日 时 分

签收单位（签章）

年 月 日

---

　　（2）拍卖或变卖商品、货物或其他财产。对未按规定办理税务登记的从事生产、经营的纳税人以及临时经营的纳税人，税务机关可依法核定其应纳税额，责令缴纳；不缴纳的，税务机关可以扣押其价值相当于应纳税款的商品、货物或其他财产；扣押后仍不缴纳应纳税款的，经县以上税务局（分局）局长批准，拍卖或者变卖所扣押的商品、货物或其他财产，以拍卖或变卖所得抵缴税款。

　　从事生产、经营的纳税人、扣缴义务人未按照规定的期限缴纳或解缴税款，纳税担保人未按照规定的期限缴纳所担保的税款，由税务机关责令限期缴纳；逾期仍未缴纳的，经县以上税务局（分局）局长批准，签发"税收强制执行决定书（拍卖/变卖适用）"（见表 4 – 8），送达当事人，以扣押、查封、拍卖或变卖其价值相当于应纳税款的商品、货物或其他财产，并以拍卖、变卖所得抵缴税款。

　　扣缴税款适用于在银行或其他金融机构中有存款的当事人，拍卖或变相抵缴适用于在银行或其他金融机构中没有存款的当事人。如果当事人既有银行存款又有商品、货物或其他财产的，一般情况下，可先采取通知银行扣缴税款的措施；如果银行存款不足以扣缴的，则可将两项措施并用。

表 4 - 8

```
                _____ 税务局（稽查局）
                    税收强制执行决定书
                     （拍卖/变卖适用）
                ____ 税强扣〔____〕____ 号


_____ ：
    根据《中华人民共和国税收征收管理法》_____ 规定，经_____ 税务局（分
局）局长批准，决定从_____ 依法予以拍卖或者变卖，
以拍卖或者变卖所得抵缴_____ 。
    如对本决定不服，可自收到本决定之日起六十日内依法向_____ 申请行政复议，或
者自收到本决定之日起三个月内依法向人民法院起诉。


                                        税务机关（签章）
                                          年　月　日
```

3. 实施税务行政强制执行应注意的事项

（1）采取强制执行措施，必须经县以上税务局（分局）局长批准。

（2）稽查局在实施税务稽查时，发现纳税人同时存在下列情形时，为保证国家税款不受损害，可依照《税收征管法》第五十五条的规定，经县以上税务局（分局）局长批准后直接采取税收强制执行措施：

①对纳税人以前纳税期的纳税情况依法进行税务检查时，发现其有逃避纳税义务的行为。

②纳税人具有明显的转移、隐匿其应纳税的商品、货物以及其他财产或应纳税的收入的迹象。

（3）个人及其所抚养家属维持生活必需的住房和用品，不在强制执行措施的范围之内。

（4）税务机关在采取强制执行措施时，对纳税人、扣缴义务人和纳税担保人未缴纳的滞纳金同时强制执行。

（5）扣押、查封、拍卖或变卖等行为具有连续性，即扣押、查封后，纳税人仍不履行纳税义务的，税务机关可以直接拍卖或变卖扣押、查封的商品、货物或其他财产抵缴税款。

（6）实施扣押、查封、拍卖或变卖等税收强制执行措施时，应当通知被执行人

或其成年家属到场，否则，不能直接采取扣押、查封措施，但被执行人或其家属接到通知后拒不到场的，不影响执行。

（7）扣押、查封、拍卖或变卖被执行人的商品、货物或其他财产，其价值应包括应纳税款、滞纳金。根据2012年1月1日施行的《中华人民共和国行政强制法》第二十六条第三款之规定扣押、查封、保管、拍卖或变卖所发生的费用由行政机关承担。

（8）对价值超过应纳税额且不可分割的商品、货物或其他财产，税务机关在纳税人、扣缴义务人或纳税担保人无其他可供强制执行的财产的情况下，可以整体扣押、查封、拍卖或变卖，以拍卖或变卖所得抵缴税款。

（9）拍卖或变卖所得抵缴税款，剩余部分应当在3日内退还被执行人。

4. 实施税务行政强制执行不当的责任

稽查局在采取税收强制执行措施过程中，如滥用职权违法采取税收强制执行措施，或者采取税收强制执行措施不当，使纳税人、扣缴义务人或者纳税担保人的合法权益遭受损失的，税务机关应依法对其直接损失承担赔偿责任。

**（二）司法强制执行**

司法强制执行是指税务机关对依法作出的已经发生法律效力的税务行政处罚决定，在负有义务的当事人不履行其义务时，申请人民法院强制其履行义务。

司法强制执行的程序发生是有限制条件的，只有在当事人对税务行政处罚决定逾期不申请行政复议，不提起行政诉讼，也不予履行的情况下，作出税务行政处罚决定的税务机关才可以申请人民法院强制执行。申请强制执行时，应填制"强制执行申请书"（见表4-9）。

表4-9

| |
|---|
| **＿＿＿＿＿税务局（稽查局）**<br>**强制执行申请书**<br>**＿＿税强申〔＿＿〕＿＿号**<br><br>＿＿＿＿＿＿：<br>申请执行人：＿＿＿＿＿  地址：＿＿＿＿＿＿＿＿＿<br>法定代表人：＿＿＿＿＿  职务：＿＿＿＿＿＿＿＿＿<br>联系电话：＿＿＿＿＿  邮政编码：＿＿＿＿＿＿＿＿<br>被申请执行人：＿＿＿＿＿  地址：＿＿＿＿＿＿＿＿＿<br>法定代表人：＿＿＿＿＿  职务：＿＿＿＿＿＿＿＿＿<br>联系电话：＿＿＿＿＿  邮政编码：＿＿＿＿＿＿＿＿ |

（续上表）

| |
|---|
| <br><br><br><br> 根据＿＿＿＿＿＿＿＿＿＿＿规定，特申请贵院强制执行。<br><br>附件：＿＿＿＿＿＿<br><br><br>申请执行机关（签章）<br>年 月 日 |

司法强制执行完毕后，稽查局应及时将人民法院强制执行的罚款解缴入库。

税务机关申请人民法院强制执行时应注意以下几点：

（1）要以作出处罚决定的税务机关的名义申请。

（2）被申请人必须是被税务行政处罚的纳税人、扣缴义务人或其他当事人。

（3）被申请人不履行税务行处罚决定，在法定期限内不申请复议也不提起诉讼，税务机关才可申请人民法院强制执行。

（4）要向有管辖权的人民法院申请。在一般情况下，税务机关应当向被申请人住所地的人民法院申请强制执行。

（5）对稽查局查补的税款及滞纳金，国家已赋予税务机关税收强制执行的权力。因而在一般情况下，当事人拒不依法缴纳应补税款及滞纳金的，由稽查局依法采取税收强制执行措施，不申请人民法院强制执行。

## 七、税收债权与其他债权的关系

《税收征管法》第四十五条规定："税务机关征收税款，税收优先于无担保债权，法律另有规定的除外；纳税人欠缴的税款发生在纳税人以其财产设定抵押、质押或者纳税人的财产被留置之前的，税收应当先于抵押权、质权、留置权执行。纳税人欠缴税款，同时又被行政机关决定处以罚款、没收违法所得的，税收优先于罚款、没收违法所得。税务机关应当对纳税人欠缴税款的情况定期予以公告。"

关于税收债权与其他债权的关系，《税收征管法》分别规定了税收优先于无担保债权和罚款的地位，并对税务机关定期公告纳税人欠税情况提出了要求。

所谓税收优先的原则，是指税务机关在征收税收工作中遇到纳税人的财产不足以缴纳税收和偿付有关债务时，应优先征收税款的原则。《税收征管法》的这一规定，是为了维护国家的税收利益，保障财政收入，防止纳税人借助"合法"手段进行偷、漏税活动。

### （一）税收优先于无担保债权

所谓无担保债权，是指纳税人在订立形成有关债务的合同时，并未就该债务的形成设置任何担保，该合同的债权人因此合同而取得的对债务人的债权即为无担保债权。无担保债权虽然设置在合同订立之时，但其实际发生却是在合同的履行中，故晚于有关税收义务的形成。因此，税务机关征收税款，税收优先于无担保债权，法律另有规定的除外。也就是说，除法律有明确规定外，当纳税人的财产不足以清偿无担保债权和税款时，应优先偿付税款，清偿税款后再偿付无担保债权。

### （二）税收优先于税收义务发生后的抵押、质押或留置权

抵押、质押和留置均属于担保的方式，《中华人民共和国担保法》对这几种担保方式都作了具体规定。所谓抵押，是指债务人或第三人不转移对有关财产的占有，而将该财产作为债权的担保。当债务人不履行债务时，债权人有权依照法律规定以该财产折价或以拍卖、变卖该财产的价款优先受偿。以其财产设置抵押的债务人或第三人为抵押人，债权人为抵押权人，提供担保的财产为抵押物。质押有动产质押和权利质押之分。所谓动产质押，是指债务人或第三人将其动产移交债权人占有，将该动产作为债权的担保。债务人不履行债务时，债权人有权依照法律规定以该动产折价或以拍卖、变卖该动产的价款优先受偿。债务人或第三人为出质人，债权人为质权人，移交的动产为质物。所谓权利质押，是指债务人或第三人将其权利移交债权人占有，将该权利作为债权的担保。债务人不履行债务时，债权人有权依照法律规定以该权利的价款优先受偿。

在现实生活中，纳税人为了生产、经营的需要，往往可能以自己的财产设置抵押、质押或留置，为自己的某些活动提供担保。然而，纳税人在设置担保时，其用以设置担保的财产可能不完全是自己的财产，这种财产或者与他人的债权相联系，或者与欠税相联系。根据民法理论，一种财产在设置抵押、质押或留置后，原所有人相对出让了该财产的所有权，如果其被担保的义务不能按时履行，用作抵押、质押或留置的财产则发生事实的所有权转移，抵押、质押或留置权人可将该财产予以处置。纳税人对其设置抵押、质押或留置的财产，在其实际履行相应义务前即已丧失了控制权。如果在此之前，设置抵押、质押或留置的纳税人欠有国家税收，他用以设置抵押、质押或留置的财产中即包含了国家的税收利益，因此，《税收征管法》规定，纳税人欠缴的税款发生在纳税人以其财产设置抵押、质押或纳税人财产被留置之前的，税收应当先于抵押权、质权、留置权执行。也就是说，如果纳税人以其财产设置抵押、质押或将财产予以留置的行为发生于税收义务产生之前，由于纳税人有关税收义务尚未产生时有关财产权利已在形式上"转给"了抵押权、质权或留置权人（如果纳税人不能按合同履行义务，则其所抵押、质押或留置的财产将实际转给有关权利人），因而一旦纳税人不能履行其所担保的义务和纳税义务时，纳税人用以设置抵押、质押或留置的财产在变现后应优先偿付相应的债务，余额用来缴

纳税款。相反，如果纳税人设置抵押、质押或留置义务的行为晚于有关纳税义务的形式时，他用以设置抵押权、质押权或留置权的财产中包含了国家的税收利益，以国家的税收利益设置抵押、质押或留置显然是不合理的。因此，《税收征管法》规定此时税收应当先于抵押权、质权、留置权执行，即纳税人的财产不足以清偿税收和有关债务时，税收应先于抵押、质押和留置而受偿。

### （三）税收优先于行政罚款、没收违法所得

所谓行政罚款，是指纳税人从事有关违法行为，依据法律、行政法规，被有关行政执法机关处以罚款的处罚时所应缴纳的款项。所谓没收违法所得，是指纳税人从事违法行为并获得非法利益被有关执法机关查获后，依据法律对其处以没收非法所得的处罚时所应收缴的非法收入。《税收征管法》规定，如果纳税人欠缴税款，同时又被行政机关决定处以罚款、没收违法所得，而该纳税人的有关财产不足以支付时，税收应优先于罚款和没收违法所得执行。

为了贯彻实施税收优先原则，《税收征管法》要求税务机关应当对纳税人欠缴税款的情况定期予以公告，一方面敦促其及早补缴税款，让欠缴税款的纳税人受到各方面的监督；另一方面便于其他有关人员，包括无担保债权人、抵押权人、质权人等当事人随时了解纳税人的欠缴税款情况，及时采取有关措施维护自己的合法权益。

## 八、欠税纳税人设置抵押、质押时的义务及相对人的有关权利

对于欠税纳税人设置抵押、质押时的有关义务及相对人的有关权利，法律要求纳税人在欠税情况下以其财产设定抵押、质押的，应向抵押权人、质权人说明其欠税情况；抵押权人、质权人可请求税务机关提供纳税人的欠税情况。

《税收征管法》第四十六条规定，纳税人有欠税情况的，如果该欠税发生于设置抵押、质押之前，则在实际发生资不抵债时，税收优先于抵押、质押而受偿。因为纳税人在欠税的情况下，他对用以设置抵押、质押的财产不具有完全的所有权，由此设置的抵押、质押也是不完全的，或者说是有条件的，只有在其完全履行纳税义务后，这类权利方可实现。因此，法律要求纳税人在欠税情况下要以其财产设定抵押或质押的，应当事先"向抵押权人、质权人说明其欠税情况"，以便对方及时了解有关情况，采取相应措施避免利益受到损失。

为了更有效地保护抵押权人、质权人的利益，《税收征管法》第四十六条还规定，抵押权人或质权人可以请求税务机关提供有关纳税人欠税的情况。在与纳税人签订合同前，抵押权人或质权人可以向税务机关了解该纳税人欠税的情况，以决定是否与其签订合同，接受其提供的抵押、质押。在与纳税人签订合同后，抵押权人或质权人也可以向税务机关了解纳税人是否有欠税情况，以便及时采取有关措施，避免利益受到损失。当然，能向税务机关了解的只限于该纳税人的欠税情况，而不

包括其他经营情况。

## 九、纳税人合并或分立时有关税务处理的规定

《税收征管法》第四十八条明确规定，纳税人在分立或合并时应向税务机关报告，并依法缴清税款。合并时未缴清税款的，应由合并后的纳税人继续履行义务；分立时未缴清税款的，分立后的纳税人承担连带责任。这一规定保证了企业合并或分立时税款征收的连续性，明确了企业重组的缴税办法，能够有效地防止税款流失。

纳税人分立是指纳税人（主要是企业纳税人）因生产经营需要而分立为两个以上新的纳税人（企业）；纳税人合并是指两个以上的纳税人（企业）因竞争或其他经营需要合并组织成一个新的纳税人（企业）。分立与合并是企业重组的两种基本方式，都会引起纳税人身份的变化。因此，一些纳税人借企业重组之机规避纳税义务，有的重组后的企业拒绝承担重组前企业欠缴的税款；有的分立后的各方拒绝承担分立前所欠税款，严重影响了国家的税收收入。针对现实生活中的这类现象，有必要增加这一规定。

根据这一规定，当纳税人有合并、分立等重组情形的，一是要向税务机关报告，二是要缴纳税款，同时还要根据工商登记变更情况到税务部门重新进行税务登记。在经济生活中，由于多方面的原因，有些纳税人在合并或分立前无法缴清税款，如果一味强调缴清后再分立或合并，就只能对其实行破产清算，这样无论对纳税人还是对社会都没有好处，因而这条规定隐含这样一层意思，即在纳税人实在无法在合并或分立前缴清税款的，允许其先行合并或分立，但必须对原先所欠的税款作出安排。在此前提下，明确分立或合并后的纳税人对于原纳税人未缴清的税款的义务：第一，纳税人合并时未缴清税款的，应当由合并后的纳税人继续履行未履行的纳税义务。新纳税人或其有关人员不得因该税款为前纳税人所欠而拒绝履行该项义务。第二，纳税人分立时未缴清税款的，分立后的纳税人对未履行的纳税义务承担连带责任。也就是说，如果欠税的纳税人出现分立的情况，分立后每个新的纳税人都负有清缴原欠税的直接责任或连带责任。这里所提的连带责任，是指原纳税人分为两个以上新的纳税人后，原纳税人所欠税款可能按比例由分立后的纳税人承担。而分立后的两个以上的新纳税人有的可能能按时履行纳税义务，有的可能因经营状况不好而不能履行其所分担的原纳税人的纳税义务。针对这种情况，根据连带责任原则，分立后的任何一个新纳税人，有代其他新纳税人履行分立后承担的原纳税义务的义务。当然，因此而受到的损失可以要求该新纳税人予以补偿。

## 十、欠税纳税人处分财产的限制性规定

《税收征管法》中有关欠税纳税人处分财产的限制性规定要求欠缴税款数额较大的纳税人处分其不动产或大额资产前向税务机关报告。

所谓欠缴税款，是指纳税人在法定期间内未按规定履行自己的纳税义务，因其应缴纳的税款而形成一种对国家的欠款行为。欠缴税款严重影响国家的税收收入，为法律所禁止。但在目前我国经济体制正在深化改革的情况下，一些企业特别是一些老的国有企业因不适应体制转换，经营效益较差，因而欠税现象还比较多，这一局面短期尚难根本改变。在此情况下，对一般的欠税企业，国家也不宜为强征税款而令其变卖财产。为使这类企业既能尽早还清欠税又不影响正常经营，国家允许他们在经批准后缓期纳税。由于欠税人在欠税期间要开展生产经营或其他活动，不可避免地要进行一些交易活动，例如出售财产或产品，购买原材料等。为避免这类企业在经营活动中通过交易而使其财产大量转移，逃避税收而影响国家的税收利益，因此要求欠缴税款数额较大的纳税人在处分其不动产或大额资产之前向税务机关报告。

这里所说的欠税是指纳税人累计所欠的税款。《征管法实施细则》第七十七条明确规定，欠税数额较大是指欠税数额 5 万元以上的情形。

处分不动产或大额资产，是指欠税的纳税人将属于自己的不动产或大额资产通过出卖、转让、赠与等方式转移所有权。不动产即不能移动的财产，包括房屋、车间、土地使用权、建在土地上的形成财产的固定式建筑设施等。所谓大额资产，即具有较大数量的移动性财产，如大批量的原材料、具有较高价值的设备、属于自己的知识产权等。由于不动产和大额资产在欠税纳税人处是一种可视财产，可能是其缴纳税款的一种保证，一旦通过处分进行转移，可能使国家的税收利益受到损失，故上述规定要求欠税人在处分这些财产前必须向税务机关报告。税务机关得知欠税纳税人拟处分这类资产时，应审视这种处分是否会损害国家的税收利益。如这种处分属于正常的经营活动，或正常的重组、资产置换等行为，并不影响或更有利于偿还欠税，则不予干预；如认为这种处分行为可能使企业的财产流失而影响到国家的税收收入，则要视情况采取必要的措施予以干预。

## 十一、税务机关行使代位权、撤销权的规定

《税收征管法》第五十条规定，欠税纳税人因怠于行使到期债权而对国家税收造成损害的，税务机关可以依照合同法的有关规定行使代位权与撤销权。这种权力的行使并不免除欠税纳税人尚未履行的纳税义务和应承担的法律责任。

在税收征管实际过程中，往往出现一些纳税人因其本身的错误行为或不作为等情况而影响到国家的税收利益，对此类情况如果不加以必要的限制，势必影响国家税收的实现，为此，《税收征管法》专门规定了代位权与撤销权。

### （一）代位权与撤销权

（1）代位权。所谓代位权，是指合同一方当事人因故不行使有关合同权利，例如对对方欠债到期不予催要等，影响到自己的债权人的利益，而由该债权人代为行

使这一权利的权力。《中华人民共和国合同法》第七十三条明确规定，因债务人怠于行使其到期债权，对债权人造成损害的，债权人可以向人民法院请求以自己的名义代位行使债务人的债权，但该债权专属于债务人自身的除外；代位权的行使范围以债权人的债权为限。《税收征管法》第五十条规定，因欠税纳税人怠于行使到期债权而对国家税收造成损害的，税务机关可依合同法规定行使代位权。这一规定对于解决当前的欠税具有重要意义。目前由于我国经济体制处于转换过程中，社会商业信用正在逐步建立，不少债务人信用程度还较低，他们欠债不还，有的甚至明目张胆地赖账，致使债权人的债权得不到保障，引起欠税。目前企业欠税有相当部分属于此类情况，当然也不排除少数纳税人以此为托词故意欠税。规定税务机关可以行使代位权后，由于税务机关代表国家行使收税权，具有一定的强制性，既有利于国家税收的及时回收，也有利于解决企业欠税和债务人欠债不还的问题。当然，依据合同法的规定，税务机关行使代位权只能以欠税纳税人所欠税额为限，不得借税务机关的权力向该欠税纳税人索要其他欠债。

（2）撤销权。所谓撤销权，是指合同一方当事人故意放弃合同债权或无偿、低价转让财产，影响到自己的债权人的利益，而由该债权人依据法律规定请求法院撤销这一合同行为的权力。《中华人民共和国合同法》第七十四条规定，因债务人放弃其到期债权或无偿转让财产，对债权人造成损害的，债权人可以请求人民法院撤销债务人的行为。债务人以明显不合理的低价转让财产，对债权人造成损害，并且受让人知道该情形的，债权人也可以请求人民法院撤销债务人的行为。撤销权的行使范围以债权人的债权为限。据此规定，欠税纳税人放弃债权、无偿或低价转让财产之前，应结清所欠缴的税款，以免对国家税收造成损害。如果欠税纳税人放弃债权、无偿或低价转让财产的行为对国家税收造成损害的，税务机关可依上述规定以追回的财产抵缴税款的请求向人民法院提出撤销欠税纳税人的有关行为。

**（二）行使代位权与撤销权的情形**

代位权与撤销权是针对当事人的特定行为，为保护债权人的利益而采取的措施。《税收征管法》第五十条对税务机关行使代位权与撤销权的情形作了以下限定：

（1）欠税纳税人怠于行使到期债权。所谓怠于行使到期债权，即对合同规定的到期债权不予行使，例如货物买卖合同的供方在按期交货后，对方未按时付款而不予催要，或经催要对方不还就不再采取其他措施。又如在需方支付货款或定金后，对对方到期不交货不闻不问，也不采取措施等。

税务机关不能直接行使代位权。税务机关如需对纳税人行使代位权，必须依法向人民法院提出申请，通过代位诉讼程序进行。

（2）欠税纳税人放弃到期债权。这一情形与上述情形的相同之处在于，都属于到期债权，都是欠税纳税人的债务人依法和依合同应当承担并履行的义务。不同之处在于，"怠于行使"即行使权利不积极，而"放弃"则意味着明确向对方表示以后不再主张这一权利。这种行为在市场经济条件下，对于企业独立经营自己的资产本无可指责，但如果它损害第三者的利益或国家的利益，则是不合法的。依据《税收征管法》第五十条规定，对于这种放弃行为，税务机关可以行使撤销权。

（3）欠税纳税人无偿转让财产。所谓转让财产，是指拥有财产一方当事人通过合同将该财产转让于他人的行为。转让财产有两种方式：一为有偿转让；一为无偿转让。前者指受让方以一定的现金或其他财产为代价受让该财产；后者指受让方受让转让财产不需要付出代价。《税收征管法》第五十条规定，欠税纳税人无偿转让财产而影响到国家税收利益的，税务机关可以依法行使撤销权。

（4）以明显不合理的低价转让财产而受让人知道该情形。以明显不合理的低价转让财产，指财产出让人转让财产的价格明显低于出让当时出让人所在地的市场普遍价格。这种行为在纯商业行为中不受干预，因为出让人可能基于对受让人的某种支持或协作。但如果这种行为损害到出让人的债权人的利益，或因此而影响到国家的税收利益时，则这种行为是不合法的。对于此种情况，《税收征管法》规定，税务机关可以行使撤销权，但行使这一权力是有一定的限制的，即出让人以明显不合理的低价转让财产而受让人知道该情形。也就是说，如果出让人以明显不合理的低价转让财产而受让人不知道该情形的，税务机关不能行使撤销权。

税务机关不能直接行使撤销权。税务机关如需对纳税人行使撤销权，必须依法向人民法院提出申请，通过撤销诉讼程序进行。

【例】2012 年，某市国税局稽查局在清理欠税的专项检查时，查实某股份有限公司截至 2012 年 3 月，共计欠缴增值税 1 200 多万元。稽查局即向该公司发出催缴税款通知，但该公司在期限内仍未将应缴的增值税缴入国库。为了逃避缴纳应补缴的税款，该公司于 2012 年 6 月将公司的厂房以不合理低价出卖给明知其有欠税的外地某股份有限公司，此外无其他资产可供稽查局强制执行，其行为已对国家税收造成了实质性的损害。为保证国家税收不受损失，稽查局依照《税收征管法》第五十条的规定，向当地人民法院提交了"行使撤销权申请书"，并提供了相关的证据。人民法院经审理后，依法作出了该房产交易无效的撤销判决，使该房产恢复到转让前的状态。人民法院判决后，稽查局依法对该公司采取了强制执行措施，查封了该公司的厂房，并由依法成立的拍卖机构公开予以拍卖，以拍卖收入抵缴了 1 200 多万元的增值税。

### （三）行使代位权与撤销权的费用承担

税务机关依法行使代位权、撤销权而产生的必要费用，由欠税纳税人承担。这是因为税务机关代位行使的是合同当事人的有关权利，由此产生的费用与合同权利相联系，而且税务机关行使代位权要以欠税额为限；撤销的有关交易行为是欠税纳税人的不当行为，撤销这种行为所发生的费用如有关手续费、违约金等都是由欠税纳税人的不当行为引起的。因此，在税务机关行使代位权或撤销权时所产生的有关费用应由欠税纳税人自行承担。

**（四）税务机关代位权与撤销权不免除欠税人的有关责任**

税收是一项经常性义务，随着纳税人经营业务的不断进行，在其还清欠税后还会产生新的纳税义务。在征收纳税人欠税工作中，税务机关依据合同法规定行使代位权、撤销权仅能以欠税数额为限，不能就尚未到期的纳税义务行使代位权和撤销权，而且纳税人因欠税而产生的其他责任，如应支付的有关罚款、滞纳金等并没有清偿，因此，《税收征管法》规定："税务机关依法行使代位权、撤销权的，不免除欠税纳税人尚未履行的纳税义务和应承担的法律责任。"

## 十二、税款追征期限的规定

关于税款追征期限的规定是对纳税人、扣缴义务人未缴或少缴税款追征期的规定。其内容是：

（1）因税务机关的责任，致使纳税人、扣缴义务人未缴或少缴税款的，税务机关在纳税人、扣缴义务人应纳税款或结算税款之日起 3 年内，可以要求纳税人、扣缴义务人补缴税款，但是不得加收滞纳金。

（2）因纳税人、扣缴义务人计算错误等失误（非主观故意的计算公式运用错误以及明显的笔误）未缴或少缴税款的，税务机关在 3 年内可以追征税款并加收滞纳金。

（3）有特殊情况的，即纳税人、扣缴义务人因计算错误等失误，未缴或少缴、未扣或少扣、未收或少收税款，累计 10 万元以上的，追征期可以延长到 5 年。

（4）对偷税、抗税、骗税的，税务机关追征其未缴或少缴的税款、滞纳金或其所骗取的税款，任何时候发现都可以追征，无期限规定。

## 十三、离境清税制度

离境清税是指欠税纳税人离开国境前，必须向税务机关缴清所欠税款，否则税务机关可以通知边防或海关限制其出境的措施。《税收征管法》第四十四条明确规定："欠缴税款的纳税人需要出境，应当在出境前向税务机关结清应纳税款或者提供担保。未结清税款，又不提供担保的，税务机关可以通知出境管理机关阻止其出境。"离境清税制度是目前国际上许多国家都实施的一项税收征管制度。

**（一）前提条件**

欠税纳税人需要出境的，应当在出境前向税务机关结清应纳税款、滞纳金或提供担保。欠税纳税人未结清税款、滞纳金，又不提供担保的，税务机关才可依照《税收征管法》第四十四条的规定通知出境管理机关阻止其出境。

**（二）阻止出境的对象**

（1）欠税纳税人为自然人的，阻止出境的对象为当事人本人。

（2）欠税纳税人为法人的，阻止出境的对象为其法定代表人。

（3）欠税纳税人为其他经济组织的，阻止出境的对象为其负责人。

（4）法人的法定代表人或其他经济组织的负责人变更时，以变更后的法定代表人或负责人为阻止出境对象；法定代表人不在中国境内的，以其在中国境内的主要负责人为阻止出境对象。

（5）阻止出境的对象包括外国人、无国籍人和中国公民。

**（三）阻止出境措施的实施**

（1）在欠税纳税人准备出境前，税务机关应通知欠税纳税人结清应纳税款、滞纳金或提供担保。

（2）欠税纳税人既未按规定结清应纳税款又未提供纳税担保而准备出境的，税务机关应依法向欠税纳税人申明不准出境。

（3）欠税纳税人既未按规定结清应纳税款又未提供纳税担保且已取得出境证件执意要出境的，税务机关可按照法定的程序函请公安机关办理边控手续，阻止其出境。

（4）阻止欠税纳税人出境由县级以上（含县级）税务机关填写"阻止欠税人出境布控申请表"（见表4-10），报省、自治区、直辖市税务机关审核批准，由审批机关填写"边控对象通知书"（见表4-11），函请同级公安厅（局）办理边控手续。同时，审批机关应签发"阻止出境决定书"（见表4-12），送达当事人。

已移送人民法院审理的欠税纳税人由人民法院依照法律的规定处理。

表4-10　　　　　　　　　阻止欠税人出境布控申请表

| 姓 | | 名 | | 相片 |
|---|---|---|---|---|
| 化名：姓 | | 名 | | |
| 籍贯或国籍 | | 性别 | | |
| 证件种类、号码 | | 出生日期 | | 年　月　日 |
| 职业或社会身份 | | | | |
| 体貌特征 | | | | |
| 住址 | 境内 | | | |
| | 境外 | | | |
| 出境口岸 | | 出境后到达地点 | | |

（续上表）

| 阻止出境理由（欠税额） |  |  |
|---|---|---|
|  |  |  |
| 申请机关领导签字： | 联系人：<br>电　话： | 申请机关（签章）<br>年　月　日 |

表 4 – 11

### 边控对象通知书

| 姓 |  | 名 |  | 相片 |
|---|---|---|---|---|
| 化名：姓 |  | 名 |  |  |
| 籍贯或国籍 |  | 性别 |  |  |
| 证件种类、号码 |  | 出生日期 | 年　月　日 |  |
| 职业或社会身份 |  |  |  |  |
| 体貌特征 |  |  |  |  |
| 住址 | 境内 |  |  |  |
|  | 境外 |  |  |  |
| 出境口岸 |  | 出境后<br>到达地点 |  |  |
| 交控日期 | 年　月　日 | 控制期限至 | 年　月　日 |  |

（续上表）

| 主要问题 | |
|---|---|
| 边控要求及发现后的处理办法 | |
| 法律依据及说辞 | |
| 审批机关领导批示 | 审批机关（签章）<br>年　月　日 |

交控单位：　　　　　　　　联系人：　　　　电话：

表4－12

　　　　　　　　　　　　　　　　**税务局**
　　　　　　　　　　　　　**阻止出境决定书**
　　　　　　　　　**税阻〔＿＿＿〕＿＿号**

＿＿＿＿＿＿＿＿＿＿：

　　鉴于你（单位）未按规定结清应纳税款、滞纳金，又不提供纳税担保，根据《中华人民共和国税收征收管理法》第四十四条规定，决定并通知出入境管理机关于＿＿＿年＿月＿日起阻止你（单位）＿＿＿＿＿＿＿＿出境。

　　如对本决定不服，可自收到本决定之日起六十日内依法向＿＿＿＿＿＿＿＿申请行政复议，或者自收到本决定之日起三个月内依法向人民法院起诉。

　　　　　　　　　　　　　　　　　　　　　　税务机关（签章）
　　　　　　　　　　　　　　　　　　　　　　　年　月　日

（5）在对欠税纳税人进行控制期间，税务机关应采取措施尽快使欠税纳税人结清欠缴的全部税款（包括滞纳金和罚款，下同）。

（6）边防检查站阻止欠税纳税人出境的期限一般为一个月。对控制期限逾期的，边防检查站可自动撤控。需要延长控制期限的，税务机关应办理续控手续。

【例】2011 年 8 月，某市国税局稽查局在出口退税专项检查中，发现某集团有限公司外购成品直接用于出口，违规享受出口退税 14 142 875.05 元，于 2011 年 9 月作出不予出口退税，并如数补缴已退税款的处理决定。该集团公司接到处理决定书后，以问题是改制前的国有企业遗留，改制后该公司实际资产系负数为由，未在规定的期限内补缴入库，亦不办理纳税担保，拖欠税款一年有余。稽查局采用书面、实地、电话等形式多次催缴亦毫无效果。稽查局经过调查，发现该集团公司外贸订单较多，法定代表人可能要出境考察，同时还查获该集团公司要求某购方延期支付本已到期的货款的函件。于是，稽查局对该集团公司依法采取了冻结其银行存款的税收保全措施，同时向省国税局提出阻止该集团公司法定代表人出境的申请。省国税局经审核后，作出阻止其出境的决定，将"阻止出境决定书"送达该集团公司。同时，省国税局签发了"边控对象通知书"，通知公安机关阻止该集团公司的法定代表人出境。阻止出境措施生效后，该集团公司立即主动与稽查局联系，表示愿意三天内缴清税款，并于 2012 年 10 月 15 日如数缴入国库，使长达两年之久的欠税案件得以解决。

### （四）解除阻止出境措施

被阻止出境的欠税人有下列情形之一的，有关省、自治区、直辖市税务机关应填写"阻止欠税人出境撤控通知书"（见表4-13），依照布控程序通知同级公安厅（局）撤控：

（1）已结清阻止出境时欠缴的全部税款。

（2）已向税务机关提供相当于全部欠缴税款的担保。

（3）欠税企业已依法宣告破产，并依破产程序清偿终结者。

同时，有关省、自治区、直辖市税务机关应签发"解除阻止出境决定书"（见表4-14），送达当事人。

表 4-13　　　　　　阻止欠税人出境撤控通知书

| 姓 | | 名 | | 性别 | |
|---|---|---|---|---|---|
| 籍贯或国籍 | | | 出生日期 | | 年　月　日 |
| 证件种类、号码 | | | 出境口岸 | | |
| 交控日期 | 年　月　日 | | 撤控日期 | | 年　月　日 |
| 备注 | | | | | |
| 联系人：<br><br>电　话： | | 审批机关领导签字：<br><br><br>　　　　　审批机关（签章）<br>　　　　　年　月　日 | | | |

表 4-14

　　　　　　　　　　**_____税务局**
　　　　　　　　　　**解除阻止出境决定书**
　　　　　　　　　**_____税解阻〔___〕___号**


_____：

　　鉴于你（单位）已结清应纳税款、滞纳金（或者提供纳税担保），决定并通知出入境管理机关解除____年___月___日"阻止出境决定书"（_____税阻〔___〕___号）对你（单位）_____阻止出境的措施。

　　　　　　　　　　　　　　　　　　　　税务机关（签章）
　　　　　　　　　　　　　　　　　　　　　　年　月　日

## 十四、收缴或停止供应发票

### （一）前提条件

从事生产、经营的纳税人、扣缴义务人有《税收征管法》规定的税收违法行为，拒不接受税务机关处理的，税务机关可以依照《税收征管法》第七十二条的规定，收缴其发票或停止向其发售发票。

税务机关收缴或停止供应纳税人的发票权，是对纳税人的行政制裁，会限制纳税人一定的权利和利益，直接影响到企业、单位或个人正常的生产、经营活动，甚至可能导致其停产或停业，在税收管理中具有较强的警诫力和威慑力。如这项措施采用不当，将会产生一定的负面作用。

因此，税务机关收缴或停止供应从事生产、经营的纳税人、扣缴义务人的发票，必须以其有《税收征管法》规定的涉税违法行为且拒不接受税务机关处理为前提，即只有在纳税人、扣缴义务人拒不接受税务机关依法作出的行政处理或处理不足以达到惩戒目的时，税务机关方可行使收缴或停止供应纳税人、扣缴义务人发票权。

### （二）收缴或停止发售发票

发票的供应和管理权属于税收征收管理部门。因此，纳税人、扣缴义务人拒不接受稽查局依法作出的行政处理或处理不足以达到惩戒目的时，稽查局应提出税务稽查建议，由当事人的主管税务机关对其收缴或停止供应发票。

## 十五、停止出口退税

### （一）前提条件

纳税人以假报出口或其他欺骗手段，骗取国家出口退税款的，税务机关可依照《税收征管法》第六十六条的规定，在规定期间内停止为其办理出口退税。

国家税务总局《出口货物退（免）税管理办法（试行）》规定，凡自营或委托出口业务具有下列情形之一的，出口企业不得将该业务向税务机关申报办理出口货物退（免）税，已退（免）的税款予以追回，未退（免）的税款不再予以办理，并由省级以上（含省级）国家税务局批准，停止其6个月以上的出口退税权。

（1）出口企业以自营名义出口，但不承担出口货物的质量、结汇或退税风险的，即出口货物发生质量问题不承担外方的索赔责任（合同中约定质量责任承担者除外）；不承担未按期结汇导致不能核销的责任（合同中约定结汇责任承担者除外）；不承担因申报出口退税的资料、单证等出现问题造成不退税责任的。

（2）出口企业以自营名义出口，其出口业务实质上是由本企业及其投资的企业以外的其他经营者（企业、个体经营者及其他个人）假借该出口企业名义操作完成的。

（3）出口货物在海关验放后，出口企业自己或委托货代承运人对该笔货物的海运提单（其他运输方式的，以承运人交给发货人的运输单据为准）上的品名、规格等进行修改，造成出口货物报关单与海运提单有关内容不符的。

（4）出口企业将空白的出口货物报关单、出口收汇核销单等出口退（免）税单证交由除签有委托合同的货代公司、报关行，或由国外进口方指定的货代公司（提供合同约定或其他相关证明）以外的其他单位或个人使用的。

（5）出口企业以自营名义出口，其出口的同一批货物既签订购货合同，又签订代理出口合同（或协议）的。

（6）出口企业未实质参与出口经营活动、接受并从事由中间人介绍的其他出口业务，但仍以自营名义出口的。

（7）其他违反国家有关出口退税法律法规的行为。

**（二）停止出口退税**

出口退税的管理权属于进出口税收管理部门，批准权属于省级以上（含省级）国家税务局。因此，稽查局对查处的骗取出口退税款案件，应依法追缴其所骗取的出口退税款，并处其所骗取的出口退税款 1 倍以上 5 倍以下罚款。同时，稽查局应提出税务稽查建议，由当事人的主管进出口税收管理部门报请省级以上（含省级）国家税务局批准，停止当事人的出口退税权。

## 十六、纳税辅导措施

纳税辅导措施，是指税务机关在纳税人申报纳税前，帮助解决其纳税方面的疑难问题，以防止发生错漏的措施。其主要内容有：帮助纳税单位的财会人员、办税人员熟悉和掌握有关税收政策法令和纳税手续，包括明确纳税定义、纳税范围、纳税环节、计税依据、应税品目、适用税率、计税价格、征免界限以及计算方法等。这是我国常用的一种方法。在国际上，如日本，有一类独立的、区别于税务机关和纳税人的"税理士"，帮助纳税人了解税法和纳税，监督税务机关人员征缴税收。

## 十七、税款的退补措施

退税即由税务机关将多征的税款退还给纳税人。发生退税的原因主要有：

（1）纳税人或税务机关适用税法或计算等出现失误造成多征而需退税。

（2）税务机关实行平时按月按季预缴，年终汇算清缴办法（如所得税的征收），在年终汇算清缴时发现平时预缴已超过当年应缴税而需退税。

（3）税务机关在过了一定期限后（如年末）给纳税人落实减免税政策，而以前各月已按不享受减免税规定对其征收了税款，从而造成多征而需退税。

对于以上多征应退的情况，《税收征管法》及其实施细则明确规定：属税务机关发现的，应当自发现之日起 10 日内办理退还手续；属于纳税人自己发现的，可以自结算缴纳税款之日起 3 年内向税务机关要求退还，税务机关应当自接到纳税人退还申请之日起 30 日内查实并办理退还手续。对于情况（1）的多缴税款，税务机关在退还税款的同时还可加算中国人民银行规定的同期活期存款利息。但实际工作中，具有连续纳税义务的工商企业，多征税款数额不大的，一般都抵作下期应缴税款，以省去退税的手续。

纳税人应向原征收的税务机关申请退税，原征收的税务机关被撤销的，可以向继续行使其职权的税务机关提出退税申请。

补税是指将不足的税款补征上来。发生补税的情况主要有：

（1）因税务机关或纳税人适用税法或计算错误，以致少征税款而需补征。

（2）因税务机关对纳税人实行平时预征，期末（年终）汇算清缴，纳税人平时预缴不足而需补征税款。

（3）偷、抗税款，被税务机关查实后而需补征税款。

（4）税务机关违反规定给予纳税人的减免优惠被取消、纠正而需补征税款。

对需补征的税款应依法区分三种起因并分别处理：第一种是由于税务机关的责任而造成的错征、少征，税务机关不得对纳税人进行处罚（包括滞纳金）。第二种是纳税人、扣缴义务人计算错误等而少缴、少扣的税款，可以在 3 年内追征，并加收滞纳金；数额在 10 万元以上的，追征期可以延长到 5 年。第三种是因纳税人、扣缴义务人或其他当事人偷税而少缴、少扣的税款，或骗取的退税，税务机关可以无限期追征，加收滞纳金并给予适当的处罚。"退税申请表"见表 4 – 15。

表 4 – 15　　　　　　　　　　　　　　退税申请表

| 纳税人 | | 税务登记证号 | | |
|---|---|---|---|---|
| 经济类型 | | 开户银行 | | 账号 |
| 税种 | 税款所属时间 | 税款缴纳时间 | | 金额 |
| | | | | |
| | | | | |
| | | | | |
| 合计 | | | | |
| 合计金额（大写） | | | 附：有关资料　　张 | |
| 申请退税的理由 | | | | |
| 基层征收单位核实意见<br><br><br>（章）<br>年　月　日 | 主管科（股）意见<br><br><br>（章）<br>年　月　日 | | 县（分局）局长批准<br><br><br>（章）<br>年　月　日 | |

# 第四节　关联企业的税款征收

## 一、关联企业的认定

所谓关联企业，是指与某企业有关联关系而又彼此独立（独立经营，独立核算）的企业。由于关联企业之间存在某种关联关系，因而往往在价格或有关费用上给予一定程度的照顾，有的甚至以内部价格进行交易，从而在一定程度上影响到所得税的计算。如跨国的母公司与子公司之间、同属于一个母公司的子公司之间、跨国总公司与分公司之间，以及同属于一个总公司的分公司与分公司之间，都属于关联企业。按《税收征管法》规定，关联企业是指有下列关系之一的公司、企业、其他经济组织：

（1）在资金、经营、购销等方面存在直接或间接的控制关系；

（2）直接或间接同为第三者控制；

（3）在利益上具有相关联的其他关系。

具体是指：①相互间直接或间接持有其中一方的股份总和达到25%或以上的；②直接或间接同为第三者所拥有或控制股份达到25%或以上的；③企业与另一企业之间借贷资金占企业自有资金50%或以上，或企业借贷资金总额的10%是由另一企业担保的；④企业的董事或经理等高级管理人员一半以上或有一名常务董事是由另一企业所委派的；⑤企业的生产经营活动必须有另一企业提供的特许权利（包括工业产权、专有技术等）才能正常进行的；⑥企业生产经营购进原材料、零配件等（包括价格及交易条件等）是由另一企业所控制或供应的；⑦企业生产的产品或商品的销售（包括价格及交易条件等）是由另一企业所控制的；⑧对企业生产经营、交易具有实际控制的其他利益上相关联的关系，包括家族、亲属关系等。

## 二、关联企业计税依据调整方法

《税收征管法实施细则》规定，纳税人可以向主管税务机关提出与其关联企业之间业务往来的定价原则和计算方法，主管税务机关审核、批准后，与纳税人预先约定有关定价事项，监督纳税人执行。

纳税人与其关联企业之间的业务往来有下列情形之一的，税务机关可以调整其应纳税额：

（1）购销业务未按照独立企业之间的业务往来作价；

（2）融通资金所支付或收取的利息超过或低于没有关联关系的企业之间所能同意的数额，或者利率超过或低于同类业务的正常利率；

（3）提供劳务未按照独立企业之间业务往来收取或支付劳务费用；

（4）转让财产、提供财产使用权等业务往来未按照独立企业之间业务往来作价或者收取、支付费用；

（5）未按照独立企业之间业务往来作价的其他情形。

《税收征管法实施细则》第五十五条规定：纳税人有上述情形之一的，税务机关可以按照下列方法调整计税收入额或所得额：

（1）按照独立企业之间进行相同或类似业务活动的价格；

（2）按照再销售给无关联关系的第三者的价格所应取得的收入和利润水平；

（3）按照成本加合理的费用和利润；

（4）按照其他合理的方法。

以上方法的运用实例如下：

（1）按照独立企业之间进行相同或类似业务活动的价格进行调整（又称可比非受控价格法）。

【例】某大型公司销售货物给关联企业 A 公司，成交货物单价为 8 000 元，而同种货物向无关联企业销售单价为 10 800 元，该货物的实际单位成本是 6 500 元，税务机关根据《税收征管法》和《税收征管法实施细则》的有关规定，选择了按独立企业成交价格调整的方法对 A 公司的销售单价和单位成本进行调整，即销给 A 公司的销售单价应为 10 800 元，实际单位成本为 6 500 元。

（2）按照再销售给无关联关系的第三者的价格减除相同或类似业务销售毛利进行调整（又称再销售价格法）。

【例】甲与乙之间为母子公司关系。甲公司将其生产的电器元件销售给设在中国境内的乙公司 5 000 件，20 元/件，乙公司进货后又以 18 元/件的价格销售给无关联关系的丙公司。税务机关按再销售价格法调整乙公司应纳的增值税税额。

乙企业原有关账务处理如下：

进项税额：$20 \times 5\ 000 \times 17\% = 17\ 000$（元）

销项税额：$18 \times 5\ 000 \times 17\% = 15\ 300$（元）

应纳增值税额：$15\ 300 - 17\ 000 = -1\ 700$（元）$< 0$，留到下期抵扣

税务机关按照乙公司转售给丙公司的价格减去合理的毛利来计算。假定电子元器件一般销售毛利率是 10%，则：

调整后的销售单价为：$18 - (18 \times 10\%) = 16.2$（元）

调整乙公司的进货额：$16.2 \times 5\ 000 = 81\ 000$（元）

进项税额：$81\ 000 \times 17\% = 13\ 770$（元）

销售额：$18 \times 5\ 000 = 90\ 000$（元）

销项税额：$90\ 000 \times 17\% = 15\ 300$（元）

应纳增值税额：15 300 － 13 770 ＝ 1 530 （元）

（3）按照成本加合理的费用和利润进行调整（又称成本加成法）。

采用这种调整办法，是将关联企业的卖方的商品（产品）成本加上正常的利润作为公平成交价格。工业产品和无形资产（如专有技术）的公平成交价格即市场价格的计算公式是：

无形资产的组成市场价格 ＝ 转出企业研究和生产的成本费用 ÷（1 － 合理利润率）
工业产品的组成市场价格 ＝ 转出企业生产加工该产品的直接成本 ＋ 间接成本 ÷（1 － 合理利润率）

采用成本加合理费用和利润的方法，应该注意成本费用的计算必须符合我国税法的有关规定，并且要合理地选择和确定所适用的利润率。

（4）按照其他合理的方法。在上述三种调整办法均不能适用时，可以采用其他合理的替代方法进行调整，如可比利润法、利润分割法、交易净利润法等。经企业申请，主管税务机关批准，也可采用预约定价方法。

值得注意的是，上述方法并无先后之分，税务机关可根据实际情况任选其中的一种来进行调整。

### 三、关联企业转让定价税收调整的程序

（1）主管税务机关在调查纳税人与其关联企业业务往来情况时，有权要求企业提供有关交易价格、费用标准等资料，向纳税人发出书面通知，企业在接到通知书后 60 日内报送。

企业不按规定时间和要求申报或者拒绝提供有关交易价格、费用标准等资料的，税务机关可责令限期改正，并处以 2 000 元以下的罚款；逾期不改正的，处以 2 000 元以上 10 000 元以下的罚款。

（2）税务机关对企业转让定价的调整，一般仅限于被审计、调查所属纳税年度的应税所得，自纳税年度的下一年度起 3 年内进行。有特殊情况的，可以自该业务往来发生的纳税年度起 10 年内进行调整。

（3）对企业转让定价调整的应税所得，如果企业不作相应账务调整，其关联方取得的超过没有关联关系所应取得的数额部分，视同股息分配，并不得享受所得税优惠政策；其关联方取得所得如为利息、特许权使用费，不得扣除已扣缴的预提所得税。

（4）企业对税务机关关于转让定价的调整如有异议，必须先按要求缴纳税款，再请求行政或司法救济。在向上一级税务机关提请复议时，必须同时提供与其关联

企业业务往来的有关价格费用标准等资料，否则，税务机关不予受理。

（5）税务机关对企业转让定价的调整，涉及国际税收协定的条款的，应当依照国际税收协定有关规定执行。

2008年1月1日起施行的《中华人民共和国企业所得税法》（简称《企业所得税法》）第六章特别强调了对关联企业的纳税调整：

第四十一条规定，企业与其关联方之间的业务往来，不符合独立交易原则而减少企业或者其关联方应纳税收入或者所得额的，税务机关有权按照合理方法调整。

企业与其关联方共同开发、受让无形资产，或者共同提供、接受劳务发生的成本，在计算应纳税所得额时应当按照独立交易原则进行分摊。

第四十二条规定，企业可以向税务机关提出与其关联方之间业务往来的定价原则和计算方法，税务机关与企业协商、确认后，达成预约定价安排。

第四十三条规定，企业向税务机关报送年度企业所得税纳税申报表时，应当就其与关联方之间的业务往来，附送年度关联业务往来报告表。税务机关在进行关联业务调查时，企业及其关联方，以及与关联业务调查有关的其他企业，应当按照规定提供相关资料。

第四十四条规定，企业不提供与其关联方之间业务往来资料，或者提供虚假、不完整资料，未能真实反映其关联业务往来情况的，税务机关有权依法核定其应纳税所得额。

第四十五条规定，由居民企业，或者由居民企业和中国居民控制的设立在实际税负明显低于《企业所得税法》第四条第一款规定税率（25%）水平的国家（地区）的企业，并非由于合理的经营需要而对利润不作分配或者减少分配的，上述利润中应归属于该居民企业的部分，应当计入该居民企业的当期收入。

第四十六条规定，企业从其关联方接受的债权性投资与权益性投资的比例超过规定标准而发生的利息支出，不得在计算应纳税所得额时扣除。

第四十七条规定，企业实施其他不具有合理商业目的的安排而减少其应纳税收入或者所得额的，税务机关有权按照合理方法调整。

第四十八条规定，税务机关依照《企业所得税法》规定作出纳税调整，需要补征税款的，应当补征税款，并按照国务院规定加收利息。

《企业所得税法实施条例》对上述规定进行了解释：

第一百零九条规定，《企业所得税法》第四十一条所称关联方，是指与企业有下列关联关系之一的企业、其他组织或个人：

①在资金、经营、购销等方面存在直接或间接的控制关系；

②直接或者间接地同为第三者控制；

③在利益上具有相关联的其他关系。

第一百一十条规定，《企业所得税法》第四十一条所称独立交易原则，是指没有关联关系的交易各方，按照公平成交价格和营业常规进行业务往来遵循的原则。

第一百一十一条规定,《企业所得税法》第四十一条所称合理方法,包括:

①可比非受控价格法,是指按照没有关联关系的交易各方进行相同或者类似业务往来的价格进行定价的方法;

②再销售价格法,是指按照从关联方购进商品再销售给没有关联关系的交易方的价格,减除相同或者类似业务的销售毛利进行定价的方法;

③成本加成法,是指按照成本加合理的费用和利润进行定价的方法;

④交易净利润法,是指按照没有关联关系的交易各方进行相同或者类似业务往来取得的净利润水平确定利润的方法;

⑤利润分割法,是指将企业与其关联方的合并利润或者亏损在各方之间采用合理标准进行分配的方法;

⑥其他符合独立交易原则的方法。

第一百一十三条规定,《企业所得税法》第四十二条所称预约定价安排是指企业就其未来年度关联交易的定价原则和计算方法,向税务机关提出申请,与税务机关按照独立交易原则协商、确认后达成的协议。

第一百一十四条规定,《企业所得税法》第四十三条所称相关资料,包括:

①与关联业务往来有关的价格、费用的制定标准、计算方法和说明等同期资料;

②关联业务往来所涉及的财产、财产使用权、劳务等的再销售(转让)价格或者最终销售(转让)价格的相关资料;

③与关联业务调查有关的其他企业应当提供的与被调查企业可比的产品价格、定价方式以及利润水平等资料;

④其他与关联业务往来有关的资料。

《企业所得税法》第四十三条所称与关联业务调查有关的其他企业,是指与被调查企业在生产经营内容和方式上相类似的企业。

企业应当在税务机关规定的期限内提供与关联业务往来有关的价格、费用的制定标准、计算方法和说明等资料。关联方以及与关联业务调查有关的其他企业应当在税务机关与其约定的期限内提供相关资料。

第一百一十五条规定,税务机关依照《企业所得税法》第四十四条的规定核定企业的应纳税所得额时,可以采用下列方法:

①参照同类或者类似企业的利润率水平核定;

②按照企业成本加合理的费用和利润的方法核定;

③按照关联企业集团整体利润的合理比例核定;

④按照其他合理方法核定。

企业对税务机关按照前款规定的方法核定的应纳税所得额有异议的,应当提供相关证据,经税务机关认定后,调整核定的应纳税所得额。

# 复习思考题

## 名词解释

1. 税收保全
2. 关联企业
3. 代位权
4. 撤销权
5. 离境清税制度
6. 自核自缴

## 简答题

1. 简述税款征收的方式。
2. 完税凭证的种类和内容有哪些?
3. 纳税保证的条件及内容有哪些?
4. 税收保全措施的法定程序如何进行?
5. 《税收征管法》对延期缴税有何规定?
6. 税收强制执行措施的范围、内容及程序步骤是什么?
7. 税收债权与其他债权之间是什么关系?
8. 《税收征管法》对离境清税有何规定?
9. 试述关联企业的认定标准及其计税依据的调整方法。

# 第五章  税源监控与纳税评估

**【本章要点】**

税源监控与纳税评估是税收征管的基础工作之一，本章主要介绍了税源监控的相关概念、内容、具体做法和税源专业化管理以及纳税评估的概念、内容、指标、方法。

## 第一节  税源监控一般规定

### 一、税源监控的含义

所谓税源监控，就是税务机关根据有关法律法规的规定，通过一系列规范的手段和方法对税源进行全方位的信息跟踪和纳税控制，分析和预测税源发展变化的趋势，以进一步加强税收征管力度，有效防止税款流失，保证税收收入实现的一系列税收管理活动。在社会主义市场经济条件下，税源监控具有以下几个特点：

**（一）税源监控是对税源进行的全方位管理**

从价值构成上来看，税收主要来源于社会产品价值（$C+V+M$）中的国民收入（$V+M$）部分。国民收入是各个不同税种共同的课税基础，即税基。其中，$V$ 代表的是新创造价值中进行必要扣除后归劳动者个人支配的工资部分，主要构成个人所得税等税种的税基；$M$ 代表的是剩余产品价值，也是税收的主要来源，主要构成企业所得税等税种的税基。而商品流转税的税基则又涉及全部的社会产品价值。同时，社会产品价值的三个构成部分之间又具有相互影响、相互制约的关系。这就意味着进行税源监控必须要把全部的经济活动纳入到管理范围中，并充分利用现代化的管理手段进行跟踪监控。这是税源管理的一个方面。

**（二）税源监控是以纳税人为中心的管理**

纳税人是社会产品的生产者，是国民收入的创造者，同时也是税款的缴纳者。税源监控离不开对创造和拥有财富的纳税人的管理。由于信息不对称现象的存在，如果税务机关无法有效地对纳税人实施税源监控，纳税人就很可能不如实申报纳税，从而导致税收的流失。

**（三）税源监控是一种法制化的管理**

市场经济是法制经济，一切经济活动或管理活动都必须在法制的轨道上进行，税源监控也是一样。税务机关必须根据《税收征收管理法》和其他有关的税收法规进行税源监控。税务机关必须遵循有关法律程序，采取各种合法的手段进行税源监控，防止在税源监控过程中出现违法行为，要尽量减少对纳税人不必要的干扰。

### （四）税源监控是一种全过程的管理

税源监控是对税源的形成、变化以及纳税申报和缴纳进行的监督、跟踪和控制。根据税源发展变化阶段的不同，税源监控可以划分为事前监控、事中监控和事后监控。传统的税源管理是一种事后监控，其重点是对纳税申报和缴纳税款进行监管。然而，仅对税源进行事后监控，并不能准确地掌握税源发展变化的动态，是一种被动的监管方式，会导致税源监控不力而造成大量的税收流失。在市场经济条件下，税收环境日益复杂化，这就要求税源监控由过去的事后监控向事中监控和事前监控发展，并对税源形成和发展的全过程进行监控。

## 二、税源监控的层次

### （一）税源的事前监控管理

即税务机关对纳税征管户的监控。税务机关通过这一环节的监控，能对所辖区域税源户情况有清晰的掌握，同时将有经营行为的潜在纳税人纳入征管户册，最大限度地减少漏管户。

### （二）税源的事中监控管理

即税务机关对应税收入的监控。税务机关通过这一环节的监控，能将对纳税人应税收入法人产生、分布及增减变化的情况最大限度地纳入可控范围之内，以便监督和促进纳税人诚实申报、依法纳税。

### （三）税源的事后监控管理

即税务机关对纳税人潜在的税源是否转化为现实可征税源的监控。税务机关通过事后的监控管理，能对纳税人应税收入是否全额纳税进行控管，以保证税源监控的最终实效。

## 三、税源调查与监控内容

税源调查，也称经济税源调查，是指借助科学的方法，广泛地收集经济税源的历史和现实的各种数据资料，并通过深入细致的分析，以掌握经济税源现状、潜力及发展趋势的活动，是税收计划管理的基础环节。税源调查属于对国民经济生产、流通、分配、消费环节与税收收入相互关系的一种专业性调查。

1. 税源调查的意义

通过调查纳税人、征税对象的基本生活，掌握现实及潜在的税源状况和发展趋势，为编制税收计划提供充足可靠的税源资料，提高税收计划管理的科学性。分析国家各项经济政策、财税政策及各项改革措施对税源及税收可能产生的影响，探索经济税源发展变化的规律性，为检查税收政策、计划贯彻执行，加强税源管理，研究税制改革和改进征管工作提供客观依据。

2. 税源调查内容

在社会主义市场经济下，经济税源调查的工作难度更大，需要调查的内容更多、更深入，所获得的资料也更直接、更具体。除了要调查国家的经济政策、财税政策对税源税收的影响外，更多地要调查经济体制改革、经济结构调整、所有制及经营形式的变化等对税收的影响，以便获得更全面的信息。具体调查内容有以下几个方面：

(1) 调查经济体制改革措施对税收收入的影响。

随着我国社会主义市场经济体制的不断完善，我国的金融、投资、计划、外贸、价格等体制发生了根本性变革，出现了许多新的情况，外资企业越来越多，企业股份制改造步伐加快，房地产行业迅速崛起，电子商务方兴未艾，等等。这些经济体制改革措施对税收有什么影响，影响程度如何，都需要通过税源调查来了解和掌握。

(2) 调查企业生产发展情况及重点税源户的生产经营情况对税收的影响。

调查生产企业的原料、燃料和动力等供应情况，产品销售合同签订情况，基建、更新改造、节能降耗、劳动生产率、成本、价格、利润变化情况，分析其变化原因。要从不同的区域、不同角度进行调查，以点带面，研究分析重点税源户或某一行业乃至整个国民经济的发展情况对税收的影响。

(3) 调查商品流通发展变化对税收的影响。

调查商业经营体制改革以及社会购买力、市场投放、价格调整、商业网点、交通运输、第三产业、进出口贸易等使商品流通发生变化的情况及对税收的影响。

(4) 调查税制改革对税收收入数量、结构的影响。

调查税种的简并、开征、停征，税率的调整，减免税政策的变化，征税办法、纳税环节的改变，征收机构、征管模式的改革等对税源税收有哪些影响。调查税种结构、经济类型结构、地区结构变化对本地区税源乃至税收结构的影响。

3. 税源的调查方法

经济税源调查中经常使用的方法，主要可以划分为经常性调查和专题性调查。

(1) 经常性调查。经常性调查亦称常规性调查，它围绕着税收计划的编制、分配、考核、检查，在日常的征收管理、组织收入工作中，经常地、系统地收集积累各个时期的经济税源资料，进行对比分析。其方法有：

①建立重点税源调查分析报告制度。重点税源是指影响和决定所在地区税收收入状况的重点行业、企业、税种和税目。建立重点税源调查分析报告制度，就是由税务机关选择占税收收入比重大、具有代表性的重点税源户，定期派征收人员调查了解其产品质量、产值、销售额、实现利润、应纳税额、税款入库、计划完成进度等情况，调查结束后及时写出调查报告。这样便于领导和上级掌握经济税源状况，研究分析其动态。

②建立经常性的横向资料联系制度。国民经济各部门的统计资料及工作总结报告等有关资料，是研究分析经济税源发展变化，正确编制税收计划的重要依据。税务机关要主动与计划、统计等国民经济各部门，企业主管部门以及各种学会、协会、研究会、报纸杂志社，各类情报机构等建立经常性的资料交流联系，尽可能详尽地收集其与税源税收密切相关的统计资料及其他资料，以供进行税源分析时使用。

③定期整理汇总各项税务统计资料。税务机关定期编报的税收会计、统计报表以及收集纳税申报表等，是系统地反映税源情况的重要资料。税务机关要结合纳税资料档案管理工作，加强对税收会计、统计报告等的收集、整理与积累，形成规范、完整的税源内部资料。

（2）专题性调查。专题性调查亦称一次性调查。其特点是主体鲜明、目的明确、针对性强。专题性调查的方法一般有：

①普查。为了某一特定目的而专门组织的一次性全面调查，主要用来调查经济税源现象总体在一定时点上的状况。普查工作应遵循的原则：一是选择最适宜的标准时点；二是尽可能在规定范围内的地区和单位同时进行调查，并且在最短期限内完成；三是同一种普查的主要项目要保持连贯性，尽可能按照一定时间同期进行，以利于动态对比分析。

②重点调查。这是经济税源调查中经常采用的一种方法。在调查总体中选择部分重点单位或重点项目进行调查，以掌握较大分量的数据和资料进行分析，预测其发展趋势。重点指两个方面：一是缴纳税款数额较大的企业；二是在税收收入总体结构中比重较大的税种或税目。

③典型调查。根据调查的目的和要求，对调查对象在进行分析的基础上，选择个别或少数具有代表性的企业和产品进行调查。

④抽样调查。在调查研究的对象总体中，抽出一部分单位或产品进行调查，以其结果来推断调查总体的状况。

4．税源监控的主要内容

当前的税务部门具体工作实践中，常常使用狭义上的税源管理定义，即征收、稽查对应的管理行为。狭义税源管理主要包括户籍管理、分类管理、税收经济分析、纳税评估、建立四项联动机制、税控器具的应用与发票管理、欠税管理、减免税管理、出口退税管理、完善税收管理员制度等。

（1）户籍管理。户籍管理是税源管理的首要环节，也是全面开展税源管理工作的基础。它包括开户、变更、停复业、注销、外出经营报销登记管理，以及非正常户的认定和处理。户籍管理注重实地检查，力求通过实地检查了解纳税户实际情况，减少漏征漏管户。税收管理员在户籍管理中发挥着重要的作用。此外，户籍管理中包括的定期年检和换证，对摸清纳税户底数发挥着重要的作用。户籍管理是对正式纳税人如各类企业、个体工商户的管理，也包括对准纳税人，包括起征点以下的纳税人管理，党政机关、事业单位、社会团体等也得纳入管理，还包括对代扣代缴单位的管理，房屋、土地、车辆等财产登记，等等。

（2）分类管理。要在按行政区划实行属地管理的基础上，根据辖区内纳税户的生产经营规模、性质、行业、经营特点、企业存续时间和纳税信用登记等要素以及不同行业和类别的企业的特点，实施科学合理的分类管理。第一，强化对大企业和重点税源分类管理，制定不同行业、不同重点企业的分类管理办法。第二，认真贯彻《国家税务总局关于印发〈集贸市场税收分类管理办法〉的通知》（国税发〔2004〕154号），进一步规范集贸市场税收征收管理；落实《个体工商户税收定期定额征收管理办法》（国家税务总局令第16号），进一步规范和加强个体税收征收管理。第三，积极推进纳税信用等级评定管理办法的执行，实行国税局、地税局联合评定纳税信用等级的做法，对于不同信用等级的纳税人采取相应的管理与服务措施。

（3）税收经济分析。税收经济分析是税源管理的重要内容，也是税收经济观在税收管理上的具体体现，要落实定期税收分析制度，建立健全税收分析档案，及时掌握影响税收收入变化的相关因素，采取应对措施。税收经济分析既关注税收收入总量增减的变化，也分析税收收入相对于经济的变化，以及各种税收收入与相关经济指标之间的关系，分析影响税收收入变化的经济、政策和征管等方面的因素，科学判断税收收入增减的原因；既分析税收收入计划完成进度，也分析宏观税负和税收弹性，对不同地区、产业、行业和重点税源企业的税负水平进行横向和纵向比较，分析各主要税种、税目收入增长与相关经济指标之间的弹性；既作一般性分析，也注意收入增长中一些特殊因素的影响；既有税收的宏观分析，也有税源的微观分析，将一个地区税收增减的总体状况，分析解剖到具体税种、具体行业和企业等微观方面，及时发现税收政策执行和税收征管中存在的问题，并有针对性地采取措施及时解决。

（4）纳税评估。纳税评估是强化税源管理的有效方法。在实际工作中，要认真落实《国家税务总局关于印发〈纳税评估管理办法（试行）〉的通知》（国税发〔2005〕43号）要求，综合运用好总局下发的相关税种的纳税评估指标和评估方法，明确工作职责，深入开展纳税评估工作。要积极探索建立纳税评估管理平台，运用指标分析、模型分析等各种行之有效的方法，对纳税人纳税申报的真实性、准确性进行分析评估，尤其要注重对纳税能力进行估算，分析、查找企业申报和财务数据存在的疑点和问题，提高纳税评估的有效性和准确性。在评估工作中，要充分发挥人的主观能动性，注重人机结合。

（5）建立四项联动机制。建立四项联动机制，是指建立税收分析、税源监控、纳税评估、税务稽查的四项联动机制。通过税收分析发现问题，通过纳税评估查找问题的原因，对涉嫌偷税的移送稽查部门查处；并通过约谈、核查、稽查等措施加以落实，再通过落实的结果反馈，研究税收政策调整，分析评估指标修订以及完善管理措施等。

（6）税控器具的应用与发票管理。推广应用税控收款机和加强发票管理是税务机关及时、准确掌握纳税人生产、经营信息，强化税源监控，堵塞税收征管漏洞的重要手段。按照国家税务总局有关规定，商业零售、饮食、娱乐、服务、交通运输等行业以及小规模工业企业，具有一定规模和固定经营场所的纳税人，都要按规定安装税控收款机。运用税控收款机和统一发票的目的，既可以监控企业销售情况和营业情况以及相应的流转税，也能控制企事业单位成本、费用，防止假票列账偷税，同时还可以提高企业和税务机关效率。

（7）欠税管理。依照《税收征管法》的规定，严格管理延期缴纳税款的审批。符合法定条件批准延期缴纳税款的，延期届满要立即督促缴纳；不符合法定条件不予批准的，从缴纳税款期限届满次日起加收滞纳金，以防"缓税"变成欠税。落实催报催缴制度，对未按规定期限缴纳税款的纳税人，应通知其在不超过 15 日法人限期内缴纳。要将纳税人欠税与纳税信用登记评定挂钩，促进及时足额纳税。对已形成的欠税，严格执行《国家税务总局关于贯彻实施〈欠税公告办法（试行）〉的通知》（国税发〔2004〕138 号）规定，限期缴纳，并依法加收滞纳金。

（8）减免税管理。严格按照税法规定办理减免税的审批，切实加强对减免税纳税人的后续管理。认真贯彻《国家税务总局关于印发〈税收减免的管理办法（试行）〉的通知》（国税发〔2005〕129 号），严格落实税收减免的原则、申请审批程序、监督管理以及备案制度。严格禁止越权和违规审批减免税。严格试行"谁审批、谁负责"的原则，将减免税审批纳入行政执法责任追究制度。对已享受减免税的纳税人，要按规定进行减免税申报；对减免税到期的纳税人，要督促其依法申报缴纳税款。强化监督检查，定期对纳税人减免税事项进行清理；对骗取减免税优惠的纳税人，依法予以处罚。

（9）出口退税管理。建立健全征收环节与退税环节之间的联系与配合机制，将征、退税管理部门之间的衔接制度化。充分发挥税收管理员在控管税源上的作用，进一步加强对出口企业逾期未申报退税、不退税等出口货物的征收管理，全面了解出口企业的生产经营情况，推进出口退税的科学化、精细化管理。全面开展出口退税预警、评估工作，提高出口退税管理的质量和效率。

（10）完善税收管理员制度。人是税源管理中最活跃的因素，税收管理员是税源管理的载体。健全完善和贯彻落实税收管理员制度是强化税源管理的重要因素。因此，研究税收管理员制度，也是税源管理的重要内容之一。

5．税源监控应注意的问题

（1）税源监控方式要与税制结构相适应。实施税源监控的目的是建立一种良性循环的税收征管运行机制，提高纳税人的税法遵从程度，努力缩小法定税收与实际税收之间的差距。就税制结构整体而言，目前我国流转税所占比重大。这意味着我国纳税人主要是企业，因此必须把管理重点放在流转税和企业所得税上。同时，在中国复税制的结构下，税源监控既重视源头监控，又重视过程监控，全面、深入、准确地了解和掌握纳税人的生产经营、资金运用、财务核算等各个环节的情况，有效控制税源去向和真实性。

（2）税源监控方式要与现代化的科技手段相结合。建立动态、有效的税源监控方式离不开现代化科技手段的有力支撑，这已经为多年的税收征管改革实践所证明。要提高税源监控的科学性和有效性，必须充分运用现代化手段。

（3）税源监控方式要与纳税人的素质状况相联系。选择税源监控方式而不考虑纳税人即监控对象的实际状况是不现实的，目前完全依靠纳税人自觉反映税源真实性比较困难，必须把税源监控的着力点放在对纳税人的日常管理和寻找容易形成二者良性互动的有效机制上。可采用对重点企业实行专门管理，对零星税源实行"分段"管理等方式，随时掌握和控制税源的变化情况。积极推行纳税信誉等级差别管理方式，对依法自觉纳税的纳税人予以表彰和鼓励，对纳税信誉差的纳税人实行重点监控。

# 第二节　涉税信息采集和保密管理

## 一、涉税信息采集的意义

涉税信息采集是对信息进行的聚合和集中。在税收工作中，税务机关要顺利行使各项职能，需要最大限度地收集、把握各方面的信息，提高税务信息的准确性、规范性和完整性，提高基础数据的质量，为其他环节提供基础的数据资料。信息采集的方法很多，如人工采集数据、网络获取数据、传感器自动采集数据等，此外，还应注意从与纳税人没有共同利益管理的第三方收集信息。

涉税信息的采集是税务信息管理的起点和基础工作。信息管理的核心是要有高质量的信息，信息的采集直接关系到信息的质量。首先要做到明确目的。在涉税信息的收集之前必须明确为什么要收集信息、收集什么样的信息、干什么用、达到何种目的等，做到心中有数、有的放矢，这样才不至于盲目进行，否则既浪费时间和精力，又不能达到收集信息的目的和发挥信息的作用。其次要选准对象。任何特定的信息都有固定的信息源。要收集哪一方面的涉税信息，就必须深入到哪一方面的实际中去。明确范围，选准对象，是收集真实、可靠信息的前提。再次要视野开阔。涉税信息来源广泛，所以在采集涉税信息时要尽量开阔视野，从多角度、多方面、多渠道来取得信息。涉税信息全面、完整，信息量大，质量才高，才能发挥信息的应有作用。最后要真实可靠。采集涉税信息的目的是为了用于税务管理的决策、计划以及指导税收实践，信息必须要有较高的可信度和精确度，才能体现税务信息的功效和指导性。

## 二、涉税信息采集的途径和方法

税源和社会经济活动是紧密联系在一起的，税源信息的来源途径是多方位的，因此，税源监测绝非单指税务部门自身的监测行为，而是广泛的、全社会的，仅仅依靠税务部门自身的手段无法全面及时地掌握各类税源信息，税源监测就不可能真正做到全方位的监测。税源信息的来源途径可分为内部途径和外部途径。

1. 涉税信息采集的内部途径

内部途径主要是指税务部门从纳税人直接采集涉税信息的途径，这也是涉税信息采集的主要途径。数据采集途径与采集内容基本对应，根据涉税信息采集内容类别的不同，应采取相应的采集策略。对纳税人的户籍信息和财务经营信息的采集主要来自纳税人，直接影响征、纳双方的信息对称状况，因此要实行"双轨"采集，一是采集纳税人自行提报的数据，二是税务部门通过抽查或普查采集，以便通过后者采集到的数据校验纳税人自行提报的数据，以保证数据质量。此外，发票税控及社会上的涉税数据由于采集手段和来源途径的缘故，真实可靠程度较高，一般无须验证。采集内部涉税信息的途径主要有：

（1）纳税服务活动。即在税务部门实施纳税服务活动中采集、掌握与纳税人及其生产经营活动直接相关的信息，如税务登记、发票发售代开、审核审批、认定管理等服务业务，涉及纳税监控所需的户籍、财务减免、应纳税种等信息。

（2）申报征收活动。即在税务部门的申报征收活动中采集、生成的纳税人财务报表、各税（费）纳税申报、入库等信息，以及产生的未申报、预期申报、异常申报、欠税等信息。

2. 涉税信息采集的外部途径

外部途径主要指税务部门通过其他部门采集税源信息的途径，它是对内部途径采集信息的重要补充。

（1）社会综合治税网络。由于税源管理对象的复杂性，税务部门需要政府各职能部门、金融保险、社会中介、扣缴义务人等各方面的广泛支持，提供税务部门纳税监控所需的各种信息。

（2）社会举报。通过社会举报提供涉税信息可实现对各种税收违法违章行为的快速打击。

3. 涉税信息采集的方法

涉税信息一般通过数据电文、磁介质载体（软盘、移动硬盘、IC 卡等）、纸质载体（各种报表等）等方式采集。由于来源途径多、数量大，采集方式的优劣直接影响涉税信息的采集质量和效率。为便于涉税信息的采集和开发，应实施以数据电文、磁介质载体方式为主，其他方式为辅助的多元化数据采集方式。

（1）电子化采集。电子化信息采集包括利用网络技术的电子填报和利用数据接口技术的动态抽取两种方式。电子填报的方式使用于联网条件不成熟的或没有业务信息系统的单位，业务人员可以通过电子填报功能手工输入业务数据，或者上传固定格式的数据文件，由系统自动导入到集中数据中心。动态抽取的方式使用于联网条件成熟，并且拥有业务信息系统的单位，系统可定期自动从该单位业务信息系统中通过接口抽取提供的数据信息，并导入到集中数据中心。电子化采集除应用税务部门的各类征管业务系统采集户籍、发票税控等税收业务信息外，还应重点实现申报征收信息额第三方信息的电子化采集，因为这两类信息数量庞大、作用重要，依靠人工采集难以实现，且不利于分析利用。

（2）人工采集。税源管理对信息质量的高要求，决定了涉税信息采集在依托信息技术的同时必须充分发挥人的作用。人工实地采集主要是通过税收管理员或专门的检查人员深入企业实地调查、普查、汇查等方式，动态采集纳税人与税收有关的经济活动信息，作为补充、验证纳税人户籍数据和申报财务数据的可靠依据。像目前推行的税收管理员制度，就是通过税务人员实地跟踪了解纳税人的生产经营情况和税源状况，全面掌控纳税人的物资流、资金流、能源流、劳动力流等方面的信息，这些工作是计算机无法做到的，必须依靠人来完成，且需做好与信息技术的衔接。同时，还需要及时采集纳税人生产经营过程中实时变化的信息，加强同税务登记信息、纳税申报信息的比对，及时发现问题，有针对性地加强管理。

## 三、涉税保密信息管理

为维护纳税人的合法权益，规范对纳税人涉税保密信息管理工作，根据《中华人民共和国税收征收管理法》和《中华人民共和国税收征收管理法实施细则》及相关法律、法规的规定，制定《纳税人涉税保密信息管理暂行办法》。本办法所称纳税人涉税保密信息，是指税务机关在税收征收管理工作中依法制作或者采集的，以一定形式记录、保存的涉及纳税人商业秘密和个人隐私的信息。主要包括纳税人的技术信息、经营信息和纳税人、主要投资人以及经营者不愿公开的个人事项。纳税人的税收违法行为信息不属于保密信息范围。对于纳税人的涉税保密信息，税务机关和税务人员应依法为其保密。除下列情形外，不得向外部门、社会公众或个人提供：

（1）按照法律、法规的规定应予公布的信息；

（2）法定第三方依法查询的信息；

（3）纳税人自身查询的信息；

（4）经纳税人同意公开的信息。

根据法律、法规的要求和履行职责的需要，税务机关可以披露纳税人的有关涉税信息，主要包括：根据纳税人信息汇总的行业性、区域性等综合涉税信息，税收核算分析数据，纳税信用等级以及定期定额户的定额等信息。

　　各级税务机关应指定专门部门负责纳税人涉税非保密信息的对外披露、纳税人涉税保密信息查询的受理和纳税人涉税保密信息的对外提供工作。要制定严格的信息披露、提供和查询程序，明确工作职责。

　　1. 涉税保密信息的内部管理

　　（1）在税收征收管理工作中，税务机关、税务人员应根据有关法律、法规规定和征管工作需要，向纳税人采集涉税信息资料。

　　（2）税务机关、税务人员在税收征收管理工作各环节采集、接触到纳税人涉税保密信息的，应当为纳税人保密。

　　（3）税务机关内部各业务部门、各岗位人员必须在职责范围内接收、使用和传递纳税人涉税保密信息。

　　对涉税保密信息纸质资料，税务机关应明确责任人员，严格按照程序受理、审核、登记、建档、保管和使用。

　　对涉税保密信息电子数据，应由专门人员负责采集、传输和储存、分级授权查询，避免无关人员接触纳税人的涉税保密信息。

　　（4）对存储纳税人涉税保密信息的纸质资料或者电子存储介质按规定销毁时，要指定专人负责监督，确保纸质资料全部销毁，电子存储介质所含数据不可恢复。

　　（5）税务机关在税收征收管理信息系统或者办公用计算机系统的开发建设、安装调试、维护维修过程中，要与协作单位签订保密协议，采取保密措施，防止纳税人涉税保密信息外泄。

　　（6）税务机关对纳税人涉税保密资料的存放场所要确保安全，配备必要的防盗设施。

　　2. 涉税保密信息的外部查询管理

　　（1）税务机关对下列单位和个人依照法律、法规规定，申请对纳税人涉税保密信息进行的查询应在职责范围内予以支持。具体包括：

　　①人民法院、人民检察院和公安机关根据法律规定进行的办案查询；

　　②纳税人对自身涉税信息的查询；

　　③抵押权人、质权人请求税务机关提供纳税人欠税有关情况的查询。

　　（2）人民法院、人民检察院和公安机关依法查询纳税人涉税保密信息的，应当向被查询纳税人所在地的县级或县级以上税务机关提出查询申请。

　　（3）人民法院、人民检察院和公安机关向税务机关提出查询申请时，应当由两名以上工作人员到主管税务机关办理，并提交以下资料：

　　①"纳税人、扣缴义务人涉税保密信息查询申请表"；

　　②单位介绍信；

　　③有效身份证件原件。

　　（4）纳税人通过税务机关网站提供的查询功能查询自身涉税信息的，必须经过身份认证和识别。

直接到税务机关查询自身涉税保密信息的纳税人，应当向主管税务机关提交下列资料：

①《纳税人、扣缴义务人涉税保密信息查询申请表》；

②查询人本人有效身份证件原件。

（5）纳税人授权其他人员代为查询的，除提交本办法第十五条规定资料外，还需提交纳税人本人（法定代表人或财务负责人）签字的委托授权书和代理人的有效身份证件原件。

（6）抵押权人、质权人申请查询纳税人的欠税有关情况时，除提交本办法第十五条、第十六条规定的资料外，还需提交合法有效的抵押合同或者质押合同的原件。

（7）税务机关应在本单位职责权限内，向查询申请单位或个人（以下简称"申请人"）提供有关纳税人的涉税保密信息。

（8）税务机关负责受理查询申请的部门，应对申请人提供的申请资料进行形式审查。对于资料齐全的，依次交由部门负责人和单位负责人分别进行复核和批准；对申请资料不全的，一次性告知申请人补全相关申请资料。

负责核准的人员应对申请查询的事项进行复核，对符合查询条件的，批准交由有关部门按照申请内容提供相关信息；对不符合查询条件的，签署不予批准的意见，退回受理部门，由受理部门告知申请人。

负责提供信息的部门，应根据已批准的查询申请内容，及时检索、整理和制作有关信息，并按规定程序交由查询受理部门。受理部门应在履行相关手续后将有关信息交给申请人。

（9）税务机关应根据申请人查询信息的内容，本着方便申请人的原则，确定查询信息提供的时间和具体方式。

（10）税务机关对申请人申请查询涉税信息的申请资料应专门归档管理，保存期限为3年。

3. 责任追究

（1）各级税务机关应强化保密教育，努力增强税务人员的保密意识，采取有效措施，防止泄密、失密。

（2）对有下列行为之一的税务人员，按照《中华人民共和国税收征管法》第八十七条的规定处理：

①在受理、录入、归档、保存纳税人涉税资料过程中，对外泄露纳税人涉税保密信息的；

②在日常税收管理、数据统计、报表管理、税源分析、纳税评估过程中，对外泄露纳税人涉税保密信息的；

③违规设置查询权限或者违规进行技术操作，使不应知晓纳税人涉税保密信息的税务人员可以查询或者知晓的；

④违反规定程序向他人提供纳税人涉税保密信息的。

（3）有关查询单位和个人发生泄露纳税人涉税保密信息的，按照有关法律、法规的规定处理。

（4）各级税务机关要严格执行泄密汇报制度，及时掌握泄密情况。对延误报告时间或者故意隐瞒、影响及时采取补救措施的，根据造成后果的严重程度，分别追究经办人和有关负责人的责任。

# 第三节　税源专业化管理

## 一、税源专业化管理的概念

税源专业化管理就是根据纳税人的实际情况和管理的不同特点，通过人力资源优化配置和组织架构优化组合，实施以分行业管理和分规模管理为重点，制定有针对性的管理措施和管理制度，以信息技术为依托，搭建信息化税源监控体系，组建专业的纳税评估队伍，构建税收专业化管理体系，解决税收征管突出问题，全面提高征管质量和效率。

## 二、税源专业化管理的理论分析

经济学之父亚当·斯密在其所著《国富论》第一篇中就开宗明义地指出："劳动生产率上最大的增进，以及运用劳动时所表现出的熟练、技巧和判断力，似乎都是分工的结果。"因此，在亚当·斯密看来，导致经济增长的最根本的原因是社会分工的日益深化和不断演进。

20世纪80年代以来，以阿林·杨格、杨小凯、贝克尔和墨菲为代表的新兴古典经济学家强调分工和专业化的重要性，抛弃规模经济而改用专业化经济的概念。其中阿林·杨格的主要思想被称为"杨格定理"，他认为分工和专业化是效益递增实现的机制，分工和专业化程度都一直伴随着经济增长的全过程。杨小凯继承并发展了亚当·斯密和杨格的分工思想，提出了劳动分工水平的提高产生经济增长的思想。

按照新兴古典经济学分析框架，我们可以看出税务部门同样存在着专业化分工的问题，存在着组织结构的选择以及组织效率最大化的问题。

## 三、推进税源专业化管理的意义

### （一）推进税源专业化管理是适应经济税源复杂变化、提高税源控管能力的有效途径

随着市场经济的不断发展，经济税源日趋多样化、复杂化，征纳双方信息不对称的状况日益加剧，现行按区域"包户到人、各事统管"的管理方式难以适应形势

需要，税源控管能力不足的问题日益突出，税收流失风险不断加大。推进税源专业化管理，可以通过对纳税人的科学分类，应对税源的复杂变化，明确管理导向，把握管理规律，找准管理需求，有针对性地采取管理和服务措施，从而有效控制税收流失的风险，促进应收尽收，提高纳税遵从度。

**（二）推进税源专业化管理是提高税收管理科学化、精细化、专业化水平的必然要求**

科学化强调探索和把握管理规律，是加强管理的基础和前提；精细化强调管理要精确、细致和深入，是加强管理的目的和要求；专业化是在把握管理规律的基础上的科学分工与紧密协作，既是科学化的具体体现，又是精细化的基本前提，是提高管理科学化、精细化水平的主要途径和重要方法。实现三者的有机结合、紧密联系和相互促进，能够发挥管理的最大效能。

**（三）推进税源专业化管理是优化资源配置、提高征管质效的现实需要**

在经济快速发展、纳税人户数持续增加、管理工作明显加大的情况下，现行按单纯区域划片管户的税源管理方式，使得人少户多、能力不足、职能分散、方式粗放、资源配置不合理等问题和矛盾日益突出，推进税源专业化管理，就是根据税源特点实行分类管理，按照业务事项进行科学分工，在此基础上优化征管资源配置，实行按事设岗、分岗管事。

**（四）推进税源专业化管理是落实信息管税的重要举措**

信息管税是当前税收征管工作的新思路，实行税源专业化管理是理顺和落实信息管税相关职能，完善税收信息管理机制，健全税源管理体系的具体举措。通过信息化条件下的分工协作与精细化管理，可以从机制上保证信息的完整性、准确性和真实性，实现信息采集、分析、利用在各环节、各部门、各层级之间的良性互动，提高信息资源的共享程度和利用效益，有效解决采纳双方信息不对称的问题，有力促进信息化管税的有效落实。

**（五）推进税源专业化管理是防范执法风险、优化纳税服务的可靠保证**

推进税源专业化管理，将目前"包户到人、各事统管"的管理方式，转变为以征管流程为导向，根据管理对象特点和职责事项分工实行专业化管理，可以分解过于集中的管理权力，实现有效监督制约，防范执法风险；并可有效掌握不同类型税源的管理规律，持续改进管理方法和手段，针对不同的纳税人的需求提供个性化服务，促进和谐互动征纳关系的形成。

## 四、税源专业化管理的基本原则

### （一）坚持以税收风险管理为导向的原则

根据税收风险发生特征和类型对纳税人进行科学分类，将风险分析识别、等级排序、应对处理等职能进行合理配置，实施税源分类分级管理。

**（二）坚持以纳税遵从度为目标的原则**

税收管理的根本目标是不断提高纳税遵从度。推进以风险管理为向导的税源专业化管理，始终要以是否有助于促进税收征管质量和效率的不断提高，是否有利于最具效率地促进纳税遵从来规划和展开，并以此作为衡量、检验这项工作成败得失的标准。通过税收服务提高纳税遵从度，化解税收风险，提高管理水平；在风险管理过程中，总结经验提供有针对性的税收服务，提高服务水平。

**（三）坚持基于信息化的原则**

以信息化推动专业化，加强征管业务与信息技术的融合，强化信息管税作用，努力解决征纳双方信息不对称的问题。信息技术的发展和应用给税收管理的体制、机制带来了深刻的影响，为实现税收管理方式和手段的创新提供了条件。

**（四）坚持继承与发展相统一的原则**

在坚持统一模式的基础上，由于不同区域经济发展水平、税源分布以及征管机构人员状况不同，在局部的职责分工安排、税源分类和人力资源配置上，采取因地制宜探索和实践相结合的方式运行。

**（五）坚持积极探索、稳步推进的原则**

积极探索破解人少户多、征管效率低下等突出矛盾和问题的有效途径，同时注重在机构设置基本稳定的条件下，通过合理调整职能，优化资源配置等实现税源专业化管理工作的稳步推进。

**（六）坚持统一性兼顾差别化的原则**

推进以风险管理为导向的税源管理专业化是一项系统工程，涉及各管理层级、各管理部门和税收管理的各主要环节，因此，必须遵循统一的指导思想、基本原则，建立统一的岗则体系、运行机制和信息平台，上下协同，整体推进。

## 五、实施税源专业化管理的具体操作

**（一）科学布局定位，构建税源管理专业化格局**

（1）分类管理，突出重点。坚持"因地制宜，积极稳妥"的原则，根据本地的税源分布、征管现状和人员力量，兼顾规模、行业、税种等因素，打破原有的单一属地管理格局，对行业特点明显的专业化税源实行区域集中式管理，对税收贡献率高的重点税源实行精细化管理，对一般税源实行属地管理，组建四类税源管理机构，即专业化税源管理分局、重点税源管理分局、地区税源管理分局和镇街税源管理分局。

（2）合理定位，突出中枢。进一步突出税源管理办公室的税源管理中枢地位，使其更好地发挥其纵向管理指导作用和横向统筹协调作用，加强对重点税源的纳税评估职能和对整体税源的分析预测、宏观监控职能。

（3）整合流程，调整职责。调整税收管理员岗位职责，突出按事设岗、分岗办事的特点，按照前后台相互衔接，上下业务相互对应的原则，设置征收服务、日常管理、税源管理、综合管理四大类岗位。

**（二）切实把握关键，提高税源管理专业化效能**

（1）信息管税，强化数据管理。具体要求是高质量采集信息、高标准整理信息。

（2）平台应用，强化信息支撑。

（3）风险应付，突出评估职能。充分发挥纳税评估应对税收风险，强化税源管理的作用。

**（三）完善配套机制，确保税源管理专业化落到实处**

比较和借鉴重点税源管理的国际经验，税源管理必须走科技加管理的路子，充分运用信息网络技术，建立和完善以现代技术手段为支撑，以信息管理为主、事务管理为辅、科学严密的税源监控体系，实现信息化和专业化的税源管理。为加强重点税源的预测，根据中国实际征管情况，在宏观上应利用一般均衡理论与动态经济理论，建立大型宏观预测模型、逃脱组合模型等，对现有税源、潜在税源的发展态势进行预测。另外，优化重点税源企业的税收服务。在重点税源管理过程中，在高度重视纳税人满意度、加强与纳税人的沟通的同时，要对纳税人进行细分，使纳税服务在普遍化的基础上兼顾个性化。

# 第四节　纳税评估

## 一、纳税评估概念

纳税评估，是指税务机关运用数据信息对比分析的方法，对纳税人和扣缴义务人（以下简称纳税人）纳税申报（包括减、免、缓、抵、退税申请，下同）情况的真实性和准确性作出定性和定量的判断，并采取进一步征管措施的管理行为。纳税评估工作应遵循强化管理、优化服务；分类实施、因地制宜；人机结合、简便易行的原则。

纳税评估工作主要是由基层税务机关的税源管理部门及其税收管理员负责，重点税源和重大事项的纳税评估也可由上级税务机关负责。基层税务机关是指直接面向纳税人负责税收征收管理的税务机关；税源管理部门是指基层税务机关所属的税务分局、税务所获内设的税源管理科（股）。对汇总合并缴纳企业所得税企业的纳税评估，由其监管的当地税务机关实施；对合并申报缴纳外商投资和外国企业所得税企业分支机构的纳税评估，由总机构所在地的主管税务机关实施。

开展纳税评估工作原则上在纳税申报到期之后进行，评估的期限以纳税申报的税款所属当期为主，特殊情况可以延伸到往期或以往年度。

纳税评估主要工作内容包括：根据宏观税收分析和行业税负监控结果及相关数据设立评估指标及其预警值；综合运用各类对比分析方法筛选评估对象；对所筛选出的异常情况进行深入分析并作出定性和定量的判断；对评估分析中发现的问题分别采取税务约谈、调查核实、处理处罚、提出管理建议、移交稽查部门查处等方法进行处理；维护更新税源管理数据，为税收宏观分析和行业税负监控提供基础信息等。

## 二、纳税评估分类

根据工作性质不同，纳税评估基本分为三种类型：

（1）日常评估。日常评估是主管地税机关的一项例行纳税评估工作，其评估的范围、指标和模型基本固定。

（2）专项评估。专项评估是由地税机关根据阶段性工作需要，区分行业、类型、重点税源户等而开展的纳税评估工作，其评估的范围、指标和模型可根据需要自由选择。

（3）特定评估。特定评估是指个别的、特例情况下的纳税评估工作，评估范围可根据主管税务机关的具体要求决定。特定评估中，评估的指标、模型可自由选择，对于目标确定的纳税人，可以直接确定为评估对象。

## 三、纳税评估主要内容

（1）根据宏观实收分析和行业税负监控结果以及相关数据设立评估指标，测算评估指标预警值。

（2）综合运用各类对比分析方法筛选评估对象。

（3）对所筛选出的异常情况进行深入分析并作出定性和定量的判断。

（4）对评估分析中发现的问题分别采取实物约谈、实地核查、提出纳税评估建议、移交稽查部门查处等方法进行处理。

（5）维护更新税源管理数据，为税收宏观分析和行业税负监控提供基础信息等。

开展纳税评估工作原则上在纳税申报到期之后进行，评估的期限以纳税申报的税款所属当期为主，特殊情况可以延伸到往期或以往年度。

## 四、纳税评估指标

### （一）纳税评估指标的定义

纳税评估指标是税务机关筛选评估对象、进行重点分析时所选用的主要指标，分为通用分析指标和特定分析指标两大类，使用时可结合评估工作实际不断细化和完善。

纳税评估分析时，要综合运用各类指标，并参照评估指标预警值进行配比分析。评估指标预警值是税务机关根据宏观税收分析、行业税负监控、纳税人生产经营和财务会计核算情况以及内外部相关信息，运用数学方法测算出的算术、加权平均值及其合理变动范围。测算预警值，应综合考虑地区、规模、类型、生产经营季节、税种等因素；考虑同行业、同规模、同类型纳税人各类相关指标若干年度的平均水平，以使预警值更加真实、准确和具有可比性。纳税评估指标预警值由各地税务机关根据实际情况自行确定。

**（二）纳税评估通用分析指标**

1. 收入类评估分析指标及其计算公式和指标功能

主营业务收入变动率 =（本期主营业务收入 - 基期主营业务收入）÷基期主营业务收入 ×100%

如主营业务收入变动率超出预警值范围，可能存在少计收入和多列成本等问题，运用其他指标进一步分析。

2. 成本类评估分析指标及其计算公式和指标功能

单位产成品原材料耗用率 = 本期投入原材料 ÷ 本期产成品成本 ×100%

分析单位产品当期耗用原材料与当期产出的产成品成本比率，判断纳税人是否存在账外销售问题、是否错误使用存货计价方法、是否认为调整产成品成本或应纳所得额等问题。

主营业务成本变动率 =（本期主营业务成本 - 基期主营业务成本）÷基期主营业务成本 ×100%

其中：主营业务成本率 = 主营业务成本 ÷ 主营业务收入

主营业务成本变动率超出预警值范围，可能存在销售未计收入、多列成本费用、扩大税前扣除范围等问题。

3. 费用类评估分析指标及其计算公式和指标功能

（1）主营业务费用变动率 =（本期主营业务费用 - 基期主营业务费用）÷基期主营业务费用 ×100%

其中：主营业务费用率 =（主营业务费用 ÷ 主营业务收入）×100%

与预警值相比，如相差较大，可能存在多列费用问题。

（2）营业（管理、财务）费用变动率 =［本期营业（管理、财务）费用 - 基期营业（管理、财务）］费用 ÷ 基期营业（管理、财务）费用 ×100%

如果营业（管理、财务）费用变动率与前期相差较大，可能存在税前多列营业（管理、财务）费用问题。

（3）成本费用率 =（本期营业费用 + 本期管理费用 + 本期财务费用）÷本期主营业务成本 ×100%

分析纳税人期间费用与销售成本之间的关系，与预警值相比较，如相差较大，企业可能存在多列期间费用问题。

（4）成本利润率＝利润总额÷成本费用总额×100%

其中：成本费用总额＝主营业务成本总额＋费用总额

与预警值比较，如果企业本期成本费用利润率异常，可能存在多列成本、费用等问题。

税前列支费用评估分析指标：工资扣除限额、"三费"（职工福利费、工会经费、职工教育经费）扣除限额、交际应酬费列支（业务招待费扣除限额）、公益救济性捐赠扣除限额、开办费摊销额、技术开发费加计扣除额、广告费扣除限额、业务宣传费扣除限额、财产损失扣除限额、呆（坏）账损失扣除限额、总机构管理费扣除限额、社会保险费扣除限额、无形资产摊销额、递延资产摊销额等。

如果申报扣除（摊销）额超过允许扣除（摊销）标准，可能存在未按规定进行纳税调整、擅自扩大扣除（摊销）基数等问题。

4. 利润类评估分析指标及其计算公式和指标功能

（1）主营业务利润变动率＝（本期主营业务利润－基期主营业务利润）÷基期主营业务利润×100%

（2）其他业务利润变动率＝（本期其他业务利润－基期其他业务利润）÷基期其他业务利润×100%

上述指标若与预警值相比较相差较大，可能存在多结转成本或不计、少计收入问题。

税前弥补亏损扣除限额。按税法规定审核分析允许弥补的亏损数额。如申报弥补亏损额大于税前弥补亏损扣除限额，可能存在未按规定申报税前弥补等问题。

营业外收支增减额。营业外收入增减额与基期相比减少较多，可能存在隐瞒营业外收入问题。营业外支出增减额与基期相比支出增加较多，可能存在将不符合规定支出列入营业外支出问题。

5. 资产类评估分析指标及其计算公式和指标功能

（1）净资产收益率＝净利润÷平均净资产×100%

分析纳税人资产总额利用情况。如指标与预警值相差较大，可能存在隐瞒收入，或闲置未用资产计提折旧问题。

（2）总资产周转率＝（利润总额＋利息支出）÷平均总资产×100%

（3）存货周转率＝［主营业务成本÷（期初存货成本＋期末存货成本）］×100%

分析总资产和存货周转情况、推测销售能力。如总资产周转率或存货周转率加快，而应纳税税额减少，可能存在隐瞒收入、虚增成本的问题。

（4）应收（付）账款变动率＝［期末应收（付）账款－期初应收（付）账款］÷期初应收（付）账款×100%

分析纳税人应收（付）账款增减变动情况，判断其销售实现和可能发生坏账情况。如应收（付）账款增长率增高，而销售收入减少，可能存在隐瞒收入、虚增成本的问题。

（5）固定资产综合折旧率＝基期固定资产折旧总额÷基期固定资产原值总额×100%

固定资产综合折旧率高于基期标准值，可能存在税前多列支固定资产折旧额问题。要求企业提供各类固定资产的折旧计算情况，分析固定资产综合折旧率变化的原因。

（6）资产负债率＝负债总额÷资产总额×100%

其中，负债总额（流动负债＋长期负债资产总额）是扣除累计折旧后的净额。

分析纳税人经营活力，判断其偿债能力。如果资产负债率与预警值相差较大，则企业偿债能力有问题，要考虑由此对税收收入产生的影响。

## 五、纳税评估方法

（1）纳税评估工作根据国家税收法律、行政法规、部门规章和其他相关经济法规的规定，按照属地管理原则和管户责任开展；对同一纳税人申报缴纳的各个税种的纳税评估要相互结合、统一进行，避免多头重复评估。

（2）纳税评估的主要依据及数据来源：

①"一户式"存储的纳税人各类纳税信息资料，主要包括：纳税人税务登记的基本情况，各项核定、认定、减免、缓、抵、退税审批事项的结果，纳税人申报纳税资料，财务会计报表以及税务机关要求纳税人提供的其他相关资料，增值税交叉稽核系统各类票证比对结果等。

②税收管理员通过日常管理所掌握的纳税人生产经营实际情况，主要包括：生产经营规模、产销量、工艺流程、成本、费用、能耗、物耗情况等各类与税收相关的数据信息。

③上级税务机关发布的宏观税收分析数据，行业税负法人监控数据，各类评估指标的预警值。

④本地区的主要经济指标、产业和行业的相关指标数据，外部交换信息，以及与纳税人申报相关的其他信息。

（3）纳税评估可根据所辖税源和纳税人的不同情况采取灵活多样的评估分析方法，主要有：

①对纳税人申报纳税资料进行案头的初步审核比对，以确定进一步评估分析的方向和重点。

②通过各项指标与相关数据的测算，设置相应的预警值，将纳税人的申报数据与预警值进行比较。

③将纳税人申报数据与财务会计报表数据进行比较，与同行业相关数据或类似行业同期相关数据进行横向比较。

④将纳税人申报数据与历史同期相关数据进行纵向比较。

⑤根据不同税种之间的关联性和勾稽关系，参照相关预警值进行税种之间的关

联性分析，分析纳税人应纳相关税种的异常变化。

⑥应用税收管理员日常管理中所掌握的情况和积累的经验，将纳税人申报情况与其生产经营实际情况相对照，分析其合理性，以确定纳税人申报纳税中存在的问题及其原因。

⑦通过对纳税人生产经营结构，主要产品能耗、物耗等生产经营要素的当期数据、历史平均数据、同行业平均数据以及其他经济指标进行比较，推测纳税人实际纳税能力。

（4）对纳税人申报纳税资料进行审核分析时，包括以下重点内容：

①纳税人是否按照税法规定的程序、手续和时限履行纳税义务，各项纳税申报附送的各类抵扣、列支凭证是否合法、真实、完整。

②纳税申报主表、附表及项目、数字之间的逻辑关系是否正确，适用的税目、税率及各项数据计算是否准确，申报数据与税务机关所掌握的相关数据是否相符。

③收入、费用、利润及其他有关项目的调整是否符合税法规定，申请减、免、缓、抵、退税，亏损结转、获利年度的确定是否符合税法规定并正确履行相关手续。

④与上期和同期申报纳税情况有无较大差异。

⑤税务机关和税收管理员认为应进行审核分析的其他内容。

（5）对实行定期定额（定率）征收税款的纳税人以及未达到起征点的个体工商户，可参照其生产经营情况，利用相关评估指标定期进行分析，以判断定额（定率）的合理性及是否已经达到起征点。

## 六、评估结果处理

（1）纳税评估中发现的计算和填写错误，政策和程序理解偏差等一般性问题，或存在的一些问题经约谈、举证、调查核实等程序认定事实清楚，不具有偷税等违法嫌疑，无须立案查处的，可提请纳税人自行改正。需要纳税人自行补充的纳税资料，以及需要纳税人自行补正申报、补缴税款、调整账目的，税务机关应督促纳税人按照税法规定逐项落实。

（2）对纳税评估中发现的需要提请纳税人进行陈述说明、补充提供举证资料等问题，应由主管税务机关约谈纳税人。

①税务约谈要经所在税源管理部门批准并事先发出《税务约谈通知书》，提前通知纳税人。

②税务约谈的对象主要是企业财务会计人员。因评估工作需要，必须约谈企业其他相关人员的，应经税源管理部门批准并通过企业财务部门进行安排。

③纳税人因特殊困难不能按时接受税务约谈的，可向税务机关说明情况，经批准后延期进行。

④纳税人可以委托具有执业资格的税务代理人进行税务约谈。税务代理人代表

纳税人进行税务约谈时，应向税务机关提交纳税人委托代理合法证明。

（3）对评估分析和税务约谈中发现的必须到生产经营现场了解情况、审核账目凭证的，应经所在地税源管理部门批准，由税收管理员进行实地调查核实。对调查核实的情况要做认真记录。需要处理、处罚的，要严格按照规定的权限和程序执行。

（4）发现纳税人有偷税、逃避追缴欠税、骗取出口退税、抗税或其他需要立案查处的税收违法行为嫌疑的，要移交税务稽查部门处理。

对税源管理部门移交稽查部门处理的案件，税务稽查部门要将处理结果定期向税源管理部门反馈。

发现外商投资和外国企业与其关联企业之间的业务往来不按照独立企业业务往来收取或支付价款、费用的，需要调查、核实的，应移交上级税务机关国际税收管理部门（或有关部门）处理。

（5）对纳税评估工作中发现的问题要作出评估分析报告，提出进一步加强征管工作的建议，并将评估工作内容、过程、证据、依据和结论等记入纳税评估工作底稿。纳税评估分析报告和纳税评估工作底稿是税务机关内部资料，不发给纳税人，不作为行政复议和诉讼依据。

# 复习思考题

## 名词解释

1. 税源监控
2. 涉税信息采集
3. 税源专业化管理
4. 纳税评估

## 简答题

1. 简述税源的调查方法。
2. 税源监控包括哪些内容？
3. 涉税信息采集有哪些途径和方法？
4. 简述税源专业化管理的作用。
5. 试比较各个纳税评估指标的优缺点。

# 第六章　税务代理

**【本章要点】**

税务代理在我国是一项新兴的税收业务活动，随着经济的发展，税务代理的推行将大大提高税收征管工作的效率和质量。本章具体分析了税务代理的概念、基本原则、代理业务的具体范围和法律责任等方面的知识。

## 第一节　税务代理概述

### 一、税务代理制度

#### （一）代理的内涵

"代理"一词，在不同的典籍中有不同的解释。《辞海》解释为：以他人名义，在授权范围内进行对被代理人直接发生法律效力的法律行为。《中华人民共和国法律集注》（1992年版）表述为：代理人根据被代理人的委托或代理权，以被代理人名义实施民事法律行为，其后果直接归属于被代理人的行为。《中华人民共和国民法通则》（简称《民法通则》）第六十三条规定：公民、法人可以通过代理人实施民事行为。代理人在代理权限内，以被代理人的名义实施民事法律行为。被代理人对代理人的代理行为承担民事责任。因此，所谓代理，是指代理人以被代理人的名义在代理权限内进行直接对被代理人发生法律效力的法律行为。它具有下列特点：

（1）代理人必须以被代理人的名义进行活动。代理人只有以被代理人的名义进行活动，才能为被代理人取得权利或设定义务。如果代理人以自己的名义进行民事活动，那么这种活动就不是代理，其所设立的权利与义务也只能由代理人自己承受。

（2）代理人必须在被代理人的授权范围内或在法律规定或指定的权限范围内进行民事活动，不得擅自变更或超越代理权限。否则，事后被代理人不予承认，则代理人所进行的活动是无效的，被代理人对此不承担责任，由此造成的后果由代理人自己承担。

（3）代理人必须以被代理人名义与第三人进行有法律意义的活动。这就是说，代理人与第三人之间通过代理行为能够产生法律上的权利义务关系，即产生法律后果，否则就不是代理。例如，代人请朋友吃饭、代人聚会等，不能产生权利义务关系，因而不是代理；代人保管物品、代人照看小孩、代人抄写文稿等，只是提供劳务，不和第三人发生法律关系，也不是代理。

## （二）税务代理的概念

《民法通则》依照代理权产生的根据不同，将代理分为委托代理、法定代理和指定代理。税务代理是代理业的一个组成部分，具有代理的一般共性，是一种专项代理，属于民事代理中委托代理的一种。因此，注册税务师必须通过委托人的委托和授权才能以委托人（被代理人）的名义进行税务事宜的代理。所谓税务代理制度，就是关于由社会中介机构（代理机构）、代理人员接受纳税人委托，为纳税人办理纳税申报、结算清缴、自我检查等涉税事项的规章制度。《税务代理试行办法》中所称的税务代理，是指税务代理人在法律规定范围内，受纳税人、扣缴义务人的委托，代为办理税务事宜的各项行为的总称。

税务代理业是一项受托代理业务，委托人是国家税务机关、纳税人和扣缴义务人，接受委托的（即受托单位和个人）是代理机构和代理人员。有一定数量的代理人员就可以申请成立税务代理机构。代理机构的形式有税务师事务所、会计师事务所、税务咨询公司等。代理机构和代理人员具有独立于税务机关和纳税人之外的第三者身份，所以更具客观公正性，应该同时维护国家税务机关、纳税人和扣缴义务人的合法权益。

税务代理在发达国家早已普及，在我国还是一项新兴的税收业务活动。在此之前，国有企业的税款实现"三自纳税"，即由企业自行计算、自行申报、自行到金库缴税，税务机关负责日常和定期检查。目前正在试点开展税务代理业务，由社会中介机构利用会计和税法专业知识，代理纳税人（或扣缴义务人）计算审核，向金库（或金库经收处）解交税款，并办理其他涉税事项。这是我国当前税收征管改革的重大举措，将大大提高税收征管工作的效率和质量。

## （三）税务代理的两种基本模式

税务代理是一种统称，通常包括税务代理和税务咨询两个基本方面。税务代理是指税务代理人接受纳税人的委托，依法承办税务事宜。税务咨询是指税务咨询人接受纳税义务人、税务机关以及其他当事人的委托，提供专业的智力服务。在许多情况下，往往是同一个委托人同时向同一个受托人委托税务咨询和税务代理事项。所以二者又是密切联系的，甚至是共为一体的。

纵观世界各国的税务代理实践，税务代理与税务咨询主要有两种基本模式。

第一种是以美国为代表的欧美模式。其基本特点是由注册会计师（CPA）兼办税务代理、咨询业务。在美国全国有注册会计师 20 万人，大大小小的会计师事务所过万家，其中跨国的大型会计公司就有 25 家。主体业务有两大项：一是查账和会计财务报表的鉴证。在查账的基础上，为纳税人代办所得税申报是一件顺理成章的事。另一项是财务与税务咨询，重点是为企业设计"税收筹划"。税收筹划是指纳税人通过财务活动的安排，充分利用税收法规所提供的包括减税、免税在内的一切优惠，从而取得最大的税收利益。

第二种是以日本为代表的亚洲模式。其基本特征是除了会计师事务所承办传统的会计财务报表鉴证业务外，还建立了专门化的税务代理机构。1942 年日本制定"税务代理士法"，1951 年修订为"税理士法"，规定"税理士"的主要业务就是税务代理、税务磋商（税务咨询）及制作税务报表，归纳起来实际上就是税务代理和税务咨询两个方面。在日本，有 85% 的工商企业纳税事项是委托税理士事务所代办的。另外，日本税理士事务所还承担了大量的原先由税务机关办理的事务性和服务性工作。韩国和我国台湾地区也采取了大体相似的税务代理制度。

## 二、我国实行税务代理制的必要性

随着改革开放，我国社会经济发生了重大变化，市场经济体制不断完善和发展，无论是纳税户数还是应税业务量都大大增加，这使得税务人员忙于日常的核税和开缴款书，显得力量不足，无暇顾及纳税检查和整理纳税资料等。为了正确、及时地办理纳税事宜，税务机关、纳税人、扣缴义务人借助税务代理人代为办理纳税事宜就成为一种必然的客观需要。

（1）实行税务代理是完善税收征管的需要。税务代理机构是独立的社会中介机构，它站在公正的立场上依法进行税务代理业务，一方面可以监督纳税人依法纳税，履行义务；另一方面可以促使税务机关依法治税。在纳税人与税务机关之间架起一座桥梁，有利于税务机关与社会上的协税、护税积极因素的有机结合，形成税务机关、税务代理机构、纳税人三者之间互相制约、互相促进的税收征管新格局。

（2）实行税务代理是推进纳税工作效率化、征收程序科学化的需要。市场经济的迅速发展势必促使产业分类明细化和产业发展专门化，同时也使得税制结构不断改变，税收来源进一步复杂化。纳税企业和个人限于专业知识、办税能力、办税成本等因素，在纳税过程中势必耗费大量的时间和精力，纳税的准确性也难以保证。而税务代理人精通税收法律、熟悉税收业务，纳税人委托其代理税务事项可发挥其专业优势，节约纳税成本，提高工作效率，保证纳税及时、正确地进行。同时，由于过去征管程序不够合理，给税务人员增加了不少麻烦，实行税务代理制有利于税收征管程序的科学化。

（3）实行税务代理有利于提高办税质量，促进依法纳税，保护纳税人的合法权益。纳税工作是一项专业性较强的工作，不仅要熟悉税收法律，还要熟悉财务会计制度，而办理税务登记、申报税收、计算税额、解缴税款等具体事项又需要花费一定的时间和精力。委托税务代理人去处理，可使纳税人免除繁杂的纳税事务，将精力放在生产和经营上。

（4）税务代理制度的推行有利于降低税收成本，缓解征管力量的不足，为国家节省财政开支。税收本身的效率原则要求政府力求管理支出最小化，从而保证国家取得更多的收入。尽量节约开支，即在税收征管中尽量降低税收征收成本，而在税收征收成本中最主要的便是征管人员的行政经费开支。

（5）实行税务代理可以使税务机关集中力量搞好税收征收和管理。税务代理机构所从事的服务项目原先是税务机关的业务项目，但是随着税务代理的出现和发展，这类税收征管的事务性工作便从税务机关中分离出来，使税务人员能够集中精力从事税收征管的调查核实，进一步研究有关的政策和措施，强化对税收的征管工作。

# 第二节　税务代理的基本原则

税务代理属于民事代理中的委托代理，是以纳税人、扣缴义务人的委托为依据而发生的代理关系。这一代理关系既涉及委托人依法履行纳税义务、扣缴义务，维护委托人的合法权益，又关系到正确贯彻实施国家税收政策、法令，保证国家税收收入。因此，开展税务代理业务必须遵循一定的原则，以体现其服务宗旨和经营目标。税务代理应遵循的基本原则如下：

## 一、依法代理原则

开展税务代理业务必须依据税收法律法规，不能违反税法规定，这是一切税务代理活动的前提，也是税务代理必须遵循的行动准则。首先，要根据《税收征管法》及其实施细则和《税务代理试行办法》的有关规定，代纳税人、扣缴义务人办理税务事宜，不能超越规定的范围。其次，要划清税务代理和行政代理的界线，接受税务机关委托办理的事务性工作或特定工作，如代售印花税票、代销税务报刊书籍及参与纳税检查等，均属于行政代理，与税务代理不能混为一谈。另外，在纳税人、扣缴义务人的税务事宜中，如明确规定需由纳税人、扣缴义务人自行办理的，也不能接受委托进行代理，应严格遵守法律法规。

## 二、自愿原则

税务代理行为发生的前提，必须是代理与被代理双方自觉自愿。即纳税人、扣缴义务人有委托和不委托的选择权，有选择代理人的权力；代理人也有选择接受和不接受纳税人、扣缴义务人委托的权力。

税务代理与被代理双方是合同契约关系，不能以强迫手段或税务行政力量来促使税务代理，也不得借企业行政主管部门的权力干预代理合同签订。

## 三、客观公正原则

税务代理人作为社会中介服务组织人员，在实施代理过程中必须站在公正的立场上，按照国家的税收法律、行政法规的规定以及税务机关依照法律、行政法规所作出的决定，代纳税人、扣缴义务人办理税务事宜。税务代理人既要对委托人负责，又要对国家负责。代理行为必须符合国家法律规定，符合委托人的合法意愿，这就要求税务代理人必须完全站在客观、公正的立场上行使代理权限，不能丧失立场去迎合委托人。

## 四、有偿服务原则

税务代理是由社会中介机构和中介人员实施的，是一种融智力、体力于一体的劳动，这种劳动的付出理应得到相应的报酬。因此，在税务代理中应贯彻有偿服务的原则，按代理的工作量和质量来确定合理的收费标准。这既体现了税务代理活动中按劳计酬的社会主义分配原则，又体现了中介服务的自愿、有偿的特性，更能增强代理双方的责任感和信任感，便于代理业务的开展。坚持有偿服务的原则，遵守法定收费标准，不能擅自提高或降低收费标准。

## 五、税收法律责任的不转嫁原则

税务代理是一项民事活动，税务代理关系建立并不改变纳税人、扣缴义务人对其本身所固有的税收法律责任的承担。在代理活动中产生的税收法律责任，无论出自纳税人、扣缴义务人的原因还是由于代理人的原因，其承担者均应为纳税人或扣缴义务人，不能因建立了代理关系而转移征纳关系，即转移纳税人、扣缴义务人的法律责任。但是法律责任的不转嫁性并不意味着代理人在代理过程中可以对纳税人、扣缴义务人的权益不负责任，不承担任何代理过错。若因代理人工作过失而导致纳税人、扣缴义务人损失的，纳税人、扣缴义务人可以通过民事诉讼程序向代理人提出赔偿要求。

## 六、保守秘密的原则

税务代理人对委托人的生产经营情况以及在业务中了解、掌握的有关情况、资料、数据，凡涉及应保守的秘密，必须为委托方严守秘密。这既是开展税务代理应该遵循的一项原则，也是税务代理人不得违反的执业纪律。但如涉及偷税、抗税问题，经劝阻无效的，税务代理人有权拒绝代理、终止代理，并向主管部门如实反映。

税务代理业务是一项法律业务活动，应当以纳税人、扣缴义务人的自愿委托和自愿选择为前提，税务代理人应当独立、公正地执行业务，维护国家利益，保护委托人的合法权益。2006年2月1日起施行的《注册税务师管理暂行办法》第七条规定：各级税务机关应当依法支持注册税务师和税务师事务所执业，及时提供税收政策信息和业务指导；对税务师事务所承办的涉税服务业务，税务机关应当受理。对税务师事务所按有关规定从事涉税鉴证业务出具的鉴证报告，税务机关应当承认其涉税鉴证作用。税务师事务所及注册税务师应当对其出具的鉴证报告及其他执业行为承担法律责任。税务机关应当加强对税务师事务所及注册税务师的执业情况的监督和检查。

## 第三节　税务代理人的资格、权利和义务

### 一、税务师的资格认定

税务师是经国家认定的从事税务代理的专门人员。国家对税务师实行资格考试和认定制度。税务师资格考试的办法由国家税务主管部门会同其他有关部门共同制定。

#### （一）税务师资格考试和认定的条件

《注册税务师管理暂行办法》规定：注册税务师执业资格考试实行全国统一大纲、统一命题、统一组织的考试制度。全国统一考试原则上每年举行一次，具体考试办法由人事部与国家税务总局共同制定。符合报名条件的中国公民（包括香港、澳门特别行政区的居民），可以申请参加注册税务师执业资格考试。已评聘经济、会计、统计、审计、法律等高级专业技术职务，从事税收工作满两年的人员，可以免予部分科目考试。

凡经考试合格取得《中华人民共和国注册税务师执业资格证书》（以下简称《资格证书》）的人员，应当持《资格证书》到所在地的省局管理中心办理备案手续。省局管理中心审核后，对在税务师事务所执业满两年的，给予执业备案，在证书备注栏加盖"执业备案"章；对在税务师事务所执业不满两年或暂不执业的，给予非执业备案，在证书备注栏加盖"非执业备案"章。

#### （二）不具有税务师执业资格的规定

有下列情况之一者，不予执业备案：

（1）无民事行为能力或者限制民事行为能力的；

（2）受刑事处罚，自处罚执行完毕之日起未满三年的；

（3）被开除公职，自开除之日起未满两年的；

（4）在从事涉税服务和鉴证业务中有违法行为，自处罚决定之日起未满两年的；

（5）在从事涉税服务和鉴证业务中有违规行为，自处理决定之日起未满一年的；

（6）国家税务总局规定的其他情形。

#### （三）税务师资格的注销

税务师有下列情况之一的，由省、自治区、直辖市国家税务局注销其税务师登记，并收回税务师执业证书。

（1）死亡或者失踪的；

（2）同时在两个以上税务师事务所执业的；

（3）在从事涉税服务和鉴证业务中有违法行为的；

（4）年检不合格或者拒绝在规定期限内进行年检的；

（5）违反行业管理规范，连续两年有不良从业记录的；

（6）国家税务总局规定的其他情形。

省局管理中心应当将本地区注册税务师的备案情况上报总局管理中心，将执业备案和注销备案的注册税务师向社会公告。

## 二、税务代理人的权利和义务

《注册税务师管理暂行办法》规定，注册税务师执业，享有下列权利：

（1）可以向税务机关查询税收法律、法规、规章和其他规范性文件；

（2）可以要求委托人提供相关会计、经营等涉税资料（包括电子数据），以及其他必要的协助；

（3）可以对税收政策存在的问题向税务机关提出意见和修改建议；可以对税务机关和税务人员的违法、违纪行为提出批评或者向上级主管部门反映。

注册税务师执业，负有下列义务：

（1）注册税务师执业由税务师事务所委派，个人不得擅自承接业务。

（2）注册税务师应当在对外出具的涉税文书上签字盖章，并对其真实性、合法性负责。

（3）注册税务师执业中发现委托人有违规行为并可能影响审核报告的公正、诚信时，应当予以劝阻。劝阻无效的，应当中止执业。

（4）注册税务师对执业中知悉的委托人商业秘密，负有保密义务。

（5）注册税务师应当对业务助理人员的工作进行指导与审核，并对其工作结果负责。

（6）注册税务师与委托人有利害关系的，应当回避，委托人有权要求其回避。

（7）注册税务师应当不断更新执业所需的专业知识，提高执业技能，并按规定接受后续教育培训。

## 三、税务代理关系的确立和终止

税务代理关系的确立是纳税人、扣缴义务人和税务代理机构通过法定的税务代理程序而明确双方税务代理事宜的法律行为。税务师承办代理业务，由其所在的税务代理机构统一受理，并与被代理人签订委托代理协议书。委托代理协议书应当载明代理人、被代理人名称、代理事项、代理权限、代理期限以及其他应明确的内容，并由税务师及其所在的税务代理机构和被代理人签名盖章。协议书一经签订，税务代理关系就正式确立了。税务代理关系确立以后，税务代理人应按委托协议书约定的代理内容和代理权限、期限进行税务代理。超出协议书约定范围的业务需代理时，必须先修订协议书。

税务代理的终止包括自然终止和人为终止两种：

（1）自然终止。税务代理期限届满，委托协议书届时失效，税务代理关系自然终止。

（2）人为终止。有下列情况之一，被代理人在代理期限内可单方终止代理行为：

①税务师死亡；

②税务代理人被注销其资格；

③税务代理人未按委托代理协议书的规定办理代理业务；

④税务代理机构破产、解体或被解散。

在下列情况下，税务代理人在委托期限内可单方终止代理行为：

①被代理人死亡或解体；

②被代理人授意税务代理人实施违反国家法律、行政法规的行为，经劝告仍不停止其违法活动；

③被代理人提供虚假的生产、经营情况和财务会计报表，造成代理错误或被代理人自己作出违反国家法律、行政法规的行为。

被代理人或税务代理人按规定单方终止委托代理关系的，终止方应及时通知另一方，并向当地税务机关报告，同时公布终止决定。

# 第四节　税务代理机构、代理业务范围和法律责任

## 一、税务代理机构

税务代理机构是指由具有丰富的税收实务工作经验和较丰富的税收、会计专业理论知识以及法律基础知识的从事税务代理的专门人员组成，并经省、自治区、直辖市国家税务局批准的工作机构。

《税务代理试行办法》规定，税务代理机构为税务师事务所和经国家税务总局及省、自治区、直辖市国家税务局批准的其他机构。税务师必须加入税务代理机构才能从事税务代理，一个税务师只能加入一个税务代理机构。

税务师事务所可以由注册税务师合伙设立，也可成立负有限责任的法人。设立税务师事务所应有一定数量的专职从业人员，其中至少有5名以上经税务机关审定注册的税务师。

设立税务师事务所，应当报国家税务总局或省、自治区、直辖市国家税务局审查批准。申请设立税务师事务所应当向审批机关提出书面申请，并报送下列有关资料：

（1）税务师事务所的名称、组织机构、业务场所；

（2）税务师事务所的主要负责人姓名、简历及有关证明文件；

（3）税务师事务所的从业人员情况，税务师的姓名、简历及有关证明文件；

（4）税务师事务所章程、合同、协议书；

（5）审批机关要求提供的其他资料。

经批准设立的税务师事务所，应当严格遵守国家财经纪律，独立核算、自负盈亏、依法纳税。经国家审批设立的会计师事务所、律师事务所、审计师事务所、税务咨询机构需要开展税务代理业务的，必须在本机构内设置专门的税务代理部，配备5名以上经税务机关审定注册的税务师，并报经国家税务总局或省、自治区、直辖市国家税务局批准，方能从事税务代理业务。省、自治区、直辖市国家税务局应当将其批准设立的税务师事务所和其他税务代理机构报国家税务总局备案。总局管理中心对税务师事务所实行资质等级评定管理。税务代理机构对其所管辖的税务师实施的税务代理行为承担责任。

另外，总局管理中心统一组织对税务师事务所和注册税务师的年度检查，并由省局管理中心具体实施。

## 二、税务代理业务范围及规则

注册税务师可以提供代办税务登记、纳税和退税、减免税申报、建账记账、增值税一般纳税人资格认定申请、利用主机共享服务系统为增值税一般纳税人代开增值税专用发票、代为制作涉税文书以及开展税务咨询（顾问）、税收筹划、涉税培训等涉税服务业务。

注册税务师可承办下列涉税鉴证业务：

（1）企业所得税汇算清缴纳税申报的鉴证；

（2）企业税前弥补亏损和财产损失的鉴证；

（3）国家税务总局和省税务局规定的其他涉税鉴证业务。

注册税务师执业时，遇有下列情形之一的，应当拒绝出具有关报告：

（1）委托人示意其作不实报告或者不当证明的；

（2）委托人故意不提供有关资料和文件的；

（3）因委托人有其他不合理要求，致使注册税务师出具的报告不能对重要涉税事项作出正确表述的。

注册税务师执业，应当按照业务规程确定的工作程序建立工作底稿、出具有关报告。

注册税务师出具报告时，不得有下列行为：

（1）明知委托人对重要涉税事项的处理与国家税收法律法规及有关规定相抵触，而不予指明；

（2）明知委托人对重要涉税事项的处理会损害报告使用人或者其他利害关系人的合法权益，而予以隐瞒或者作不实的报告；

（3）明知委托人对重要涉税事项的处理会导致报告使用人或者其他利害关系人产生重大误解，而不予指明；

（4）明知委托人对重要涉税事项的处理有其他不实内容，而不予指明。

注册税务师不得有下列行为：

（1）执业期间，买卖委托人的股票、债券；

（2）索取、收受委托合同约定以外的酬金或其他财物或利用执业之便谋取其他不正当的利益；

（3）允许他人以本人名义执业；

（4）向税务机关工作人员行贿或指使、诱导委托人行贿；

（5）其他违反法律、行政法规的行为。

## 三、税务代理的形式

税务代理的形式多种多样，纳税人、扣缴义务人可以根据需要委托税务代理人进行全面代理、单项代理或临时代理、常年代理。税务代理人不能代理由税务机关行使的行政职权，税务机关按照法律、行政法规规定委托其代理的除外。

## 四、税务代理法律责任

为了维护税务代理双方的合法权益，保证税务代理活动顺利进行，使税务代理事业能够在法制的轨道上健康发展，必须明确税务代理的法律责任。

规范税务代理法律责任的法律是我国《民法通则》、《合同法》、《税收征管法》及其实施细则和其他有关法律、行政法规，其所承担的法律责任既包括民事法律责任，也包括刑事法律责任。

### （一）委托方的法律责任

《合同法》第一百零七条规定，当事人一方不履行合同义务或者履行合同义务不符合约定的，应当承担继续履行、采取补救措施或者赔偿损失等违约责任。因此，如果委托方违反代理协议的规定，致使注册税务师不能履行或不能完全履行代理协议，由此而产生法律后果的法律责任应全部由委托方承担。其中，纳税人除了应按规定承担本身的税收法律责任以外，还应按规定向受托方支付违约金和赔偿金。

### （二）受托方的法律责任

（1）《民法通则》第六十六条规定，代理人不履行职责而给被代理人造成损害的应当承担民事责任。根据这项规定，税务代理如因工作失误或未按期完成相关事务等而未履行税务代理职责，给委托方造成不应有的损失的，应由受托方负责。

（2）《税收征管法实施细则》第九十八条规定，注册税务师超越代理权限、违反税收法律、行政法规，造成纳税人未缴或者少缴税款的，除由纳税人缴纳或者补缴应纳税款、滞纳金外，对税务代理人处纳税人未缴或少缴税款的 50% 以上 3 倍以下的罚款。

（3）《注册税务师管理暂行办法》第七章规定，注册税务师有下列行为之一的，由省税务局予以警告或者处 1 000 元以上 5 000 元以下罚款，责令其限期改正，限期改正期间不得对外行使注册税务师签字权；逾期不改正或者情节严重的，应当向社会公告。

①执业期间买卖委托人股票、债券的；

②以个人名义承接业务或者收费的；

③泄露委托人商业秘密的；

④允许他人以本人名义执业的；

⑤利用执业之便，谋取不正当利益的；

⑥在一个会计年度内违反本办法规定两次以上的。

税务师事务所有下列行为之一的，由省税务局予以警告或者处 1 000 元以上 10 000 元以下罚款，责令其限期改正；逾期不改正或者情节严重的，向社会公告。

①未按照本办法规定承接相关业务的；

②未按照协议规定履行义务而收费的；

③未按照财务会计制度核算，内部管理混乱的；

④利用执业之便谋取不正当利益的；

⑤采取夸大宣传、诋毁同行、以低于成本价收费等不正当方式承接业务的；

⑥允许他人以本所名义承接相关业务的。

注册税务师和税务师事务所出具虚假涉税文书，但尚未造成委托人未缴或者少缴税款的，由省税务局予以警告，处 1 000 元以上 30 000 元以下的罚款，并向社会公告。

注册税务师和税务师事务所违反税收法律、行政法规，造成委托人未缴或者少缴税款的，由省税务局按照《税收征管法实施细则》第九十八条的规定处以罚款；情节严重的，撤销执业备案或者收回执业证，并提请工商行政管理部门吊销税务师事务所的营业执照。出现这种情形的，省局管理中心应当将处罚结果向总局管理中心备案，并向社会公告。

**（三）对属于共同法律责任的处理**

《民法通则》第六十七条规定，代理人知道被委托代理的事项违法，仍进行代理活动的，或者被代理人知道代理人的代理行为违法而不表示反对的，由被代理人和代理人负连带责任。根据这项规定，注册税务师与被代理人互相勾结、偷税抗税、共同违法，应按共同违法论处，双方都要承担法律责任。涉及刑事犯罪的，还要移送司法部门依法处理。

# 第五节　税务代理的工作程序

## 一、税务代理工作程序

### （一）税务代理的一般工作程序

税务代理的业务范围较广，具体业务项目较多，每个税务代理项目内容虽然各不相同，但它们之间又都具有共性，即不论受托代理哪项税务事宜，都需要办理一些相同的具体工作内容并依一定的次序进行，这就是税务代理的一般工作程序。

按照《税务代理试行办法》的要求，税务代理的一般工作程序主要包括：

（1）分析企业状况，做好代理前准备工作。

（2）在自愿的原则下，由纳税人、扣缴义务人与税务代理机构签订税务代理委托协议书，于指定税务代理人具体代为办理委托税务事项前，确立税务代理关系。

（3）税务代理人在接受委托后应向纳税人、扣缴义务人宣传与委托业务项目有关的税收法律、行政法规和政策，帮助纳税人、扣缴义务人了解税法，增强纳税意识，正确履行纳税义务。

（4）税务代理人应就税务代理业务项目和纳税人、扣缴义务人提供的情况、数据、资料、证件等进行了解、核对，做到完整、准确。

（5）税务代理人应在制定文书报表资料时签名盖章，并送交纳税人、扣缴义务人核阅后签名盖章，再由税务代理人代为送交主管税务机关。

（6）税务代理人由于客观原因不能按照协议完成代理任务的，应随时向纳税人、扣缴义务人说明情况，取得谅解。

（7）在完成税务代理全部任务或阶段性任务后，税务代理人应向纳税人、扣缴义务人征求意见，并据此改进代理工作。

（8）对税务代理的有关资料，税务代理人应适时地加以登记，并作为税务代理工作底稿加以妥善保管。

### （二）税务代理的特殊工作程序

各个税务代理项目之间虽然有共性，适用一般的工作程序，但不同的税务代理项目由于具体业务不同还具有其个性，因此，除进行一般工作程序外，还需进行特殊的工作程序。

#### 1. 代理纳税申报

税务代理人应根据代理纳税申报的税种，了解纳税人的生产、经营和纳税有关情况，宣传有关政策法规，辅导建立健全计税资料，同时依法帮助纳税人搞清纳税项目，明确纳税环节，鉴别适用税率，掌握纳税期限，以便正确履行纳税义务。

税务代理人根据纳税人提供的有关计税情况和资料，代为计算应纳税额，填写纳税申报表和缴款书，也要辅导和帮助纳税人自行计算、填写纳税申报表和缴款书，然后由纳税人加盖公章，税务代理人应在纳税申报表上签章。税务代理人负责代纳税人向主管税务机关按期报送纳税申报表（一式三份，报送税务机关一份，纳税人、税务代理人各留一份）和缴款书，并领回经主管税务机关审核盖章后的缴款书，在规定纳税期限内送交纳税人，凭以按期缴纳税款。

2. 代理缴纳税

税务代理人应根据代理缴纳税款的税种向纳税人宣传有关税收法规政策和缴纳税款的期限、手续，以便纳税人正确履行纳税义务并按规定期限准备应纳税款。

纳税人应根据税收征管制度的要求，及时、全面地提供缴纳税款所需的纳税申报表或其他应交验的证件资料和应缴纳税款的缴款书、现金或票据。税务代理人点收无误后于收到税款的当日（最迟不超过次日）代向主管税务机关或银行缴纳税款入库。税款入库后，缴款书收据连带其他交验后的证件资料，于税款入库当日（最迟不超过次日）交还纳税人点收。双方每次付出（收到）现金、票据、证件等资料均须在协议书的附表上作记录。

3. 代理建账建制，办理账务

纳税人负责提供企业生产经营管理情况、有关会计核算凭证资料和必要的工作条件。

税务代理人根据委托代理协议的内容和要求，研究制订工作计划、步骤和方法，与纳税人协商一致后，共同实施。

在建账建制工作中，税务代理人负责辅导企业财会专职人员进行实际操作，解答问题。

税务代理人必须依照《企业财务通则》、《企业会计准则》、行业财务会计制度以及国家有关法规政策的原则、规定，代理企业建账建制。

清理财务工作完成后，税务代理人应出具书面报告，并作出企业资产负债表、财产状况变动表和损益表交给纳税人。

4. 代理申请税务登记和领购发票

纳税人提供的资料必须齐全，包括：营业执照，有关合同、章程、协议书，开户银行和银行账号证明，居民身份证、护照或其他有关合法证件，税务机关要求提供的其他有关证件、资料等。

税务代理人辅导或代为填写税务登记、购领发票和自印发票的有关申请表格，加盖纳税人公章后代纳税人报送税务机关审批。

经税务机关审批后税务代理人将发给纳税人的全部证件和资料并及时送交纳税人（包括税务登记证、购领发票鉴定卡、发票审批单）。

税务代理人代理申请自印发票，需要提供税务登记影印件，自印发票申请书，自行设计的票样、印量、起止编号、联数等。税务代理人应及时代纳税人向税务机关申请办理自印发票的报批手续，经税务机关批准后，税务代理人将批准证件和其他资料交还纳税人，凭以向指定印刷厂印制。

## 二、税务代理执业风险与质量控制

### （一）税务代理的执业风险

税务代理的执业风险是指注册税务师因未能完成代理事项和履行代理职责所要承担的法律责任。它主要表现在两个方面：其一，注册税务师未能完成代理事项而使纳税人、扣缴义务人遭受税收权益的损失；其二，注册税务师未能履行代理职责而使纳税人、扣缴义务人承担纳税风险。

1. 纳税人、扣缴义务人方面的风险因素

产生税务代理执业风险的原因是多方面的，从根本上分析主要来自征纳双方的牵制和注册税务师的专业胜任能力。

（1）企业委托代理的意向。税务代理的特点是委托代理，确定税务代理关系的前提之一是由纳税人、扣缴义务人委托某一代理事项，其委托代理的意向与税收法律、法规和主管税务机关的要求偏离度越大，意味着税务代理的执业风险越高。因为税务师事务所作为中介机构，它对其所受托的代理项目不能完全独立控制完成，而必须接受税务机关的监督管理，通过法定的程序和特定的环节运作。

（2）企业纳税意识的强弱。纳税人、扣缴义务人委托代理的初衷各有不同。纳税意识较强的企业，委托代理的目的是通过注册税务师的指导和帮助，降低企业的纳税风险，尽可能杜绝因不通晓税法，发生纳税方面的错误而导致被课以重罚，或者因不了解税收政策而失去获得税收权益的机会。只要注册税务师能严格按照规范化的工作程序履行代理职责，企业能够提供真实、完整的计税资料，其代理风险一般不高。但是，有些纳税意识淡薄的企业委托代理的目的是为了通过税务代理的运作尽可能地少缴税款，甚至采用少报收入、虚列成本费用的手段偷税，这类代理风险就很高。

（3）企业财务核算的基础。企业财务会计制度健全的程度、财务人员业务素质的高低既影响其所提供计税资料的真实程度，也影响税务代理执业风险水平的高低。例如，注册税务师受托代理纳税申报，其前提是企业提供计税原始资料、会计账簿和会计报表，注册税务师将这些资料和数据分别整理后，形成申报纳税的资料。企业财务核算资料如果不能客观、全面、准确地反映其生产经营的情况，代理纳税申报就容易产生错误，出现少缴或多缴税款的问题。

2. 税务代理执业人员方面的风险因素

注册税务师作为征纳双方的中介，必须具备一定的专业水平和操作技能。如果执业人员不具备专业胜任能力，不能把握实际操作的环节，其执业风险也是随时可能发生的。

（1）税务代理执业人员的职业道德水平。税务代理执业人员的职业道德水平影响其工作态度和代理事项最终完成的结果。只有坚持税务代理执业准则，才能防患于未然，减少诱发执业风险的因素；反之，则会降低税务代理的执业质量，损害税务代理的声誉，甚至带来不可挽回的消极影响。

（2）税务执业人员的专业胜任能力。注册税务师的专业素质和实际操作能力是评价税务代理执业风险水平的重要因素。凡独立执业的应是取得注册税务师资格的人员，这是对执业水准的基本要求。在此基础上，执业人员还必须对税收政策有深入的研究，具备丰富的办税经验，从而保证代理的质量。否则，因代理失误或未能履行代理职责而导致执业风险的发生就难以控制。

（3）税务代理机构执业质量控制程度。从注册税务师方面分析产生税务代理的执业风险，除执业人员的个人素质和行为外，还与税务代理机构自身有无健全的质量控制体系有关。它包括税务代理的工作规程、工作底稿的编制与审核、注册税务师与助理人员的工作分工、重要税务代理文书的两级复核制、注册税务师的后续教育与培训、税务代理档案的管理，等等。税务代理机构质量控制体系越完备，其税务代理执业风险就会越小。

## （二）税务代理的质量控制

税务代理的质量控制通过建立税务代理的执业规范来约束税务代理行为，使其达到规定的执业水准。它是降低税务代理执业风险的重要基础。

### 1. 税务代理的执业准则

注册税务师在执业中应严格遵守国家有关法律、法规，恪守独立、客观、公正的原则。注册税务师应熟悉和掌握国家财会、税收政策及有关规定，正确理解和执行行业管理规范。注册税务师在承揽业务时，必须坚持自愿委托原则，不得强求纳税人接受代理服务。注册税务师的工作机构是税务师事务所。注册税务师不得同时在两个或两个以上的税务师事务所执业。注册税务师承办代理业务，如与委托人存在某种利害关系，可能影响代理业务公正执行的，应当主动向所在税务师事务所说明情况或请求回避。纳税人、扣缴义务人委托代理事项，由税务师事务所统一受理，并与委托人签订委托合同。注册税务师不得以个人名义承接代理业务。注册税务师应严格按照委托合同约定的代理范围和权限，及时、准确地为委托人提供专业服务，维护委托人的合法权益，保守委托人的经营秘密。注册税务师应当按照业务工作规程的要求处理委托事项，建立代理台账、工作底稿及业务档案，并如实记载和保存，对签字鉴证的涉税文书负责。注册税务师执业可以根据需要，要求委托人提供有关财务资料和文件，查看委托人的业务现场和设施，也可以要求委托人提供其他必要的协助。注册税务师不得为获取代理业务而作虚假承诺，不得对自身的执业能力进行夸张或作容易引起误解的宣传。注册税务师应对业务助理人员的工作进行指导与审核，并承担助理人员工作的最终责任。注册税务师应当具备执业所需的专业知识，按规定接受后续教育和业务培训，充实和更新知识，提高执业能力。注册税务师在执业中应当接受税务主管部门的监督检查和业务指导。注册税务师应当恪守职业道德，维护职业形象和行业信誉。注册税务师在执业中应当尊重同行，同业互助，公平竞争，共同提高执业水平。不得贬损、排挤同行，不得使用不正当手段招揽业务。

2. 税务代理工作底稿

税务代理工作底稿是注册税务师及助理人员在执业过程中所编制的工作纪要，它既是记录税务代理执业内容的重要资料，也是评价考核税务代理执业人员工作质量的依据。

（1）税务代理工作底稿的分类：

①备查类工作底稿。它是与税务代理基础性工作相关的文件、文书等资料。包括：税务代理协议书，纳税人、扣缴义务人税务登记证，工商营业执照副本的复印件，企业合同章程，税务机关有关纳税事项的鉴定，批准文书，历年纳税检查报告，注册会计师的查账报告，年度会计决算报表等，按时间顺序分类排列编号。

②业务类工作底稿。它是在税务代理执业过程中所编制的工作底稿。包括：代理税务登记，代理发票领购与审查，代理纳税申报，代理纳税审查，代理税务行政复议，提供税务咨询，纳税策划等代理项目的工作记录，计税资料汇总、计算、审核以及各种涉税文书的制作，等等。

（2）税务代理工作底稿的编制。编制税务代理的工作底稿要符合税务代理执业规范的要求，做到资料完整、要点突出、格式规范、内容简明。编制税务代理工作底稿的基本要素包括：

①委托税务代理企业的名称；

②委托税务代理的事项；

③有关代理事项的工作记录；

④有关代理事项的过程与结果；

⑤税务代理工作底稿的名称；

⑥税务代理工作底稿编制的日期、索引号，编制工作底稿的执业税务师和助理人员；

⑦有关编制税务代理工作底稿的说明或附件；

⑧复核人的意见。

（3）税务代理工作底稿的审核。税务代理工作底稿往往由注册税务师或助理人员独立完成，由于编制者在资料引用、有关事项的判断、税收政策的理解等方面都可能会出现误差，因此在完成税务代理工作底稿编制以后，按一定的程序进行复核十分必要。税务师事务所应根据本所的实际情况制定工作底稿的复核制度，对有关复核程序、复核人职责等作出明文规定。

税务代理工作底稿复核的作用主要体现在以下三个方面：①减少计税资料引用、计算、汇总过程中的误差，以避免税务代理风险，提高税务代理的执业质量；②及时发现和解决税务代理工作中存在的失误；③对注册税务师和助理人员的工作进行监控和业绩考评。

　　税务代理工作底稿的复核，主要应核查所引用的有关资料是否翔实可靠，所作出的结论是否符合税收法律、法规和有关政策规定，税务代理工作底稿的记录是否完整等。对税务代理工作底稿复核的基本要求是：做好复核记录，对代理工作底稿中存在的问题和疑点要明确指出，书面写明复核意见并签署复核人姓名和日期；督促编制人员及时修改、完善工作底稿。

　　3. 税务代理档案

　　税务代理工作底稿经过分类整理、汇集归档后，就形成了税务代理档案。税务代理档案是税务代理机构工作的重要历史资料，也是注册税务师执业的原始记录，对于总结工作经验，明确代理责任都具有重要的保存价值。

　　（1）税务代理档案的分类：

　　①根据税务代理工作底稿的自然形态可分为计算表格、流程图、核对清单和笔录文稿。

　　②根据税务代理工作底稿内容的变动情况可分为一般档案和长期档案。

　　③税务代理工作底稿还可分为组织管理类工作底稿、计算编报表类工作底稿、金融验证类工作底稿、其他类工作底稿等。

　　④根据保存的时间可分为永久性档案和当期档案。永久性档案是指保存年限较长、具有长期使用价值的档案，主要由备查类工作底稿组成，诸如税务代理协议书、税收事项审批手续、税务机关纳税检查结论书等。当期档案是指有一定的保存年限，主要用作近 3～5 年税务代理工作参考资料的档案，它由业务类工作底稿组成，如税务咨询备忘函、代理纳税申报工作底稿、代理纳税审查报告等。

　　（2）税务代理档案的保密和调阅。税务代理机构应建立税务代理档案的保密制度。对代理工作底稿中涉及的商业秘密及有关内容进行保密。除下列所述情况外，其他任何单位和个人不得擅自调阅和查看税务代理档案：

　　①法院、检察院及国家其他部门依法查阅并按规定办理调阅手续；

　　②税务代理管理机构检查执业情况时，查阅税务代理档案；

　　③因税务代理工作需要并经委托人同意，税务代理机构之间查阅工作底稿。

　　税务代理机构还应建立税务代理档案调阅制度，根据有关税务代理工作底稿的性质和内容，决定是否允许要求调阅者查阅、复印、摘录其中有关的内容。税务代理底稿的内容被调阅者引用后，因调阅者的误用而造成的损失，拥有税务代理工作底稿的税务代理机构不承担连带责任。

## 复习思考题

**名词解释**

1. 税务代理
2. 税务代理人

**简答题**

1. 简述我国实行税务代理制的必要性。
2. 简述税务代理的基本原则。
3. 简述税务师资格取得的方式。
4. 简述税务代理人的权利和义务。
5. 税务代理的业务范围有哪些?

# 第七章　纳税检查

**【本章要点】**

纳税检查与税务审计有效地检查和监督了纳税人纳税义务的履行。本章共分七节，分别介绍了纳税检查与税务审计的概念、必要性及作用，并从实务角度介绍了两者的具体方法与程序。

## 第一节　纳税检查的概念和作用

### 一、纳税检查的概念

纳税检查是税务机关根据国家税法和财务会计制度的规定，对纳税人履行纳税义务的情况进行检查和监督，以充分发挥税收职能作用的一种管理活动。

纳税检查的主体是税务机关，它代表国家行使政治权力，监督、管理纳税人依法纳税。另外，各类审计事务所、会计师事务所、税务师事务所、律师事务所等中介机构可以协助国家和地方税务机关进行检查和监督，实现社会监督职能。

纳税检查的客体是纳税义务人，同时包括代扣代缴义务人、代收代缴义务人、纳税担保人等。

纳税检查的对象是纳税人所从事的经济活动、各种应税行为及其履行纳税义务的情况。

纳税检查的目的是贯彻执行各项税收政策，加强税收征收管理，保证国家的财政收入。

纳税检查的依据是国家税收法规、会计法、企业财务制度。税收法规和其他财会制度发生冲突时，以税收法规为准。

纳税检查通常也称为"税务查账"，它与会计检查、审计监督既有共同之处，又有一定的区别。其区别是：

（1）检查的目的不同。会计检查主要是为了检查经济业务活动的正确性、合法性和合理性，找出会计核算及经营管理中存在的问题，以采取措施加以改进。审计查账的主要目的在于解除或确定被审计单位的责任，而纳税检查主要是检查纳税人是否依法履行纳税义务。

（2）检查的范围不同。会计检查以会计核算为基础，只检查会计账簿、凭证以及与之有关的内容，不超过会计的范围。审计监督的范围包括国家机关、金融机构、企业、事业单位的财政、财务收支及经营管理活动，审查其真实性、合法性及效益性，其范围比会计检查大。而纳税检查不仅要通过对账簿、凭证的检查，确定纳税人的收入、成本费用和利润，还要对纳税人的纳税事项进行检查。

（3）检查的依据不同。会计检查的主要依据是《企业财务通则》、《企业会计准则》及有关的行业会计制度。纳税检查除依据财会制度外，更主要的是依据国家的税法。当财会制度的有关规定与税法有出入时，以税法为依据；而审计监督不仅依据财政法规和会计制度，还要依据金融法等其他法规。

（4）检查的主体不同。会计检查的主体是财会人员及业务主管部门。纳税检查的主体是税务机关。审计监督的主体是国家审计机关和社会审计组织，并以"第三者"为特征，独立于被审计单位和要求审计的单位之外。

但是，这三者之间也有很多共同之处：

（1）检查的主体除了专业机构外，都可以有社会监督组织参与，协助专业机构监督检查。

（2）检查的方法相同，都是通过查账来发现问题。

（3）检查的作用相同，都是进行经济监督活动。从三者的内涵来讲，审计检查面大，范围广；会计检查面较小，范围有限；而纳税检查相对居中。

## 二、纳税检查的必要性

### （一）纳税检查是行使税收监督职能的具体体现

国家通过税收参与社会产品和国民收入的分配，以取得必要的财力，保证国家必要的财政支出。税务机关在代表国家参与分配过程中，依据国家的方针、政策、法规、制度等，对纳税人的各种经济活动进行有效监督。通过税务机关的检查，不但可以发现偷、逃税等问题，还能发现纳税人其他违反税法的问题。可见，纳税检查是行使财政监督职能的具体体现。

### （二）纳税检查是当前经济形势的客观要求

国家组织财政收入与企业、个人上缴税金，体现了国家、企业、个人三者之间的分配关系，其根本利益是一致的，但也存在整体利益与局部利益之间的矛盾，再加上目前我国纳税人的纳税意识普遍淡薄，一些纳税人为了自己的利益总是千方百计地少缴税款。另外，也有一些纳税人因为会计制度不健全，对税法理解不深，或工作粗心大意等原因，少缴、错缴税款。

### （三）纳税检查是搞好征管工作的有力保证

税务机关结合经常性的征管工作进行纳税检查，正确地组织纳税人收入的分配和再分配，促使纳税人遵守财经纪律，如实地反映生产经营收入、成本费用和财务成果，保证国家税收及时、足额入库，保证征管工作措施的顺利实施。同时，在检查过程中发现自己工作的不足，进一步提高征管工作质量。

总之，为加强财政监督，严肃纪律，打击偷、逃税等行为，保证国家税收收入及时、足额入库，对纳税人进行经常性的纳税检查是非常必要的。

## 三、纳税检查的作用

### （一）规范纳税行为

税务机关对纳税人、扣缴义务人履行纳税义务或者扣缴义务情况的检查，是一种行政监督的手段，是税务机关履行职责、行使权力的过程。纳税检查对规范纳税行为的作用主要体现在以下四个方面：

（1）实施检查，发现涉税违法行为。税务机关依照法定程序对纳税人、扣缴义务人违法行为的手段、情节、影响以及所带来的消极后果进行分析和判断，确定其违法行为的性质。

（2）宣传税法，教育违法的纳税人。在实施纳税检查的过程中，税务人员在发现和揭露纳税人的涉税违法行为时，要向纳税人宣传税法，指出其违法的具体行为及后果，用事实教育纳税人树立自觉守法的意识，履行纳税义务。

（3）纠正违法行为，正确适用税收法律。经过纳税检查，税务机关对违法的纳税人按照规定的程序，通过下达税务处理决定书的方式纠正其违法行为，使其按照税收法律的规定正确履行纳税义务，及时、足额地向国家缴纳各项税款。

（4）惩前毖后，促使纳税人自觉履行纳税义务。税务机关通过纳税检查纠正和处理纳税人不合法、不规范的行为，甚至还要实施一定的行政处罚。它的基本作用在于纠正纳税人过去的违法行为，通过补税、罚款、加收滞纳金，对纳税人进行税法教育，促使纳税人依法纳税，规范其以后的纳税行为。

### （二）完善税收征管

税务机关在实施纳税检查并对纳税人作出行政处理后，要对本地区纳税检查的情况进行综合的统计、分析，研究涉税违法行为的频度和分布，特别是对属于税务机关内部原因造成的纳税人违法行为要进行剖析，提出对策。纳税检查工作对完善税收征管的作用主要体现在以下四个方面：

（1）检验征管质量，发现存在的问题。通过纳税检查，虽然发现和处理了纳税人的违法行为，但出现这些问题在客观方面也反映了税务机关在税源监控、税务管理、税款征收、政策法规等方面存在着缺陷和漏洞，反映了一个地区税收管理的水平和质量。

（2）建立反馈制度，逐级系统反映。税务机关应当建立纳税检查反馈制度，对通过纳税检查发现的问题，按照税源监控、税务管理、税款征收和政策法规等方面分类进行系统的综合整理，采用综合反馈、个案反馈和纳税检查执行情况反馈的方式，逐级进行反映，使相关部门了解情况，研究措施。

（3）分析具体原因，制定有力措施。税务机关业务部门应根据纳税检查中反映出的问题，积极进行相关的分析和研究，分析问题产生的具体原因，在规定的权限内制定加强税收管理的行政措施，堵塞漏洞，进一步严密税收征管制度，最大限度地减少税收的"跑、冒、滴、漏"。对于税法适用中属于立法方面的问题，应积极调查研究，及时向上级反映。

（4）加强内部衔接，发挥整体效能。税务机关的检查部门通过纳税检查对纳税人进行行政处理以后，凡属于纳税人、扣缴义务人未申报的税种、错用税目、税率以及涉及计税依据、抵补亏损数额的调整等情况，应以个案反馈的形式及时通知税款征收部门。税款征收部门根据通知的内容对受到检查的纳税人进行严密的监控，重点审查该纳税人在以后纳税期间的纳税申报，从而使纳税检查与税款征收通过税务情报的交换实现有机的衔接，充分发挥税务机关税收管理的综合效能。

### （三）增加财政收入

通过纳税检查增加财政收入，这是纳税检查的直接效果，也是纳税检查的基本作用之一。但是，把增加财政收入作为纳税检查的唯一功能是片面的，已不适应现代税收管理的要求。

# 第二节　纳税检查权

纳税检查权是法律赋予税务机关的重要执法权。它是税务机关实施纳税检查行为，监督纳税人履行纳税义务，查处偷、逃税行为的重要保证。如果税务机关没有这项权力，纳税检查工作就不能开展。因此，纳税检查权是税务机关开展纳税检查活动的依据。《税收征管法》第五十四条对税务机关的纳税检查权作了明确的规定，税务机关有权进行下列纳税检查：

## 一、检查账簿、记账凭证、报表和有关资料

《税收征管法》规定税务机关有权对纳税人、扣缴义务人的账簿、记账凭证、报表和有关资料进行检查。无论是纳税人还是扣缴义务人，其生产经营活动一般都通过记账凭证、账簿、报表等有关资料反映出来。通过对这些资料的检查，可以了解其业务经营活动是否合法，账簿记录是否合法、如实地反映其生产经营过程中的收入、成本费用等开支情况，从而了解企业是否依法执行国家有关会计核算、税收法律的有关规定。

税务机关对账簿、记账凭证、报表和有关资料进行检查，其主要目的是审查纳税人、扣缴义务人的依法纳税情况，从而实行法律监督。这项权力对税务机关监督纳税人、扣缴义务人是否依法履行纳税或扣缴税款义务，保证税收政策的贯彻实施具有重要意义。

## 二、检查生产经营场所和货物存放地

《税收征管法》规定税务机关有权到纳税人的生产、经营场所和货物存放地检查纳税人应纳税的商品、货物或者其他财产，检查扣缴义务人与代扣代缴、代收代缴税款有关的经营情况。

税务人员通过实地检查可以核对账簿、凭证等资料所反映的情况是否真实、准确，有无账外物资和账外经营等，从中掌握规律，发现问题，促使纳税人、扣缴义务人如实进行财务记载和申报纳税。

### （一）检查纳税人的生产经营场所

纳税人的生产经营场所是应税商品的生产地点和生产过程的空间条件。由于材料消耗量、产品生产数量等都对应纳税款产生影响，所以，纳税检查应对各种材料的进出手续是否齐全、产品产出和转移制度是否健全、各种统计资料是否真实等情况进行检查。

对生产经营场所的检查，主要是检查纳税人原材料等各项费用的消耗情况，生产的产品数量以及产品的销售情况等是否与账簿、凭证等资料中所列的账目相符，各项记录是否健全，有无账外经营物资等。对无账或账簿不健全的业主要详细查明原因，并根据纳税人的具体情况征收税款。

### （二）检查纳税人的商品、货物存放地点

由于纳税人的生产经营情况不同，销售方式不同，其商品、货物往往也有不同的存放地点，所以必须到现场去进行纳税检查。

根据财务会计制度规定，企业对其存放的各种商品货物，必须建立、健全账簿保管和收发制度，并逐笔进行登记、记账和管理。税务机关对此进行检查，应侧重于核对存放地实物量与账簿记载量，以发现有无丢失和账外存货现象。同时，对所存放货物的管理制度、货物的质量等情况也要进行必要的检查。对于存放在外单位、外地的货物，则要进行跟踪检查，防止纳税人通过藏匿、转移来达到偷税、逃税的目的。

## 三、责成提供证明和资料权

责成提供证明和资料权，是指税务机关在纳税检查中，有权要求纳税人、扣缴义务人提供与纳税或代扣代缴、代收代缴税款有关的文件、证明材料等有关资料。因为这些文件、证明材料等有关资料是税务机关了解和掌握纳税人、扣缴义务人应税情况的直接依据。税务机关在纳税检查中通常会要求纳税人或扣缴义务人提供有关资料，如安置待业青年的数量证明、有关部门批准从事生产经营的文件、新产品证明、合同、章程、协议书、银行账号等。

对于责成提供资料权，税务机关在纳税检查中一般是结合其他检查权如查账权、

场地检查权行使的。在行使责成提供资料权时应注意，要求纳税人或扣缴义务人提供的文件、证明材料等一定要与纳税或扣税有关。另外，在收取了这些资料后要注意开列清单并及时归还。

### 四、询问权

询问权即税务机关或税务人员为了全面、准确地掌握和了解纳税人、扣缴义务人的某些情况，向纳税人、扣缴义务人进行查询、访问的权力。询问是税务机关在纳税检查中常用的一种方法。在纳税检查中，税务机关或税务人员根据查账了解到的情况，或者根据收到的群众举报、揭发材料，往往要通过查询、访问，才能进一步查证落实，以便作出正确处理。这种方法有利于从多方面掌握大量的情况，验证事情的真伪，从而有利于对纳税检查中发现的问题作出全面、客观的处理。

《税收征管法》规定税务人员在行使纳税检查询问权力时，要按照税务行政执法的规范要求来进行。如在询问时必须出示纳税检查证件，只能询问与纳税、扣缴税款有关的问题和情况；事先告知纳税人、扣缴义务人必须提供真实情况，若故意提供假情况则要承担法律责任；询问笔录要与纳税人、扣缴义务人核对，如有遗误，纳税人、扣缴义务人可补充或改正；经核对无误的笔录，要由笔录人和纳税人、扣缴义务人双方签名盖章才有效。

### 五、检查托运、邮寄应纳税商品、货物

纳税检查中，为了全面、准确地掌握和了解纳税人、扣缴义务人的业务活动情况，税务机关可以到车站、码头、机场、邮政企业及其分支机构检查纳税人托运、邮寄应纳税商品、货物或其他财产的有关单据、凭证和有关资料。税务机关到这些地方进行检查可以较全面、准确地掌握纳税人供、产、销相互衔接的情况，堵塞税款流失的漏洞。

税务机关在交通要道和邮政企业进行纳税检查时，必须出示纳税检查证件。从检查的内容来看，应主要检查纳税人托运邮寄应税商品、货物的有关单据、凭证和资料，审查其合法性和真实性。对发运商品、货物的数量与其单据所载不符的，或者发运商品、货物与其单据所载实物不符的，税务机关可向当事人进行询问，并根据事实和证据予以处理，需要补交税款的，责令其立即补缴税款。在税款未缴纳以前，税务机关还可视其具体情况依法扣押相当于税款数额的商品、货物，待纳税人缴纳税款后放行。

### 六、查核银行或其他金融机构的存款账户

国家根据税收征管的需要赋予税务机关查核纳税人、扣缴义务人在银行或其他金融机构的存款账户的权力。银行存款账户是纳税人、扣缴义务人进行生产、经营

和履行纳税义务的一个非常重要的显示器。在市场经济中，货币是商品流通、结算的媒介，银行存款账户是反映业主货币流动的重点所在，纳税人、扣缴义务人的生产、经营活动和货币收付都与银行存款账户有着十分密切的关系。有些重大偷税、逃税等违法案件的线索就是从检查银行存款账户中得到的。因此，《税收征管法》以法律形式赋予税务机关银行存款账户检查权。

同时，《税收征管法》对税务机关行使银行存款账户检查权也作了相应的限制，这对保护征纳双方的合法权益，维护国家的利益都是非常必要的。具体来讲，税务机关检查纳税人、扣缴义务人的银行存款账户时必须遵守以下规定：一是需经县以上税务局（分局）局长批准，未经县以上税务局长批准，税务人员不得进行检查；二是检查银行账户要由专人负责检查，其他税务人员不得介入其中；三是税务人员在检查银行存款账户时，必须出示由税务主管部门统一制定的检查存款账户许可证，并有责任为被检查人的银行存款情况保守秘密；四是凡检查从事生产、经营的纳税人的储蓄存款，要经设区的市、自治州以上税务局（分局）局长批准。储蓄存款是公民的私有财产，受到国家法律的保护，银行为储户保密是其建立信誉、保证业务发展的前提条件。因此，《税收征管法》对税务机关检查纳税人、扣缴义务人存款账户这一权力的行使作了严格的程序限制和规范。

# 第三节　纳税检查方法

纳税检查方法是税务人员在检查工作过程中所采用的各种手段的总称，是税务人员与检查对象发生联系的媒介。纳税检查常用的方法大体分为检查书面资料的方法和证实客观事物的方法两类。检查书面资料的方法可按检查资料的数量分为全查法和抽查法；按检查资料顺序分为顺查法和逆查法；按检查的类型分为日常检查、专项检查和专案检查；按应用的技术分为核对法、查询法、比较法、分析法、因素分析法。证实客观事物的方法是指搜集书面资料以外的信息，证明、落实客观事物的形态、性质、所有权、存在地点、数量和价值等方法，包括盘点法、观察法。此外，还有账户分析法、逻辑分析法等。

## 一、全查法

全查法是指对纳税人被查期间所有的会计凭证、账簿、报表进行全面、系统检查的一种方法，也叫"详查法"、"细查法"、"精查法"。采用全查法，既要核对凭证、账簿，又要核对实物；既要分析财务会计资料，又要深入了解情况，以便深入揭露问题。全查法的优点是比较全面、细致，缺点是工作量较大。因此，一般适用于对经营活动少或已发现有严重问题的纳税人进行检查。

## 二、抽查法

抽查法是指从全部会计资料中选择部分资料进行检查的一种方法。在纳税人经济业务很多或检查内容较多的情况下，可以采用抽查法，从被检查期内的全部会计凭证、会计账簿、会计报表等资料中选择部分资料检查其真实性、正确性和合法性，根据选择部分检查的结果来推断其全部会计资料的情况。抽查法的优点是省力、省时，缺点是容易造成疏漏，如果选择的部分代表性不强，则会影响检查结果的正确性。

为了提高抽查的效果，应主要采取判断抽样检查法，而把其他任意抽样检查法与之结合起来，作为补充。判断抽样检查法是检查人员根据被查纳税人核算工作的质量状况和内部控制制度的执行情况，有重点地选择一部分样本进行检查，并据以推断全部资料或全部业务的真实性和正确性的一种抽样检查法。样本的选取取决于检查人员的专业知识、实际工作经验和判断能力。判断抽样的关键是检查人员的判断。此外，判断时要考虑样本项目的代表性、在总体中的重要性和与总体的数量关系，要经过全面分析、多方比较后再确定样本。判断抽样检查法因其有重点地选择样本，效果较好，可以普遍采用。

## 三、顺查法

顺查法是指按照会计核算程序的顺序依次进行检查的一种方法，即按照所有原始凭证的发生时序逐一进行检查，进而根据不同的业务凭证分别审查记账凭证，核对账簿记录并检查会计报表。

采用顺查法着重检查以下问题：

（1）检查原始凭证的填制及其反映的经济业务是否真实、正确、合法；

（2）检查记账凭证的编制是否正确，有关经济业务的数量、单价和金额与原始凭证的记载是否一致；

（3）检查账簿登记的依据是否为记账凭证，账簿登记是否符合记账规定，其计算是否正确；

（4）总账记录是否正确，总账与日记账、明细账是否相符，账实是否一致；

（5）检查会计报表的编制是否符合规定，金额计算是否正确，会计报表的有关指标与账簿记录是否一致，并对会计报表进行必要的分析。

顺查法比较简单，检查结果也比较正确，但工作量大，费时费力。因此，适用于规模小、凭证数量少的纳税人以及会计核算严重混乱或有严重偷税、漏税问题的纳税人。

## 四、逆查法

逆查法是指按照与会计核算工作程序相反的顺序进行检查的方法。税务人员按照会计核算程序的相反顺序，从检查会计报表开始，依次检查会计账簿、记账凭证和原始凭证。从检查会计报表开始，也就是从检查全面情况入手，这样容易发现问题，便于从中选择重点，进而在账簿和凭证中深入细致地检查。

采用逆查法时，应着重注意：

（1）对增减变化异常的账项和可疑的账项应详细查核；

（2）对有关权益和费用的特殊账项，如应付账款、其他应付款、管理费用等，应详查其内容，因为这些账项容易发生错误、隐藏弊端。

逆查法的优点是检查目的明确，工作量较小，易于发现主要问题。缺点是只能从会计报表中发现可疑账项，而不能就全部账页进行检查，因此可能会有遗漏。逆查法一般适用于会计核算水平较高，被查业务较集中或业务量小的纳税人。

## 五、核对法

核对法是指根据复式记账原理、会计科目之间的对应关系等，将具有牵制性的资料和事实加以对照和复核，以检查其内容是否相符和正确的一种方法。

采用核对法时，要核对以下内容：

（1）原始凭证上的数量、单价、金额的合计是否正确；

（2）记账凭证与原始凭证的金额和有关内容是否相符；

（3）记账凭证的金额计算是否正确，是否全部记账；

（4）总账的金额是否正确；

（5）总账与明细账、日记账的记录是否相符；

（6）账簿与会计报表的有关数字是否相符；

（7）会计报表的计算是否正确；

（8）账面结存数与实物盘存数是否相等。

## 六、查询法

查询法是指向有关人员进行调查和询问，以检查书面资料所反映的经济活动是否真实、合法的一种方法。

查询法有面询法和函询法两种形式。面询法是直接向有关人员进行口头调查，通过谈话了解检查项目的有关情况，从而取得相应证据的一种调查方法。函询法是由检查部门向与检查项目有关的单位和个人发函，了解检查项目的有关情况，让对方出具证明，以便税务人员查明事实、分析原因、分清责任的一种调查方法。如对应付款的检查，就可以通过发函查询，取得有关单位和个人的明确回答，并附相应证据（如复印有关凭证），以便审查应付款的明细账是否真实、正确和合法。

## 七、分析法

分析法是指对各项经济数字或指标的增减变化情况及发展趋势进行分析，以确定被查纳税人的经济业务是否正常，是否存在差错和弊端的一种检查方法。

分析法分为绝对数比较法和百分比比较法两种。绝对数比较法即直接以会计报表和其他资料的数量指标如单价、金额等进行比较，从数据增减比较中，分析其增减变化及发展趋势是否合乎情理，并从中找出其可能存在的问题。百分比比较法，又称比率分析法，主要是通过各种指标的部分和总体、前期和后期、实际和计划的比率关系，分析其增减变化及发展趋势是否合情合理，以便找出矛盾，发现问题。

## 八、比较法

比较法是经济活动分析的一种基本方法，也称"比较分析法"或"对比法"，是对事物相互联系的因素中从发展变化上进行对比分析，以揭露矛盾，找出差距的一种方法。在纳税检查中运用比较分析法，不仅可以形成直接的证据，同时也可以为进一步检查提供线索。

比较法常用的方法有：

（1）将报告期实际完成的指标与计划指标对比，分析计划完成情况；

（2）将报告期实际数与上期或上年同期以及与前年度同期或历史上最高水平对比，用来研究分析各种因素的变化情况和发展趋势；

（3）将某企业报告期的实际指标与同类型企业的平均指标相比较，分析各种因素是否合乎实际、是否存在差错和弊端。

## 九、因素分析法

因素分析法也是经济活动分析的一种方法，通过指标分解，把综合指标分解为相互联系的若干因素，然后分析、计算这些因素对综合指标的影响程度。通过分析有利于查明指标完成好坏的原因和责任。因此，在纳税检查中此方法可以广泛地用于考核、评价经济指标，以发现薄弱环节和问题，提供检查线索，确定检查重点。

## 十、盘点法

盘点法是指检查人员根据账簿记录，对商品、产品、在产品、半成品、材料、固定资产、货币资金等进行实地清查，对银行存款和债权、债务情况进行查询和核对，检查账实是否相符的一种方法。通过盘点，对账实不符情况进行进一步追查，确定问题性质。

# 第四节　纳税检查的形式和程序

## 一、纳税检查的形式

纳税检查的形式是指税务机关进行纳税检查时所采取的组织形式。开展纳税检查，必须根据不同时期的不同要求而采取适当的形式，这样才有利于组织力量，加快检查进度和提高检查效果。一般来讲，纳税检查主要采取两种形式：

### （一）税务机关检查

税务机关检查又称专业检查，是由税务机关的专业人员按组织分工所进行的纳税检查，这是纳税检查的主要形式。这种检查又分为单独检查和联合检查两种。

（1）单独检查，又称日常检查或经常检查。这是由税务管理人员对自己分管的纳税户所进行的纳税检查。其优点是管理人员对自己分管的纳税户情况较熟悉，在检查中能做到有的放矢，防止偷、逃税等违法行为发生。不足的地方是各种检查受管理人员个人思想、业务素质的影响，深度、广度、准确度都不能得到有效保证。在新的税收征管体制下，已实行了"征收、管理、检查"三分离，从根本上克服了上述单独检查的弊端，保证了纳税检查的效果。

（2）联合检查。这是税务机关组织部分人员对纳税户进行的纳税检查。它有两种具体形式：一是税务机关抽调部分业务素质好、有纳税检查经验的专业人员组成检查组，对税源大、经济业务多而复杂或者偷税、逃税严重的纳税人进行重点检查或专项检查；二是组织基层单位的税务管理员分片进行交叉对口检查。第一种形式，由于抽调人员的思想、业务素质好，时间集中，因而问题解决快、效果好。第二种形式有利于互相学习、取长补短、共同提高。

### （二）纳税人检查

纳税人检查是在纳税检查中贯彻党的群众路线，由纳税人进行自我检查和自我教育的一种形式。这种形式主要适用于账簿设置健全、经济核算完善、具有一定规模的企业。根据不同情况，它又可分为纳税人自查和互查两种形式。

（1）纳税人自查。这是由税务机关与企业主管部门及其他部门相配合，组织企业纳税人自己检查履行纳税义务情况的一种形式。先由税务机关发放纳税检查提纲，提出自查的时间、内容、范围等具体要求，然后由企业财会人员按照税法和有关规章制度的规定来进行。这种形式有助于增强企业的纳税自觉性和税法观念，缓解纳税检查专业人员不足的矛盾。但由于是企业自己检查自己，有时也容易发生查得不深不透，甚至有意掩盖企业违反税法的情况，使检查流于形式。但在一般情况下，它仍不失为一种较好的形式，所以税务机关往往在进行专业检查之前，都要先布置企业自查。

（2）纳税人互查。这是税务机关把企业财会人员按系统、行业、地区组织起来，划分为若干个小组，相互交叉进行检查的一种形式。检查时税务机关应先提出检查的目的、任务、重点等，然后由企业财会人员照此进行检查。采取这种形式有利于发现本系统、本行业或本地区带共性的问题，可加快检查工作的进度，并有利于相互学习、取长补短、共同提高。

以上所述的纳税检查形式，都是长期以来在纳税检查工作中普遍采用并行之有效的形式。但随着社会经济形势的变化和税收征管体制改革的深入，有些形式已不能适应新形势的需要。新税制实施以后，税收征管模式将进一步调整，纳税人和税务机关将成为税收征管中两个同等重要的税收主体。随着电算化在税收征管工作中的应用，我国将逐步建立一个有现代化管理手段的、相互协调和制约的申报、代理、检查相结合的税收征管新局面。

## 二、纳税检查的程序

纳税检查的程序是指税务机关按照一定的顺序、步骤和方法进行纳税检查活动，并作出纳税检查处理决定的过程。纳税检查是一项政策性强、技术性高的工作。为了使纳税检查能够有计划、有目的地进行，并收到预期的效果，税务机关必须按程序、有步骤地进行。一般来说，纳税检查的程序大致可分为以下几个阶段和步骤：

### （一）纳税检查前的准备阶段

为了正确贯彻执行税法，确保纳税检查的质量，纳税检查前的准备工作主要包括以下五个方面：

（1）选择和确定检查对象。为了事先能对被检查的纳税人、扣缴义务人做到心中有数，在检查前，应对被检查的纳税人进行逐一排队，并对所掌握的纳税人有关纳税的资料和情况进行汇总、分析，从中找出有代表性、典型性的和迫切需要检查的纳税人，明确检查对象。选择和确定了检查对象，检查才能有重点地围绕问题进行，从而达到检查的目的。

（2）查前业务培训。纳税检查是集政策性、专业性于一体的执法行为。这就要求纳税检查人员不仅要精通税法，掌握税收政策，而且还要熟练地掌握国家的财政、财务、会计制度、会计核算方法和应纳税款的计算。这就是说，执法的人必须懂法，查账的人必须懂账。

（3）制订检查方案，编制纳税检查计划。税务机关在检查前要根据检查工作的需要以及被检查单位的实际情况制订检查方案。纳税检查的指导思想、目的要求、方法步骤、检查范围、检查重点、时间进度、组织领导等方面要做到有序可循。制定纳税检查方案的实施步骤，是保障纳税检查质量的重要环节。

（4）下达检查通告。下达检查通告是税务机关进驻被检查单位以前给被检查单位的告知检查的书面文件，通知书的内容是告知被检查对象具体的检查时间、内容和范围，以便其做好接受纳税检查的必要准备。

（5）收集检查资料。各检查小组在进入被检查单位进行检查前，先要从有关单位调阅被检查单位的档案，熟悉、了解被检查单位的自然情况、生产情况、财务情况、纳税情况、财会人员素质、核算质量、会计决算报表等，对被检查单位有初步的了解。

**（二）纳税检查的实施阶段**

税务机关在做好纳税检查前准备工作的基础上，可以按检查方案进行纳税检查。在纳税检查中，主要应做好以下三个方面的工作：

（1）检查纳税人、扣缴义务人的账簿、凭证、报表的数据。在检查过程中，要对大量的经济业务内容采用适当的检查方法，对账簿记载的每项收入和支出的处理、费用的归类、利润的取得和分配等，都要审核其正确性、真实性。税务人员要做好查账记录，如发现某项经济业务有疑问，就要把有疑问的账簿名称、页数、金额、凭证编号、日期、经济业务内容等记录下来，以便进一步核对追踪、查证落实。同时，应注意对被检查人的账簿、凭证、报表资料等的保护，防止丢失和损坏。税务人员对有关单位的资料应当保密。

（2）检查纳税人生产经营场所的应税物品、货物。要结合应税商品、货物的实物盘点、检查，核对账簿记载与实物是否相符。对生产经营场所应税商品、货物的检查，实际上是查账的延续和补充，目的是查出账内不能发现的问题。很多通过账外经营、转移应税货物等手段进行偷、逃税的案件都是通过实地检查发现的。

（3）检查纳税人托运、邮寄应纳税商品、货物和其他财产。这主要是检查纳税人托运、邮寄应纳税商品、货物和其他财产的单据、凭证，查核流动性大的商品、货物和其他财产托运、邮寄的情况，有无偷、逃税等现象。

**（三）检查的总结阶段**

做好纳税检查的收尾总结工作，是关系到执行税收法律政策，保证税收及时入库、纠正以往差错、防患于未然的重要环节。在纳税检查的总结阶段，应做好以下三个方面的工作：

（1）对照税法，归结检查报告。在纳税检查中发现的问题，要对照有关税法进行分析研究，并对收集的各种资料、证据进行整理、归类，填写纳税检查报告。

（2）及时立案报批，办理退补税款事宜。在纳税检查报告中，要对纳税中出现的问题和违反税法的行为进行分析定性，对检查对象执行税法的情况和纳税情况作出评价，对查实的偷税、逃税等行为提出处理意见，还要对纳税检查中发现的税收征收管理方面的问题提出改进意见。为了使纳税检查报告中的结论和处理意见具体、准确和不出差错，在纳税检查结束之后应召开查、纳双方参加的会议，将检查中的问题汇报、核对，并逐项落实，对有分歧意见的问题，应对照税法及有关规定，分清事实，务求结论准确无误。对该办理补退税手续的要及时办理，做到及时检查、及时定案处理、及时入库。对不属于纳税方面而属于违反财经纪律或其他有关政策法令的问题，则应及时转送有关方面及时处理，做到不拖延、不放任。

（3）总结经验，改进管理。通过纳税检查发现的征纳双方在税收征收管理中存在的问题，要及时地总结经验，改进管理。这对加强税收管理、改进税务工作，保证国家财政收入及时、足额入库有积极的作用。

# 第五节　税务审计的概念和目的

## 一、税务审计的概念

税务审计，又称税务监察，是指审计机关和专职审计人员对会计资料所反映的税收征纳活动的正确性、合法性和有效性进行的审查、监督和评价活动。税务审计从审计产生起就已客观存在。审计产生的直接目的是统治阶级监督国家财政的收入和支出。税务审计是国家监察机关或审计机关对国家税务工作人员和税务机关的监督检查。它是衡量与评价税务人员工作的实际成效，以及检查其有无短收、滥征、浮收、任意减免、贪赃枉法等违反税收法纪问题的监察活动。

审计是由独立的专职机构或独立的专业人员，以被审单位在一定时期内的全部或部分经济活动为对象，进行审核检查；收集和整理证据，确定其实际情况；对照法规和一定标准，以判断其经济活动的合理性、合法性和有效性，以及有关经济资料的真实性和公允性，并出具审查报告书或证明书的经济监督、评价、鉴证活动。从国家产生起，就有了审计的必要。16世纪末期，地处地中海的意大利是封建西欧和东方贸易的枢纽，为了筹集大量的资金进行贸易活动，曾采用了暂时合伙的形式，即由许多投资人合伙筹资，委托某些人经营贸易。这样，财产的所有权和经营权分离了，对经营管理者进行监督成为必要，所有者便聘请会计工作者来承担这项工作。17世纪初期和中期，英国的苏格兰也出现了一批类似的会计工作者。这就是早期的、处于萌芽状态的审计。中国最初出现审计可追溯到西周。在战国时，就有"上计"的规定，即群臣于年终须将赋税收入写于木券，呈送给国君考核。至汉代就更加具体，由县令将该县的情况呈送郡国，再由郡守、国相加以汇编，用副本"上计"于中央的丞相。宋代淳化三年开始设置"审计院"，这是中国历史上第一个以审计命名的政府机构。

## 二、税务审计的目的

税务审计是审计的一个重要组成部分。现代资本主义各国都设有独立于政府之外的最高审计机关，其税务审计即为最高审计机关工作的重要组成部分。最高审计机关有权对任何税务人员和税务机关的执法与工作状况进行审计。税务审计通过审计检查，对被审单位的经营制度及经营管理活动进行评价，指出其合理方面，以便继续推广。另外，对税务机关工作人员的舞弊行为进行揭露，通过税务审计，检查税务工作人员是否存在短收、滥征、浮收、任意减免等情况，并分析发生问题的原因是由于税务人员业务水平不高还是由于税务人员从中贪污、接受贿赂，然后针对问题的原因和弊病提出不同的处理措施。

# 第六节　税务审计的组成和程序

## 一、税务审计的组成

税务审计由下列四个部分组成：

（1）各级审计机关对同级和下级税务机关的税务审计；

（2）各级审计机关对纳税人履行纳税义务的税务审计；

（3）各级税务机关审计机构对同级和下级税务机关的税务审计；

（4）企事业单位及其主管部门专设的审计机构对本单位和本系统各部门履行纳税义务的税务审计。

前两者属于外部审计，后两者属于内部审计。此外，经批准的社会审计或会计机构等受审计机关的委托对税收征纳活动的审计，也属于税务审计范畴。

税务审计按被审计单位的性质可分为征税审计和纳税审计。

征税审计是国家审计机关对税务机关税款征收事项的审计监督，主要是税务机关贯彻执行税收政策、法令和征管制度的情况。审查内容包括：①贯彻依率计征、依法办事的情况，有无多征、少征、漏征、错征问题。②执行税收管理制度和办法的情况，有无违背征管办法、自行其是的情况。③贯彻执行税收管理体制和减、免税政策的情况。有无超越税收管理权限，违背税收政策，擅自减、免税和退税的行为。④财政管理体制和收入报解办法等的遵守和执行情况。有无违反国家规定截留、坐支和挪用税款行为。

纳税审计是审计机关对纳税人履行纳税义务情况的审计监督，主要是审查纳税人遵章纳税的情况。审查内容包括：①遵守国家税收政策、法令，依法纳税的情况。有无漏税、偷税和拖欠税，以及弄虚作假，骗取减、免、退税的行为。②遵守国家税收征管制度和办法的情况。有无不按纳税程序办事和违反税收征管制度的行为。③遵守财务制度和财经纪律的情况。有无隐瞒收入、扩大开支、乱计成本、少计利润、铺张浪费、多提私分等行为。

根据审计任务和计划的要求，税务审计一般设置以下四个项目：

（1）税收会计报表。包括税收会计和财务统计报表。

（2）税收收入。包括工商税收计划的完成情况，国家税款解缴和税收入库，滞纳欠税，征税范围与适用税率。

（3）税收减免提退。包括减、免税，以税还贷，税收退库，提取代征手续。

（4）税收征管制度。包括税务登记与纳税鉴定、纳税申报、发票管理、税收票证管理、税款征收管理等。

## 二、税务审计的程序

税务审计程序是指税务审计的操作规程和步骤，它是根据税务审计的直接目的、范围和内容制定的。一般分为立案阶段、准备阶段、实施阶段和终结阶段。

### （一）立案阶段

审计立案的依据是税务审计机关的指令、被审单位的送审会计报表以及揭发检举材料等。在下户进行审计之前，必须将平时纳税人和其他人员报送的有关资料进行汇集、整理，做到心中有数。

### （二）准备阶段

在这个阶段的主要任务是：熟悉审计政策、法令和制度，组织审计力量，了解被审单位情况，拟订审计方案。学习审计政策法令和制度，同时学习和掌握有关税收政策、法令、财务制度等这些税务审计的法律依据。然后通过静审分析提出疑点，理出线索，以备下户后有目的、有重点、有针对性地审计。静审分析，要因人、因地而异，不能千篇一律。其分析方法主要有纵向对比静审、横向对比静审、指标逻辑静审、计划与实际对比静审、异常情况的综合分析静审。明确审计的方向之后，为有计划、有目的地进行审计，必须拟订审计提纲，明确人员分工。审计提纲要求简明扼要。

### （三）实施阶段

做好税务审计前期工作后，可按照审计提纲的要求，进行税务审计工作。

首先，审查账簿、凭证和有关纳税资料也是对纳税情况审核的过程，是发现问题、解决问题的关键所在。同时，在此基础上听取有关人员介绍生产经营、财务管理、经济核算以及税务征管、税款缴纳等情况，这是进一步搜集资料、掌握情况、发现问题的必要环节，有利于核实问题，还有可能发现和暴露账簿上没有记载的重要问题，使税务审计更加深透、全面、客观。为了进一步落实从账证上发现的问题，必要时可深入车间、仓库、班组现场，观察生产流程、产品性能、材料结构、生产设备、物资存放保管情况、基建现场施工状况，进行实地查证。

### （四）终结阶段

审计人员在进行税务审计后要编写报告，经主查机关主管批准后才发生效力，并作为处理税务审计结果的根据。所以，报告阶段是税务审计很重要的程序。

终结阶段收尾工作的主要内容是：

（1）整理审查记录，统一内部认识。审计人员在审查过程中，应该及时、认真地做好审查记录，并加以整理，这是落实征纳错漏问题，计算错漏税款，写出审计报告的主要依据。

（2）征求被审单位意见，正面核实偷税、漏税事实。审计人员内部统一认定的偷、漏、欠、抗税性质及处理意见，一般应逐笔与被审单位的有关人员交换意见。

（3）定稿上报。如被审单位对审计报告提出意见，审计小组应认真考虑，区别对待：凡认为合理的意见，应予接受，修改报告；凡认为是不合理的意见，但经解释对方仍坚持的，则应将对方的意见作为审计报告的附件，一并上报供领导机关参考。

# 第七节　税务审计的基本方法

税务审计方法是执行财政监督、完成税收任务的重要手段。税务审计方法较多，在审计过程中，应根据纳税审计的具体要求、审计的内容、范围和对象的特点以及财务管理水平等情况，灵活掌握，适当地运用。

## 一、查对法

查对法是指对同一数据在会计凭证、账簿、报表、纳税申报或实施之间互相核对，看是否正确。由于账证、账账、账表和账实之间有着密切的联系，因而在审计中往往容易发现问题。

## 二、查询法

查询法是指对有疑问的经济事项或账证记录，向有关单位或个人进行调查征询。在税务审计中遇到的某些问题，只靠查账是查不出来的。如对应收、应付账款的审查、委托加工材料经济内容的审查、自制设备真实情况的审查等，就需要向有关单位或个人进行查询，才能得到证实。

## 三、观察法

观察法是指深入车间、营业场所、物资仓库、建筑工地进行实地了解和观察。只有深入生产车间观察机器设备的使用情况，才能了解折旧基金的提取是否合理。深入现场观察是税务审计的一种辅助形式，也是行之有效的一种技术方法。

## 四、验证法

验证法是指查阅、考证会计凭证的真实性和可靠性。例如，对记账凭证的验证，有无手续完备的必需附件；记账凭证与原始凭证的经济内容是否一致，字迹有无涂改；采购、验收、审批等手续是否完备。这些都是验证的技术方法。

## 五、验算法

验算法是指根据核算后的数字资料和规定的公式进行复核计算。在核算工作中，某些百分数计算上的差错，对企业产品的成本和财务成果有直接影响。例如，材料成本差异率计算的差错，会影响产品成本的高低；进销差价计算的差错，会影响毛利的增减。因此，在审查中为了查证错误，必须对某些比例数字按均价数据进行必要的验算。

## 六、复盘法

复盘法是指对各种财产、物资重新进行实地盘点和清查，以核验账面与实物是否相符。盘点的内容查实主要是材料、在产品、半成品、产成品和固定资产等财产物资。库存材料数量的正确与否，对查实企业的经营损益关系很大。

## 复习思考题

**名词解释**

1. 纳税检查
2. 纳税检查权
3. 税务审计

**简答题**

1. 试述纳税检查的作用。
2. 税务机关有哪些检查权？
3. 简述纳税检查的方法。
4. 税务审计按其被审计单位的性质区分，可分为哪几类？各类包括哪些内容？
5. 简述税务审计的程序。
6. 税务审计有哪些基本方法？

# 第八章　法律责任

**【本章要点】**

法律责任是指实行某种违法行为的公民、公职人员或法人对国家及受危害者所应承担的法律后果。本章共分两大部分，第一部分介绍了纳税人、税务执法人员和扣缴义务人三者的违法行为和法律责任；第二部分详尽介绍了我国的税务行政处罚、税务行政复议、税务行政诉讼和税务行政赔偿等制度。

法律责任是同违法行为联系在一起的，是指实行某种违法行为的公民、公职人员或法人对国家及受危害者所应承担的法律后果。违法者必须承担具有强制性的某种法律上的责任。税务违法是指纳税人、扣缴义务人违反国家税收法律、法规、规章以及税收管理制度造成危害后果或扰乱税收管理秩序的行为。税务违法处理是指税务机关对违反税收法律、法规或税收管理制度的纳税人、扣缴义务人依法给予必要的经济处罚与制裁。

## 第一节　纳税人、扣缴义务人的法律责任

对纳税人违反税法行为的处罚规定构成《税收征管法》及其实施细则中"法律责任"内容的核心部分。它是整个《税收征管法》及其实施细则的主要内容，也是税法得以贯彻实施、税款得以征收入库的有力保证，能够促进纳税人自觉依法纳税。

### 一、纳税人违法行为的内容和表现

#### （一）违反税法的行为

税法作为一种特殊的行为规则，规定人们可以怎样做、应该怎样做、必须怎样做和禁止怎样做。违反税法是与遵守税法相对的概念，它是指自然人或法人违反税法所规定的原则和内容，不履行法定义务或者做出税法禁止的行为，从而给社会造成某种危害的、有过错的行为。违反税法行为成立的因素有以下四点：

（1）违反税法行为必须是一种对社会有危害的行为。只有违反税法的思想动机而没有见之于行为的，不构成违法。

（2）违反税法行为必须有被侵害的客体。也就是说，这种行为侵犯了税法所保护的社会关系和社会秩序。

（3）违反税法行为的主体必须是有责任能力的自然人或依法设置的法人。

（4）违反税法行为必须是行为人在主观上出于故意或过失，即行为人有主观方面的过错，完全因为不可避免的客观因素则不构成违法。

**（二）违反税法的表现**

根据法律规定，违反税法的行为主要表现为：

（1）在法定期限内，纳税主体不按规定提交纳税申报书而无正当理由的。

（2）未按规定的期限申报办理税务登记、变更或注销登记的。

（3）未按照规定设置、保管账簿或保管记账凭证和有关资料的。

（4）纳税主体不按规定建立健全财务会计制度或将财务会计处理办法报送税务机关备查的。

（5）扣缴义务人未按照规定设置、保管代扣代缴、代收代缴税款账簿或记账凭证及有关资料的。

（6）纳税人未按照规定使用税务登记证件，或转借、涂改、销毁、买卖、伪造税务登记证件的。

（7）纳税人采取伪造、变造、隐匿、擅自销毁账簿、记账凭证等方法，在账簿上多列支出或者不列、少列收入，或通过虚假的纳税申报的手段，不缴或者少缴应纳税款的。

（8）纳税人欠缴应纳税款，采取转移或隐匿财产的手段，致使税务机关无法追缴其欠缴税款的。

（9）纳税人向税务人员行贿，不缴或少缴应纳税款的。

（10）企业、事业单位采取对所生产或经营的商品假报出口等欺骗手段，骗取国家出口退税款的。

（11）税务代理人超越代理权限，违反税收法律、行政法规，造成纳税人未缴或者少缴税款的。

（12）纳税人非法印制发票的。

（13）纳税主体故意违反税法，使用欺骗、隐瞒手段逃避纳税行为的。

（14）为纳税人、扣缴义务人非法提供银行账号、发票、证明或其他方便，导致未缴、少缴税款或骗取出口退税款的。

（15）纳税人以暴力、威胁手段拒不缴纳税款，有抗税行为的。

## 二、纳税人的法律责任

纳税人如果违反了税法，就应当承担相应的法律责任，受到相应的法律制裁。法律制裁是指国家机关依照法律的规定，对违法者采取的处罚措施。根据违法行为的情节、性质等的不同，违法者所应承担的法律责任不同，国家机关所实施的法律制裁也不同。

　　根据法律规定，对违反税法的行为，应根据具体情况给予相应的法律制裁：

　　（1）对纳税人未按照规定的期限申报办理税务登记、变更或者注销登记的；未按照规定设置、保管账簿或者保管记账凭证和有关资料的；未按照规定将财务、会计制度或者财务、会计处理办法和会计核算软件报送税务机关备查的；未按照规定将其全部银行账号向税务机关报告的；未按照规定安装、使用税控装置，损毁或者擅自改动税控装置的，税务机关责令其限期改正，可处以 2 000 元以下的罚款，情节严重的，处以 2 000 元以上 1 万元以下的罚款。

　　（2）纳税人不办理税务登记的，由税务机关责令限期改正；逾期不改正的，经税务机关提请，由工商行政管理机关吊销其营业执照。纳税人未按规定办理税务登记证件验证或者换证手续的，由税务机关责令其限期改正，可处以 2 000 元以下的罚款；情节严重的，处以 2 000 元以上 1 万元以下的罚款。

　　（3）纳税人未按照规定使用税务登记证件，或者转借、涂改、损毁、买卖、伪造税务登记证件的，处以 2 000 元以上 1 万元以下的罚款；情节严重的，处以 1 万元以上 5 万元以下的罚款；构成犯罪的，依法追究刑事责任。

　　（4）纳税人不按规定期限办理税务申报和报送纳税资料的，由税务机关责令其限期改正，可处以 2 000 元以下的罚款；情节严重的，处以 2 000 元以上 1 万元以下的罚款。

　　（5）纳税人伪造、变造、隐匿、擅自销毁账簿、记账凭证，或在账簿上多列支出或者不列、少列收入，或经税务机关通知申报而拒不申报，或进行虚假的纳税申报，不缴或少缴应纳税款的，即为"偷税"。对纳税人"偷税"的行为，由税务机关追缴其不缴或者少缴的税款、滞纳金，并处不缴或者少缴的税款 50% 以上 5 倍以下的罚款；构成犯罪的，税务机关应当将案件移交司法机关，由司法机关依法追究其刑事责任。纳税人采取欺骗、隐瞒手段进行虚假纳税申报或者不申报，逃避缴纳税款且数额较大并占应纳税额 10% 以上的，处 3 年以下有期徒刑或者拘役，并处罚金；数额巨大并且占应纳税额 30% 以上的，处 3 年以上 7 年以下有期徒刑，并处罚金。对扣缴义务人也采取上述手段，不缴或者少缴已扣、已收税款，数额较大的，依照上述规定处罚。

　　对多次实施上述"偷税"、"逃税"行为而未经处理的，按照累计数额计算。

　　有"偷税"行为，经税务机关依法下达追缴通知后，补缴应纳税款，缴纳滞纳金，已受行政处罚的，不予追究刑事责任。但是，5 年内因逃避缴纳税款受过刑事处罚或者被税务机关给予两次以上行政处罚的除外。

　　从 2009 年 2 月 28 日起，"偷税"不再作为一个刑法概念存在。十一届全国人大常委会第七次会议表决通过了"刑法修正案（七）"，修订后的《刑法》对第二百零一条关于不履行纳税义务的定罪量刑标准和法律规定中的相关表述方式进行了修改。修订后的《刑法》用"逃避缴纳税款"的表述取代了原法律条文中"偷税"的表述。

（6）纳税人编造虚假计税依据的，由税务机关责令其限期改正，并处以5万元以下的罚款。

（7）纳税人欠缴应纳税款，采取转移或者隐匿财产的手段，妨碍税务机关追缴欠缴的税款的，由税务机关追缴欠缴的税款、滞纳金，并处欠缴税款50%以上5倍以下的罚款；构成犯罪的，依法追究刑事责任。《刑法》第二百零三条规定："纳税人欠缴应纳税款，采取转移或者隐匿财产的手段，致使税务机关无法追缴欠缴的税款，数额在1万元以上不满10万元的，处3年以下有期徒刑或者拘役，并处或者单处欠缴税款1倍以上5倍以下罚金；数额在10万元以上的，处3年以上7年以下有期徒刑，并处欠缴税款1倍以上5倍以下罚金。"

（8）以假报出口或者其他欺骗手段骗取国家出口退税款的，由税务机关追缴其骗取的退税款，并处骗取税款1倍以上5倍以下的罚款；构成犯罪的，依法追究其刑事责任。对骗取国家出口退税款的，税务机关可以在规定期间内停止为其办理出口退税。《刑法》第二百零四条规定："以假报出口或者其他欺骗手段，骗取国家出口退税款，数额较大的，处5年以下有期徒刑或者拘役，并处骗取税款1倍以上5倍以下罚金；数额巨大或者有其他特别严重情节的，处10年以上有期徒刑或者无期徒刑，并处骗取税款1倍以上，5倍以下罚金或者没收财产。"

（9）以暴力、威胁手段拒不缴纳税款的，即为"抗税"，除由税务机关追缴其拒缴的税款、滞纳金外，要依法追究其刑事责任。情节轻微，未构成犯罪的，由税务机关追缴其拒缴的税款、滞纳金，并处拒缴税款1倍以上5倍以下的罚款。《刑法》第二百零二条规定："以暴力、威胁方法拒不缴纳税款的，处3年以下有期徒刑或者拘役，并处拒缴税款1倍以上5倍以下罚金；情节严重的，处3年以上7年以下有期徒刑，并处拒缴税款1倍以上5倍以下罚金。"

（10）从事生产、经营的纳税人有《税收征管法》规定的违反税法行为，拒不接受税务机关处理的，税务机关可以收缴其发票或者停止向其发售发票。纳税人逃避、拒绝或者以其他方式阻挠税务机关检查的，由税务机关责令其改正，可以处1万元以下的罚款；情节严重的，处1万元以上5万元以下的罚款。

（11）纳税人非法提供银行账号、发票、证明或其他方便，导致未缴、少缴税款或骗取国家出口退税款的，税务机关除没收其违法所得外，可以处未缴、少缴或者骗取的税款1倍以下的罚款。

（12）纳税人有下列情形之一的：①提供虚假资料，不如实反映情况，或者拒绝提供有关资料的；②拒绝或者阻止税务机关记录、录音、录像、照相和复制与案件有关的情况和资料的；③在检查期间，纳税人转移、隐匿、销毁有关资料的；④有不依法接受纳税检查的其他情形的。由税务机关责令其改正，可处以1万元以下的罚款；情节严重的，处以1万元以上5万元以下的罚款。

### 三、扣缴义务人的法律责任

（1）扣缴义务人未按规定设置、保管代扣代缴、代收代缴税款账簿或者记账凭证及有关资料的，由税务机关责令其限期改正，可以处 2 000 元以下的罚款；情节严重的，处以 2 000 元以上 5 000 元以下的罚款。

（2）扣缴义务人未按照规定的期限向税务机关报送代扣代缴、代收代缴税款报告表和其他有关资料的，由税务机关责令其限期改正，可处以 2 000 元以下的罚款；情节严重的，处以 2 000 元以上 1 万元以下的罚款。

（3）扣缴义务人采取伪造、变造、隐匿、擅自销毁账簿、记账凭证，在账簿上不列、少列已扣、已收税款，或者用虚假申报的手段，不缴或者少缴已扣、已收税款的，由税务机关追缴其不缴或者少缴税款、滞纳金，并处不缴或者少缴的税款 50% 以上 5 倍以下的罚款；构成犯罪的，依法追究其刑事责任。

（4）扣缴义务人编造虚假计税依据的，由税务机关责令其限期改正，并处 5 万元以下的罚款。

（5）扣缴义务人应扣未扣、应收未收税款的，由税务机关向纳税人追缴税款，对扣缴义务人处应扣未扣、应收未收税款 50% 以上 3 倍以下的罚款。

（6）扣缴义务人有《税收征管法》规定的税收违法行为，拒不接受税务机关处理的，税务机关可以收缴其发票或者停止向其发售发票。扣缴人义务人逃避、拒绝或者以其他方式阻挠税务机关检查的，由税务机关责令其改正，可以处 1 万元以下的罚款；情节严重的，处 1 万元以上 5 万元以下的罚款。

（7）纳税人、扣缴义务人的开户银行或者其他金融机构拒绝接受税务机关依法检查纳税人、扣缴义务人存款账户，或者拒绝执行税务机关作出的冻结存款或者扣缴税款的决定，或者在接到税务机关的书面通知后帮助纳税人、扣缴义务人转移存款，造成税款流失的，由税务机关处 10 万元以上 50 万元以下的罚款，对直接负责的主管人员和其他直接责任人员处 1 000 元以上 1 万元以下的罚款。银行和其他金融机构未依照《税收征管法》的规定，在从事生产、经营的纳税人的账户中登录税务登记证件号码，或者未按规定在税务登记证件中登录从事生产、经营的纳税人的账户账号的，由税务机关责令其限期改正，处 2 000 元以上 2 万元以下的罚款；情节严重的，处 2 万元以上 5 万元以下的罚款。

（8）扣缴义务人非法提供银行账号、发票、证明或者其他方便，导致未缴、少缴税款或者骗取国家出口退税的，税务机关除没收其违法所得外，可以处未缴、少缴或者骗取的税款 1 倍以下的罚款。

（9）税务机关依照《税收征管法》第五十四条的规定，到车站、码头、机场、邮政企业及其分支机构检查纳税人有关情况时，被有关单位拒绝的，由税务机关责令该单位改正，可以处 1 万元以下的罚款；情节严重的，处 1 万元以上 5 万元以下的罚款。

（10）扣缴义务人有下列情形之一的：①提供虚假资料，不如实反映情况，或者拒绝提供有关资料的；②拒绝或者阻止税务机关记录、录音、录像，照相和复制与案件有关的情况和资料的；③在检查期间，纳税人、扣缴义务人转移、隐匿、销毁有关资料的；④有不依法接受纳税检查的其他情形的，由税务机关责令其改正，可以处 1 万元以下的罚款；情节严重的，处 1 万元以上 5 万元以下的罚款。

# 第二节　税务人员的法律责任

税务人员是税务机关的工作人员，从事实施税务管理、组织税收收入、进行纳税检查等税务行政活动。

## 一、税务人员的基本职责

《税收征管法》及其实施细则明确规定了税务人员的基本职责是：

（1）正确执行税收政策法令，依法办理，依率计征；

（2）严格执行税收管理制度，积极完成组织收入任务；

（3）面向生产，促进生产，开辟财源，增加财政收入；

（4）深入实际，调查研究，了解企业生产经营情况，掌握经济税源变化；

（5）切实搞好税收宣传，密切征纳关系，依靠群众开展税务工作；

（6）坚持原则，敢于同一切违反财经纪律的行为作斗争。

## 二、税务人员违法行为的表现

税务人员的执法行为包括"应该作为"的行为和"不得作为"的行为。税务人员违反税法的行为属于税法中规定的"不得作为"的行为。《税收征管法》及其实施细则对税务人员的违法行为明确规定如下：

（1）税务人员私分所扣押、查封的商品、货物或者其他财产的；

（2）税务人员与纳税人、扣缴义务人勾结，唆使或者协助纳税人、扣缴义务人偷税、骗税的；

（3）税务人员玩忽职守，不征或者少征应纳税款，致使国家税收遭受重大损失的；

（4）税务人员滥用职权，故意刁难纳税人、扣缴义务人的；

（5）税务人员违反税收法律、行政法规的规定，擅自决定税收的开征、停征或减税、免税、退税、补税的。

### 三、对税务人员违法的处理

对税务人员违反税法，根据税法规定，一般有两种处理方法：一是行政处分。行政处分又根据违法的情节、影响和后果的不同，分为行政处罚和纪律处分两类。行政处罚的方式有劳动教养、行政拘留、警告、罚款、没收等。纪律处分的方式有警告、记过、记大过、降级、降职、撤销职务、开除留用、开除等。对前述违法行为不构成犯罪的，一般都给予行政处分。二是刑事处罚。税务人员违法情节严重，已构成犯罪的，应承担刑事法律责任和其他法律责任。刑事处罚由国家司法机关执行。刑事处罚包括有期徒刑、无期徒刑、死刑等。

《税收征管法》及其实施细则对税务人员执行职务过程中的违法行为的处罚规定，为整治税务系统的法纪提供了法律依据，从制度上保证了税务人员遵纪守法、廉洁奉公、维护国家利益、保护纳税人合法权益、密切征纳关系。具体规定如下：

（1）擅自改变税收征收管理范围的法律责任。《税收征管法》第七十六条规定："税务机关违反规定擅自改变税收征收管理范围和税款入库预算级次的，责令限期改正，对直接负责的主管人员和其他直接责任人员依法给予降级或者撤职的行政处分。"

（2）不移送的法律责任。《税收征管法》第七十七条规定："纳税人、扣缴义务人有本法规定的第六十三条、第六十五条、第六十六条、第六十七条、第七十一条规定的行为涉嫌犯罪的，税务机关应当依法移送司法机关追究刑事责任。税务人员徇私舞弊，对依法应当移送司法机关追究刑事责任的不移送，情节严重的，依法追究刑事责任。"

（3）不依法行政的法律责任。《税收征管法》第八十条规定："税务人员与纳税人、扣缴义务人勾结，唆使或者协助纳税人、扣缴义务人有《税收征管法》第六十三条、第六十五条、第六十六条规定的行为，构成犯罪的，按照《刑法》关于共同犯罪的规定处罚；尚不构成犯罪的，依法给予行政处分。"

（4）渎职行为。《税收征管法》第八十一条规定："税务人员利用职务上的便利，收受或者索取纳税人、扣缴义务人财物或者谋取其他不正当利益，构成犯罪的，依法追究刑事责任；尚不构成犯罪的，依法给予行政处分。"

《税收征管法》第八十二条规定："税务人员徇私舞弊或者玩忽职守，不征收或者少征应征税款，致使国家税收遭受重大损失，构成犯罪的，依法追究刑事责任；尚不构成犯罪的，依法给予行政处分。

税务人员滥用职权，故意刁难纳税人、扣缴义务人的，调离税收工作岗位，并依法给予行政处分。

税务人员对控告、检举税收违法违纪行为的纳税人、扣缴义务人以及其他检举人进行打击报复，依法给予行政处分；构成犯罪的，依法追究刑事责任。"

《刑法》第四百零四条规定："税务机关的工作人员徇私舞弊，不征或者少征应征税款，致使国家税收遭受重大损失的，处 5 年以下有期徒刑或者拘役；造成特别重大损失的，处 5 年以上有期徒刑。"

《刑法》第四百零五条规定："税务机关的工作人员违反法律、行政法规的规定，在办理发售发票、抵扣税款、出口退税工作中，徇私舞弊，致使国家利益遭受重大损失的，处 5 年以下有期徒刑或者拘役；致使国家利益遭受特别重大损失的，处 5 年以上有期徒刑。"

（5）不按规定征收税款的法律责任。《税收征管法》第八十三条规定："违反法律、行政法规的规定提前征收、延缓征收或者摊派税款的，由其上级机关或者行政监察机关责令改正，对直接负责的主管人员和其他直接责任人员依法给予行政处分。"

《税收征管法》第八十四条规定："违反法律、行政法规的规定，擅自作出税收的开征、停征或者减税、免税、退税、补税以及其他同税收法律、行政法规相抵触的决定的，除依照本法规定撤销其擅自作出的决定外，补征应征未征税款，退还不用征收而征收的税款，并由上级机关追究直接负责的主管人员和其他直接责任人员的行政责任；构成犯罪的，依法追究刑事责任。"

# 第三节 税务行政处罚

为了保障和监督行政机关有效实施行政管理，保护公民、法人和其他组织的合法权益，1996 年 3 月 17 日第八届全国人民代表大会第四次会议通过了《中华人民共和国行政处罚法》（以下简称《行政处罚法》），于 1996 年 10 月 1 日实施。《行政处罚法》的颁布实施，进一步完善了我国的社会主义民主法治制度。

税务行政处罚是行政处罚的重要组成部分。为了贯彻实施《行政处罚法》，规范税务行政处罚的实施，保护纳税人和其他税务当事人的合法权益，1996 年 9 月 28 日国家税务总局发布了《税务案件调查取证与处罚决定分开制度实施办法（试行）》和《税务行政听证程序实施办法（试行）》，并于 1996 年 10 月 1 日施行。

税务行政处罚是指公民、法人或者其他组织有违反税收征收管理秩序的违法行为，尚未构成犯罪，依法应当承担行政责任的，由税务机关给予的行政处罚。具体包括以下四个方面的内容：

（1）当事人行为违反了税收法律规范，侵犯的客体是税收管理秩序，应当承担税务行政责任。

（2）从当事人主观方面来说，并不区分是否具有主观故意或者过失，只要有税务违法行为存在，并有法定依据予以行政处罚的，就要承担行政责任，由税务机关依法给予税务行政处罚。

（3）当事人行为一般是尚未构成犯罪、依法应当给予行政处罚的行为。要注意的是：一要区分税收违法与税收犯罪的界限。对此界限，《税收征管法》和《刑法》已经作了规定。进行税务行政处罚的一般是尚不构成税收犯罪的违法行为，如果构成了危害税收征管罪的，就应当追究刑事责任。二要区分税收违法行为是否轻微。并不是对所有的税务违法行为都一定要处罚，如果税务违法行为显著轻微，没有造成危害后果，只要予以纠正，经过批评教育后可以不必给予处罚。

（4）实施行政处罚的主体是税务机关。

## 一、税务行政处罚的原则

### （一）法定原则

包括四个方面的内容：

（1）对公民和组织实施税务行政处罚必须有法定依据，法律无明文规定不得处罚；

（2）税务行政处罚必须由法定的国家机关在其职权范围内设定；

（3）税务行政处罚必须由法定的税务机关在其职权范围内实施；

（4）税务行政处罚必须由税务机关按照法定程序实施。

### （二）公正、公开原则

公正就是要防止偏听偏信，要使当事人了解其违法行为的性质，并给其申辩的机会。公开，一是指关于税务行政处罚的规定要公开，有关法律规范都要事先公布；二是指处罚程序要公开，如依法举行听证会等。

### （三）以事实为依据原则

在税务行政处罚中，必须基于违法事实的基础上来进行处罚。

### （四）过罚相当原则

过罚相当是指在税务行政处罚的设定和实施方面，都要根据税务违法行为的性质、情节、社会危害性的大小而定，防止畸轻畸重或者一刀切的现象。

### （五）处罚与教育相结合原则

税务行政处罚的目的是纠正违法行为，教育公民自觉守法，处罚只是手段。因此，税务机关在实施行政处罚时，要责令当事人改正或者限期改正违法行为，对情节轻微的违法行为也不一定要实施处罚。

### （六）监督、制约原则

对税务机关实施行政处罚实行两方面的监督制约：一是内部的，如对违法行为的调查与处罚决定的分开、决定罚款的机关与收缴罚款的机构分离、当场作出的处罚决定向所属行政机关备案等；二是外部的，包括税务系统上下级之间的监督制约和司法监督，具体体现主要是税务行政复议和诉讼。

### （七）一事不二罚原则

一事不二罚原则是指税务机关对同一个违法行为不能给予两次以上罚款的处罚，

但可以实施税务行政处罚中的其他处罚种类，如没收非法所得等，或者提请其他行政机关给予罚款以外的相应的行政处罚。《行政处罚法》第五十一条规定的"可以按罚款数额的3%加处罚款"并不违反"一事不二罚"原则。因为这里的罚款，不是行政处罚中的罚款，而是强制执行中的执行罚。执行罚又称强制金，是行政机关对拒不履行不作为义务或不可为他人代为履行的作为义务的义务主体，课以新的金钱给付义务，以迫使其履行的强制措施。一旦该义务主体履行了义务，执行罚即停止。纳税人逾期不改正税收违法行为时，如果税务机关先前已对该税收违法行为进行了罚款，则对该"逾期不改正行为"不得再予以罚款。纳税人的数个违法行为，税务机关可以依法分别予以处罚，合并执行。例如，某纳税人未按规定办理税务登记、未按规定进行纳税申报，分别触犯了《税收征管法》的两个条款，税务机关可以依法分别罚款，合并执行。

## 二、税务行政处罚的设定和种类

### （一）税务行政处罚的设定

行政处罚的设定是指由特定的国家机关通过一定形式首次独立规定公民、法人或者其他组织的行为规范，并规定违反该行为规范的行政制裁措施。现行我国税收法制的原则是税权集中、税法统一，税收的立法权主要集中在中央。

（1）全国人民代表大会及其常务委员会可以通过法律的形式设定各种税务行政处罚。

（2）国务院可以通过行政法规的形式设定除限制人身自由以外的税务行政处罚。

（3）国家税务总局可以通过规章的形式设定警告和罚款。税务行政规章对非经营活动中的违法行为设定罚款不得超过1 000元；对经营活动中的违法行为，有违法所得的，设定罚款不得超过违法所得的3倍，且最高不得超过3万元，没有违法所得的，设定罚款不得超过1万元；超过限额的，应当报国务院批准。

省、自治区、直辖市和计划单列市国家税务局、地方税务局及其以下各级税务机关制定的税收法律、法规、规章以外的规范性文件，在税收法律、法规、规章规定给予行政处罚的行为、种类和幅度的范围内作出具体规定，是一种执行税收法律、法规、规章的行为，不是对税务行政处罚的设定。因此，这类规范性文件与行政处罚法规定的处罚设定原则并不矛盾，是有效的，应当执行的。

### （二）税务行政处罚的种类

根据税务行政处罚的设定原则，税务行政处罚的种类是可变的，它将随着税收法律、法规、规章设定的变化而变化或者增减。根据税法的规定，现行税务行政处罚主要有四种：

（1）罚款。《税收征管法》第七十四条规定："罚款额在2 000元以下的，可由税务所决定。"

（2）没收财产。

（3）停止出口退税权。

（4）收缴发票和暂停供应发票。

## 三、税务行政处罚的实施主体与管辖

### （一）主体

税务行政处罚的实施主体主要是县以上的税务机关。税务机关是指能够独立行使税收征收管理职权，具有法人资格的行政机关。我国税务机关的组织构成包括国家税务总局，省、自治区、直辖市国家税务局和地方税务局，地区（市、州、盟）国家税务局和地方税务局，县（市、旗）国家税务局和地方税务局四级。这些税务机关都具有税务行政处罚主体的资格。

各级税务机关的内设机构、派出机构不具处罚主体资格，不能以自己的名义实施税务行政处罚。但是税务所可以实施罚款额在 2 000 元以下的税务行政处罚，这是《税收征管法》对税务所的特别授权。

### （二）管辖

根据《行政处罚法》和《税收征管法》的规定，税务行政处罚由当事人税收违法行为发生地的县（市、旗）以上税务机关管辖。这一管辖原则有以下三层含义：

（1）从税务行政处罚的地域管辖来看，税务行政处罚实行行为发生地原则。只有当事人违法行为发生地的税务机关才有权对当事人实施处罚，其他地方的税务机关则无权实施。

（2）从税务行政处罚的级别管辖来看，必须是县（市、旗）以上的税务机关，法律特别授权的税务所除外。

（3）从税务行政处罚的管辖主体的要求来看，必须有税务行政处罚权。

## 四、税务行政处罚的简易程序

税务行政处罚的简易程序是指税务机关及其执法人员对公民、法人或者其他组织违反税收征收管理秩序的行为，当场作出税务行政处罚决定的行政处罚程序。简易程序的适用条件：一是案情简单、事实清楚、违法后果比较轻微且有法定依据应当给予处罚的违法行为；二是给予的处罚较轻，仅适用于对公民处以 50 元以下和对法人或者其他组织处以 1 000 元以下罚款的违法案件。

符合上述条件，税务行政执法人员可以决定按照下列程序当场作出税务行政处罚：

（1）向当事人出示税务行政执法身份证件；

（2）告知当事人受到税务行政处罚的违法事实、依据和陈述申辩权；

（3）听取当事人陈述申辩意见；

（4）填写具有预定格式、编有号码的税务行政处罚决定书，并当场交付当事人。

税务行政处罚决定书应当包括下列事项：

（1）税务机关名称；

（2）编码；

（3）当事人姓名（名称）、住址等；

（4）税务违法行为的事实、依据；

（5）税务行政处罚的种类、罚款数额；

（6）作出税务行政处罚决定的时间、地点；

（7）罚款代收机构名称、地址；

（8）缴纳罚款期限；

（9）当事人逾期缴纳罚款是否加处罚款；

（10）当事人不服税务行政处罚的复议权和起诉权；

（11）税务行政执法人员签字或者盖章。

税务行政执法人员当场制作的税务行政处罚决定书，应当报所属税务机关备案。

## 五、税务行政处罚的一般程序

除了适用简易程序的税务违法案件外，对于其他违法案件，税务机关实施处罚要经过立案、调查取证（有的案件还要举行听证）、审查、决定、执行程序。适用一般程序的案件一般是情节比较复杂、处罚比较重的案件。

### （一）调查与审查

对税务违法案件的调查取证由税务机关内部设立的调查机构（如管理、检查机构）负责。调查机构进行调查取证后，对依法应当给予行政处罚的，应及时提出处罚建议，以税务机关的名义制作"税务行政处罚事项告知书"并送达当事人，告知当事人作出处罚建议的事实、理由和依据，以及当事人依法享有的陈述申辩或要求听证的权利。调查终结时，调查机构应当制作调查报告，并及时将调查报告连同所有案卷材料移交审查机构审查。

对税务违法案件的审查由税务机关内部设立的机构（如法制机构）负责。审查机构收到调查机构移交的案卷后，应对案卷材料进行登记，填写《税务案件审查登记簿》。审查机构应对案件的下列事项进行审查：

（1）调查机构认定的事实、证据和处罚建议中适用的处罚种类、依据是否正确；

（2）调查取证是否符合法定程序；

（3）当事人陈述申辩的事实、证据是否成立；

（4）听证人、当事人听证申辩的事实、证据是否成立。

审查机构应在自收到调查机构移交案卷之日起 10 日内审查终结，制作审查报告，并连同案卷材料报送税务机关负责人审批。

**（二）听证**

听证是指税务机关在对当事人某些违法行为作出处罚决定之前，按照一定形式听取调查人员和当事人意见的程序。税务行政处罚听证的范围是对公民处以 2 000 元以上，或者对法人或其他组织处以 1 万元以上罚款的案件。税务行政处罚听证主持人应由税务机关内设的非本案调查机构的人员（如法制机构工作人员）担任。税务行政处罚听证程序如下：

（1）凡属听证范围的案件，在作出处罚决定之前，应当首先向当事人送达"税务行政处罚事项告知书"，告知当事人已经查明的违法事实、证据、处罚的法律依据和拟给予的处罚，并告知当事人有要求举行听证的权利。

（2）要求听证的当事人，应当在收到"税务行政处罚事项告知书"后 3 日内向税务机关书面提出听证要求，逾期不提出的，视为放弃听证权利。

（3）税务机关应当在当事人提出听证要求后的 15 日内举行听证，并在举行听证的 7 日前将"税务行政处罚听证通知书"送达当事人，通知当事人举行听证的时间、地点、主持人的情况。

（4）除涉及国家秘密、商业秘密或者个人隐私的不公开听证的外，对于公开听证的案件，应当先期公告案情和听证的时间、地点并允许公众旁听。

（5）听证会开始时，主持人应当首先声明并出示税务机关负责人授权主持听证的决定，然后查明当事人或其代理人、调查人员及其他人员是否到场，宣布案由和听证会的组成人员名单，告知当事人有关的权利义务。记录员宣读听证会纪律。

（6）听证会开始后，先由调查人员就当事人的违法行为进行指控，并出示事实证据材料，提出处罚建议，再由当事人或其代理人就所指控的事实及相关问题进行申辩和质证，然后控辩双方辩论；辩论终结后，当事人进行最后陈述。

（7）听证的全部活动应当由记录员制作笔录并交当事人阅核、签章。

（8）完成听证任务或有听证终止情形发生时，主持人宣布终止听证。

听证结束后，主持人应当制作听证报告并连同听证笔录附卷移交审查机构审查。

关于听证费用，《行政处罚法》第四十二条规定，当事人不承担行政机关组织听证的费用。因此，听证费用由组织听证的税务机关承担，不得由要求听证的当事人承担或者变相承担。

另外，举行听证时，应注意以下几个问题：①听证会开始后，当事人或其代理人无故缺席不到场；或当事人或其代理人在听证过程中放弃申辩和质证权利，声明退出听证会；或未经主持人许可，当事人或其代理人擅自退出听证会场的，应视为放弃听证，主持人可以宣布听证终止。②听证过程中，当事人或其代理人、本案调查人员、证人及其他人员不遵守听证会纪律、违反听证秩序，主持人应当警告制止，对不听警告的，责令其退出听证会场。③听证过程中，主持人认为控方证据有疑问，无法辩明事实，可能影响税务行政处罚正确、公正的，应当宣布中止听证，并指示本案调查人员对证据作补充调查后再行听证。

**（三）审理结论**

审理终结是指审理部门通过对案件的全面审理后，认定涉税事实，作出案件审理结论，制作"审理报告"、"税务处理决定书"和"税务行政处罚决定书"的工作过程。在税务稽查中要将审理终结的案件连同前述制定的税务文书一并移送税务稽查执行。审理结论是指审理人员根据对案件的审理认定，按照不同情况分别作出的审理意见。这是审理部门行使审理权的一个重要标志，也是税务稽查的必经程序，体现了检查与处理相分离这一税务稽查体系内部相互制约的根本原则。

1. 同意"税务稽查报告"

经审理认定"税务稽查报告"正确，即程序合法、事实清楚、手续齐全、数据准确、证据确凿、运用税收法律法规准确、拟处理意见得当的，应作出同意"税务稽查报告"的审理结论，制作"审理报告"。

"审理报告"是指审理部门核准案件事实、鉴别案件证据、认定案件性质和拟定案件处理意见的内部工作报告，即审理部门在案件审理工作终结后向稽查局长所作的关于审理事项的工作报告。报告的主要内容包括：

（1）案件的查办情况。应列明当事人名称、纳税人识别号、稽查实施部门名称、稽查人员、案件编号、审理起止日期、审理部门名称和审理人员等。

（2）稽查实施部门认定的涉案事实。这是审理的基础。对稽查实施部门认定的涉案事实，应简要逐项列明违法事实或无问题的结论，并列明所调取的相关证据名称以及当事人的陈述申辩意见。

（3）审理结论。这是"审理报告"的核心，其主要内容为：

①对当事人主体资格的审理结论；

②对税务稽查程序、手续的审理结论；

③对"税务稽查报告"认定的涉案事实、调取的证据、数据的计算、适用的法律法规和规章、案件的定性、稽查补证（正）结果的审理结论。

（4）处理意见。这是审理的结果，其主要内容为：

①适用的法律法规和规章。

②处理意见：

a. 分税种列明追（补）缴税款的意见；

b. 加收滞纳金的意见；

c. 给予税务行政处罚的意见；

d. 提请案审委员会审查的意见；

e. 移送公安机关立案侦查的意见；

f. 余案的处理意见或其他情况说明；

g. 对查无问题涉税案件，应列明审查的意见。

审理人员在制作"审理报告"时，切忌只简单地写"同意"或"不同意"，应按照审理工作的要求，表明审理人员的具体审理意见及建议等。

（5）审理人员亲笔签名及填写"审理报告"的制作时间。

（6）局长批示。局长的批示应对"审理报告"所作的结论内容作出明确的批示和意见，也不能简单地以签字或写上"已阅"两字作为批示。

2. 不同意"税务稽查报告"

（1）不同意"税务稽查报告"的认定。

经过审理，认定"税务稽查报告"有下列情况之一的，应不同意"税务稽查报告"：

①事实不清，证据不足；

②适用法律依据错误；

③违反法定程序；

④稽查手续不全；

⑤处理意见不当。

（2）不同意"税务稽查报告"的审理结论。

对于不同意"税务稽查报告"的，审理人员应该作出不同意"税务稽查报告"的审理结论，具体应该包括以下三个方面内容：

①列明"税务稽查报告"中认定的税收违法事实（或无问题的结论）；

②列明审理确认的意见，指出"税务稽查报告"中存在的事实不清、证据不足、适用法律法规错误或处理意见不当等具体问题；

③列明不同意"税务稽查报告"的结论，并提出补充或重新稽查，或另行安排稽查，或另行拟定处理意见等。

（3）不同意《税务稽查报告》的处理。

对不同意《税务稽查报告》的，一般可作如下处理：

①补充或重新稽查。根据审理中发现的问题，明确提出要求补充和纠正的事项，制作"补充调查（退查）通知书"，责成稽查人员作补充或重新稽查，待补充或重新稽查完毕后，制作"补充税务稽查报告"。审理人员应当根据"补充税务稽查报告"和补正后的税务稽查案卷重新进行审理。如果补正后的"税务稽查报告"已经正确无误，应该作出同意"税务稽查报告"的审理结论，制作"审理报告"，并在审理结论中列明补正的内容和结果。

"补充调查（退查）通知书"的主要内容包括：

a. 补充调查（退查）实施部门；

b. 补充调查（退查）的涉税案件名称、案件编号；

c. 补充调查（退查）的事项：如补正程序上的不足、补充调查某项违法事实、补充采集某些证据，或者重新实施稽查等；

d. 补充调查（退查）的时限；

e. 补充发出通知书的承办人、负责人签名以及发文号和发出时间。

②另行安排稽查。根据审理中发现的问题，需要另行安排稽查的主要有两种情况：一是由于案情复杂，稽查力量不足或稽查人员能力水平所限，无力完成案件查处任务的；二是由于稽查人员徇私舞弊或严重失职而出现案件查处不合法、不公正现象的。对存在上述情况的，审理人员应及时报告，由稽查局局长确定另行安排稽查。

③另行提出处理意见。经审理认定"税务稽查报告"有下列情形之一的，审理人员可直接予以纠正并制作"审理报告"，提出处理意见：一是适用法律法规错误；二是拟处理意见不当；三是数据计算错误。

对不同意"税务稽查报告"并需退回稽查部门补正的，审理部门应制作"补充调查（退查）通知书"，通知稽查部门在要求的时间内予以补正。

**（四）案件的处理**

案件的处理是指稽查局依照税收法律法规的规定，对案件所作的税务处理和税务行政处罚，是稽查审理的一个重要环节。

凡属违反税收法律法规的税收违法行为，均应按照税收法律法规的规定，根据不同的审理结论，分别予以处理和处罚。

1. 处理与处罚分离

一直以来，税务机关均以下达"税务处理决定书"的形式，对税收违法行为同时作出补税、加收滞纳金、罚款等处理决定。《行政处罚法》颁布后，对行政机关所作的行政处罚单独作出了法律规定。同时，《税收征管法》对税务机关作出的税务处理（如补税）和税务行政处罚（如罚款等）采用了不同的法律救济方法和前置条件，国家税务总局颁发了《税务案件调查取证与处罚决定分开制度实施办法（试行）》。为了使税务行政处罚的文书形式与《行政处罚法》中关于行政处罚的精神相一致，有利于税务机关实施其具体的行政行为，有利于当事人依法行使法律救济权，税务机关对税收违法行为的处理实行税务处理与税务行政处罚分离的制度，即对税收违法行为进行处理时，分别制作"税务处理决定书"或"税务行政处罚决定书"或"不予税务行政处罚决定书"，送达给当事人。

2. 案件处理的原则

根据审理结论，凡属违反税收法律法规的税收违法行为，均应依照《税收征管法》及其实施细则、《行政处罚法》、《发票管理办法》及其实施细则和有关的税收法律法规的规定，并根据具体情况分别予以处理：

（1）经审理确认当事人有税收违法行为的，应依法给予税务处理和税务行政处罚。

（2）案件的处理必须重证据、重事实，不轻信口供。只有当事人陈述，但没有其他有效证据的，不能认定当事人有税收违法行为；没有当事人陈述，但其他证据充分、确凿的，应认定当事人有税收违法行为，并据以定性处理。

（3）经审理确认当事人有下列情形之一的，不予税务行政处罚：

①违法行为轻微并及时纠正，没有造成危害后果的；

②不满十四周岁的人有违法行为的；

③精神病人在不能辨认或者不能控制自己行为时有违法行为的；

④当事人的税收违法行为超过法定追溯时效的。

（4）对当事人的同一个违法行为，不得给予两次以上罚款的行政处罚。

3．案件处理的程序

（1）应予税务行政处罚的处理程序：

①办理报批手续。"审理报告"报经稽查局局长审批后，审理部门应根据局长的审批意见和处理权限，办理案件处理的手续。

②制作税务处理（罚）决定书。根据局长的审批意见，制作"税务处理决定书"和"税务行政处罚决定书"。

"税务处理决定书"和"税务行政处罚决定书"的主要内容为：

a．当事人的全称、纳税人识别号、法定代表人及当事人的基本情况；

b．认定的税收违法事实、依据的法律法规和规章的名称及条款和违法性质；

c．处理（罚）决定及依据的法律法规的名称及条款；

d．缴库、调整账务的期限、办法和执行情况报告的要求；

e．当事人未按期执行处理（罚）决定应承担的法律责任；

f．当事人的行政复议权和行政诉讼权及其他有关事项；

g．"税务处理决定书"或"税务行政处罚决定书"的发文文号；

h．作出处理（罚）决定的税务机公关公章及发文日期。

（2）不予税务行政处罚的处理程序：

①办理报批手续。对税收违法行为轻微，可依法不予处罚的案件，"审理报告"报经稽查局局长审批后，审理部门应根据局长的审批意见和处理权限，办理案件的处理手续。

②制作税务处理书和不予处罚决定书。根据局长的审批意见，制作"税务处理决定书"和"不予税务行政处罚决定书"（见表8－1）。

"不予税务行政处罚决定书"的主要内容为：

a．当事人的全称、纳税人识别号、法定代表人及当事人的基本情况；

b．认定的税收违法事实、依据的法律法规的名称及条款、违法性质及其违法情节；

c．不予处罚决定及依据的法律法规的名称及条款；

d．当事人的行政复议权和行政诉讼权及有关事项；

e．"不予税务行政处罚决定书"的发文文号；

f．作出不予处罚决定的税务机关公章及发文日期。

表 8 – 1

---

_____税务局（稽查局）

**不予税务行政处罚决定书**

_____税不罚〔____〕____号

_____：经我局（所）_____，
你单位存在以下违法事实：_____
　　上述行为违反_____规定，鉴于上述税收违法行为_____
__，依照《中华人民共和国税收征收管理法》、《中华人民共和国行政处罚法》第二十七条第
二款、第三十八条第一款第（二）项规定，现决定不予行政处罚。
　　如对本决定不服，可以自收到本决定书之日起 60 日内依法向_____局申请行政复议，
或者自收到本决定书之日起 3 个月内依法直接向人民法院起诉。

税务机关（签章）
年　月　日

---

（3）查无问题案件的处理程序：

①办理报批手续。"审理报告"报经稽查局局长审批后，应根据局长的审批意见，办理案件的处理手续。

对查无问题的案件，在审理中发现有疑点的，应根据局长的审批意见，退回稽查部门补充稽查或由局长决定另行安排稽查。

②制作"税务稽查结论"。对查无问题的案件，应根据局长的审批意见，制作"税务稽查结论"。

"税务稽查结论"的主要内容为：

a. 当事人的全称、纳税人识别号、法定代表人及当事人的基本情况；

b. 税务稽查的实施时间和检查所属时期；

c. 税务稽查的基本内容及尚未发现问题的结论；

d. 作出"税务稽查结论"的税务机关公章及发文日期。

4. 涉嫌犯罪案件的处理

经审理认为当事人的税收违法行为已经构成犯罪，在审理结论中应表明该税收违法行为为涉嫌犯罪的事由，提出依法移送公安机关立案侦查的意见。

需要移送司法机关查处的税收违法案件，在报经局长批准后制作"涉税案件移送书"（见表 8 – 2）。

"涉税案件移送书"是指税务机关对涉嫌犯罪的税收违法案件，按照法定程序

移送公安机关处理的文书。

表 8 - 2

> **_____税务局（稽查局）**
>
> **涉税案件移送书**
>
> **_____税移〔___〕____号**
>
> _____：
>
> _____一案，经我局调查核实，认为已涉嫌触犯《中华人民共和国刑法》____ 的规定。根据《中华人民共和国税收征收管理法》第七十七条和国务院《行政执法机关移送涉嫌犯罪案件的规定》（国发〔2001〕310 号）第三条及有关规定，现将该案移送你单位审查，是否决定立案侦查，请于收到本移送书 15 日内将审查结果告知我局。
>
> 附件：1.
>
>       2.
>
> （列明税务处理决定书、税务行政处罚决定书以及主要相关证据材料的复制件的名称）
>
> 税务机关（签章）
>
> 年 月 日

《行政执法机关移送涉嫌犯罪案件的规定》第六条规定，行政机关向公安机关移送涉嫌犯罪案件，应当附有下列材料：

（1）涉嫌犯罪案件移送书；

（2）涉嫌犯罪案件情况的调查报告；

（3）涉案物品清单；

（4）有关检验报告或者鉴定结论；

（5）其他有关涉嫌犯罪的材料。

按照有关要求，税务机关在移送涉嫌犯罪案件时，应将应追缴税款和罚款的缴纳凭证复印件一并移送公安机关。

所有移送的涉税犯罪案件资料均应填入"涉税案件移送清单"，并由税务、公安双方及移送、接收事项经办人签字、盖章，以明确双方的法律责任。

向公安机关移送涉税犯罪嫌疑案件时，应同时抄送同级检察机关。

5. 移送税务稽查执行

案件处理终结后，应按照税务稽查"四分离"的工作体系和要求，及时将"税务处理决定书"、"税务行政处罚决定书"、"不予税务行政处罚决定书"、"税务稽查结论"等文书移送税务稽查执行部门。

# 第四节　税务行政复议

　　税务行政复议是指纳税人、扣缴义务人、纳税担保人及其他当事人不服税务机关的具体行政行为，依法向作出具体税务行政行为的上一级税务机关提出重新处理的申请，上一级税务机关根据申请人的申请，对原处理决定重新审议，并依法根据不同情况作出维持、变更或撤销裁决的法律制度。它是及时、正确解决税务纠纷的一种有效手段，对于保护纳税人、扣缴义务人及其他当事人的合法权益，维护和监督税务机关依法行使职权，具有重要意义。

　　我国的《行政复议法》是一部有关行政复议的比较全面的法律，税务行政复议作为行政复议的一种，也要按照其规定执行。对税务行政复议的受案范围、税务行政复议机关、申请人、被申请人、申请复议的程序等，应结合税务行政复议的具体情况，2007 年 5 月 23 日国务院第 177 次常务会议通过了《中华人民共和国行政复议法实施条例》，自 2007 年 8 月 1 日施行。国家税务总局于 2009 年 12 月 15 日发布了修订后的《税务行政复议规则》，自 2010 年 1 月 1 日起施行。

　　《税收征管法》第八十八条明确规定："纳税人、扣缴义务人、纳税担保人同税务机关在纳税上发生争议时，必须先缴纳或解缴税款及滞纳金或者提供相应纳税担保，然后可在收到税务机关填发的缴款凭证之日起 60 日内向上一级税务机关申请复议。上级税务机关应当自收到复议申请之日起 60 日内作出复议决定。对复议决定不服的，可以在接到复议决定书之日起 15 日内向人民法院起诉。"

　　税务行政复议的流程如图 8 - 1 所示。

## 一、税务行政复议的原则

　　（1）以事实为依据、以法律为准绳的原则。在复议活动中，必须弄清案情的事实真相、原处理依据和处理程序以及争议所在等主要环节。在全面、客观掌握事实的基础上，以税法为准绳进行审理，以作出正确裁决。

　　（2）回避原则。承办复议案的人员，如遇有与本案有利害关系或其他关系，应当申请回避，自行不参加案件的审理工作。

　　（3）不调解原则。在税务复议过程中，必须由复议机关依法裁决，一般不能用调解方式解决税务争议。根据《行政复议法实施条例》第五十条规定，有下列情形之一的，行政复议机关可以按照自愿、合法的原则进行调解：①公民、法人或者其他组织对行政机关行使法律、法规规定的自由裁量权作出的具体行政行为不服，申请行政复议；②当事人之间发生行政赔偿或者行政补偿纠纷。

　　（4）不利变更禁止原则。不利变更禁止原则，是为规范复审程序而制定的一项

```
┌─────────────────────────────────────────────────────────────┐
│                    1. 行政管理相对人                          │
│  对税务机关的具体行政行为不服，向复议机关提出复议申请，递交复议申请书。│
│  如果认为税务机关的具体行政行为对其造成损害的，可以提出赔偿请求  │
└─────────────────────────────────────────────────────────────┘
                              │
          ┌───────────────────────────────────────┐
          │              2. 复议机关               │
          │          对复议申请进行审查            │
          └───────────────────────────────────────┘
                              │
        ┌─────────────────────────────────────────────┐
        │              3. 复议机关                     │
        │  审查后作出：①不予受理；②受理；             │
        │  ③限期补正的处理                            │
        └─────────────────────────────────────────────┘
                              │
┌─────────────────────────────────────────────────────────────────┐
│                    4. 复议机关                                    │
│  对受理的复议申请进行审理，如果有赔偿请求的可合并审理。如复议申请符合停止复议│
│  条件的，应停止复议，待停止复议情况清除后继续审理                  │
└─────────────────────────────────────────────────────────────────┘
                              │
      ┌─────────────────────────────────────────────────┐
      │                5. 复议机关                       │
      │  复议机关审理后作出复议决定并送达申请人、被申请人 │
      └─────────────────────────────────────────────────┘
                              │
    ┌─────────────────────────────────────────────────────┐
    │              6. 申请人、被申请人                     │
    │  执行复议决定。对不履行的，由税务机关依法或申请人民法院强制执行│
    └─────────────────────────────────────────────────────┘
```

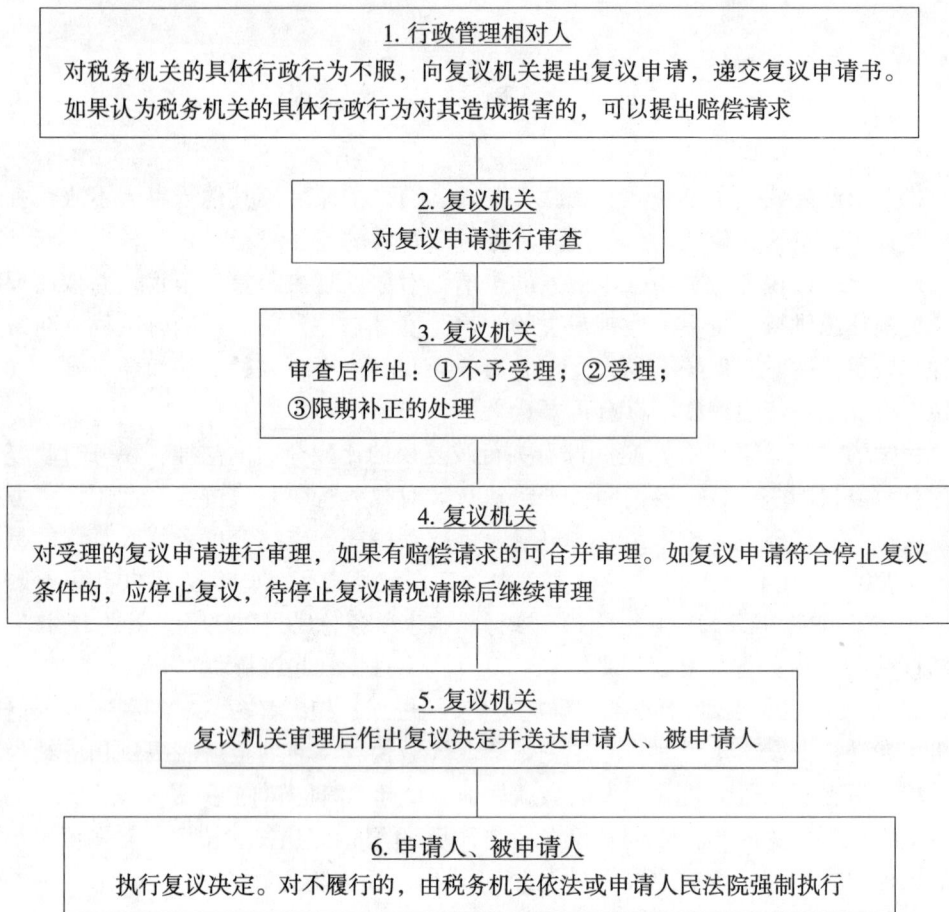

**图 8-1　税务行政复议流程**

基本原则，是为了弥补公权与私权地位不对等的一种"程序补偿"。我国《行政处罚法》第三十二条规定"行政机关不得因当事人申辩而加重处罚"，就是不利变更禁止原则的直接体现，旨在解除申请人"不敢告"的思想顾虑。

（5）复议期间不停止原决定执行原则。这是因为税务机关的行政行为是代表国家作出的，具有单方面的确定力和执行力。这一原则是为了防止某些纳税人利用复议和诉讼程序来逃避或推迟履行纳税义务，妨碍正常的税收管理。

## 二、税务行政复议的范围

根据《税收征管法》、《行政复议法》和《税务行政复议规则》的规定，税务行政复议的受案范围仅限于税务机关作出的税务具体行政行为。税务具体行政行为是指税务机关及其工作人员在税务行政管理活动中行使行政职权，针对特定的公民、法人或者其他组织，就特定的具体事项，作出的有关该公民、法人或者其他组织权利义务的单方行为。主要包括：

（1）税务机关作出的征税行为：

①征收税款；

②扣缴义务人、受税务机关委托征收的单位作出的代扣代缴、代收代缴行为及代征。

（2）税务机关作出的责令纳税人提供纳税担保行为。

（3）税务机关作出的税收保全措施：

①书面通知银行或者其他金融机构冻结纳税人存款；

②扣押、查封商品、货物或其他财产。

（4）税务机关未及时解除税收保全措施，使纳税人等合法权益遭受损失的行为。

（5）税务机关作出的税收强制执行措施：

①书面通知银行或者其他金融机构从当事人存款中扣缴税款；

②拍卖或者变卖扣押、查封的商品、货物或其他财产。

（6）税务机关作出的税务行政处罚行为：

①罚款和加收滞纳金；

②没收非法所得；

③停止出口退税权；

④收缴发票和暂停供应发票；

（7）税务机关不予依法办理或答复的行为：

①不予审批减、免税或出口退税；

②不予抵扣税款；

③不予退还税款；

④不予颁发税务登记证、发售发票；

⑤不予开具完税凭证和出具票据；

⑥不予认定为增值税一般纳税人；

⑦不予核准延期申报、批准延期缴纳税款。

（8）税务机关作出的取消增值税一般纳税人资格的行为。

（9）税务机关作出的通知出境管理机关阻止出境行为。

（10）税务机关作出的其他税务具体行政行为。据此，不管现行税法有无规定，只要是税务机关作出的具体行政行为，纳税人均可以申请税务行政复议，这也是行政复议法实施后有关税务行政复议的一项新的规定。

另外，《税务行政复议规则（试行）》还规定，纳税人可以对税务机关作出的具体行政行为所依据的规定提出行政复议申请。具体规定如下：纳税人和其他税务当事人认为税务机关的具体行政行为所依据的下列规定不合法，在对具体行政行为申请行政复议时，可一并向复议机关提出对该规定的审查申请。

①国家税务总局和国务院其他部门的规定；

②其他各级税务机关的规定；

③县级以上地方各级人民政府及其工作部门的规定；

④乡、镇人民政府的规定。

但以上规定不含国家税务总局制定的规章以及国务院各部、委员会和地方人民政府制定的规章。也就是说，部、委规章一级的规范性文件不可以提请审查。

## 三、申请的提出

复议申请是指当申请人认为税务机关及其工作人员的具体行政行为侵犯其合法纳税权益时，依法请求税务行政复议机关对该具体行政行为进行审查和裁决，以保护自己的合法权益。

税务行政复议的申请人包括纳税人、扣缴义务人、纳税担保人和其他税务争议当事人。

有权申请复议的公民死亡的，其近亲属可以申请复议；有权申请复议的公民是无行为能力人或限制行为能力人的，其法定代理人可以代理申请复议。

有权申请复议的法人或者其他组织发生合并、分立或终止的，承继其权利的法人或者其他组织可以申请复议。

复议申请应当在申请人知道税务机关具体行政行为之日起15日内提出。因不可抗力或其他特殊情况耽误法定申请期限的，在障碍消除后10日内，可以申请延长期限。是否准许由复议机关决定。

申请人向税务机关申请复议应当递交"复议申请书"，其格式如表8-3所示。

表8-3

| 复议申请书 |
| --- |
| 申请人：姓名（或名称）＿＿＿＿＿＿<br>法定代表人姓名＿＿＿＿职务＿＿＿＿<br>被申请人：名称＿＿＿＿地址＿＿＿＿<br>申请复议的要求和理由：<br><br><br><br><br><br><br>　　　　　　　　　　　　　　　　　　申请人签章<br>　　　　　　　　　　　　　　　　　　年　月　日 |

申请人对税务机关具体征税行为提出复议申请时，必须注明是否已依照税务机关根据法律法规确定的税额缴纳或解缴税款及滞纳金，并附有关证明材料。

## 四、复议申请的审查

税务行政复议机关在收到"复议申请书"后5日内对申请人提交的复议申请进行审查。

审查的内容包括：

（1）申请人是否是认为具体行政行为直接侵犯其合法权益的公民、法人和其他组织以及外国人、无国籍人、外商投资企业、外国企业和其他外国组织；

（2）有没有明确的被申请人；

（3）有没有具体的复议请求和事实依据；

（4）是否属于法定的复议受理范围；

（5）是否属于该复议机关管辖；

（6）就税务机关作出的具体征税行为申请复议的，审查其在提出复议申请前是否已经依照税务机关根据法律法规确定的税额缴纳或解缴税款及滞纳金，或提供纳税担保；

（7）复议申请是否是在法定期限内提出；

（8）是否符合法律法规规定的其他条件。

除此之外，还需审查"复议申请书"的内容是否符合要求。

## 五、对复议申请的答复

复议机关审查、答复复议申请的流程如图8-2所示。

税务机关经过审查，对不符合上述条件（1）至（8）的复议申请，复议机关应裁决为不予受理。其中不符合上述条件（5）的复议申请，即不属于该复议机关管辖范围的复议申请，复议机关应移送给有管辖权的复议机关，其他的应制作"不予受理裁决书"，书面告知申请人不予受理的理由及其拥有的诉权。申请人若对不予受理的裁决不服，可以在收到裁决书之日起15日内就不予受理裁决本身向人民法院起诉。

对"复议申请书"内容不完备的，复议机关应当把"复议申请书"发还给申请人，制作"限期补正通知书"，书面通知申请人其"复议申请书"所缺少的内容。申请人应在通知书规定的期限内将书面补正材料送交复议机关，逾期未补正的，将被视为未作出复议申请。

经审查满足各项条件的复议申请，以及在限期内补正了的复议申请，复议机关在收到复议申请书之日起10日内制作"受理复议通知书"，书面通知申请人自收到申请之日起受理复议。复议审理的期限为受理复议之日起60日内。

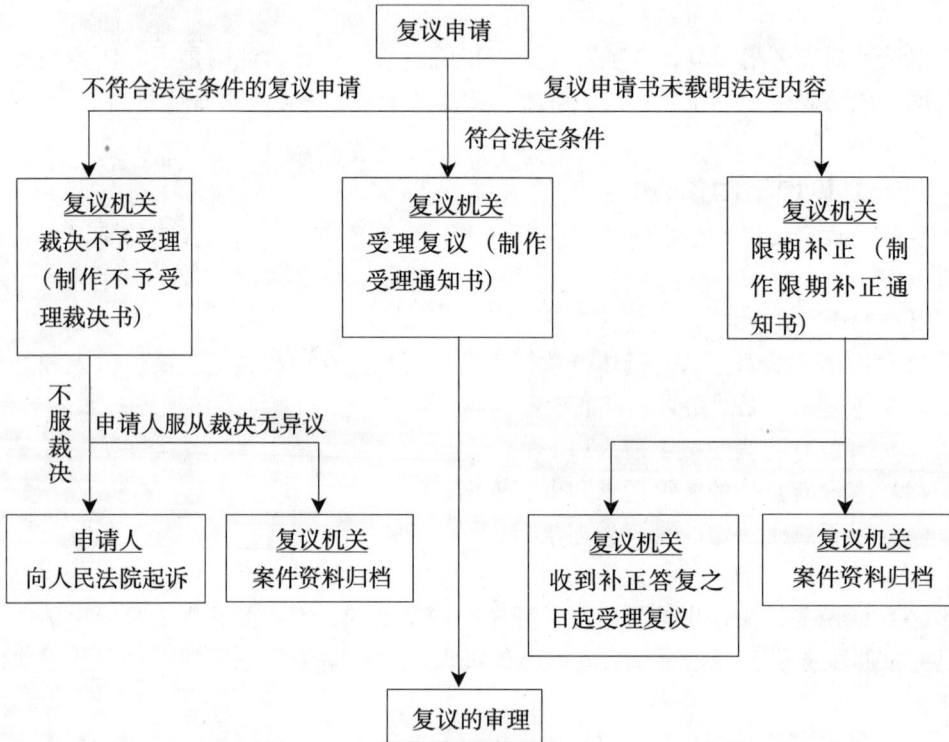

图 8 - 2　复议机关审查、答复复议申请流程

申请人的复议申请已被复议机关受理的，不得向人民法院起诉。

## 六、复议申请的审理

复议审理的流程如图 8 - 3 所示。

在复议审理期间，申请人应注意以下几点规定：

（1）申请人撤回复议申请后，不得以同一事实和理由再申请复议。

（2）复议期间具体行政行为一般不停止执行，但有下列情况之一的，可以停止执行：①被申请人认为需要停止执行的；②复议机关认为需要停止执行的；③申请人申请停止执行，复议机关认为申请有正当理由，裁决停止执行；④法律法规和规章规定停止执行的。

无论具体行政行为停止与否，均应继续复议程序。复议机关认为应该停止执行具体行政行为，应制作"停止执行税收具体行政行为通知书"，书面通知被申请人。

（3）满足停止复议条件的当事人变更是指复议的当事人发生变化。如作为复议申请人的自然人死亡，需要等待有权参加复议的人来参加复议；作为申请人的法人或组织被撤销、变更、合并，需要等待承继其权利义务的法人或组织来参加复议；

```
                    ┌─────────────┐
                    │  复议的审理  │
                    └──────┬──────┘
                           │
审理期间，申请人撤回复议
申请或者被申请人改变所作
的具体行政行为，申请人同
意并申请撤回复议申请
           ┌───────────────┴───────────────┐
           │                               │
┌──────────────────────┐    ┌──────────────────────────────┐
│      复议机关          │    │      复议机关                  │
│ 同意并记录在案，终止复  │    │ 对以下内容进行审理：            │
│ 议审理，有关资料归档    │    │ ①确定具体行政行为是否停止执行   │
└──────────┬───────────┘    │ ②被申请人答辩书                │
           │                │ ③查行为事实（查阅征管资料信息库和稽查 │
           │                │ 资料信息库）                   │
           │                │ ④查法律依据（查阅法规信息库）   │
           │                └──────────────┬───────────────┘
           │                               │
           │                ┌──────────────────────────────┐
           │                │ 对符合下列条件之一的复议申请应停止复议： │
           │                │ ①不可抗力                      │
           │                │ ②当事人变更                    │
           │                │ ③法律、法规抵触（制作停止复议通知书） │
           │                └──────────────┬───────────────┘
           │                               │ 停止复议的条件消除
           │                ┌──────────────────────────────┐
           │                │     恢复复议，继续审理          │
           │                └──────────────┬───────────────┘
           │ 停止复议的条件未消除            │
           ◄───────────────────────────────┤
           │                ┌──────────────────────────────┐
           │                │       复议决定                 │
┌──────────────────┐        └──────────────────────────────┘
│    复议结束        │
└──────────────────┘
```

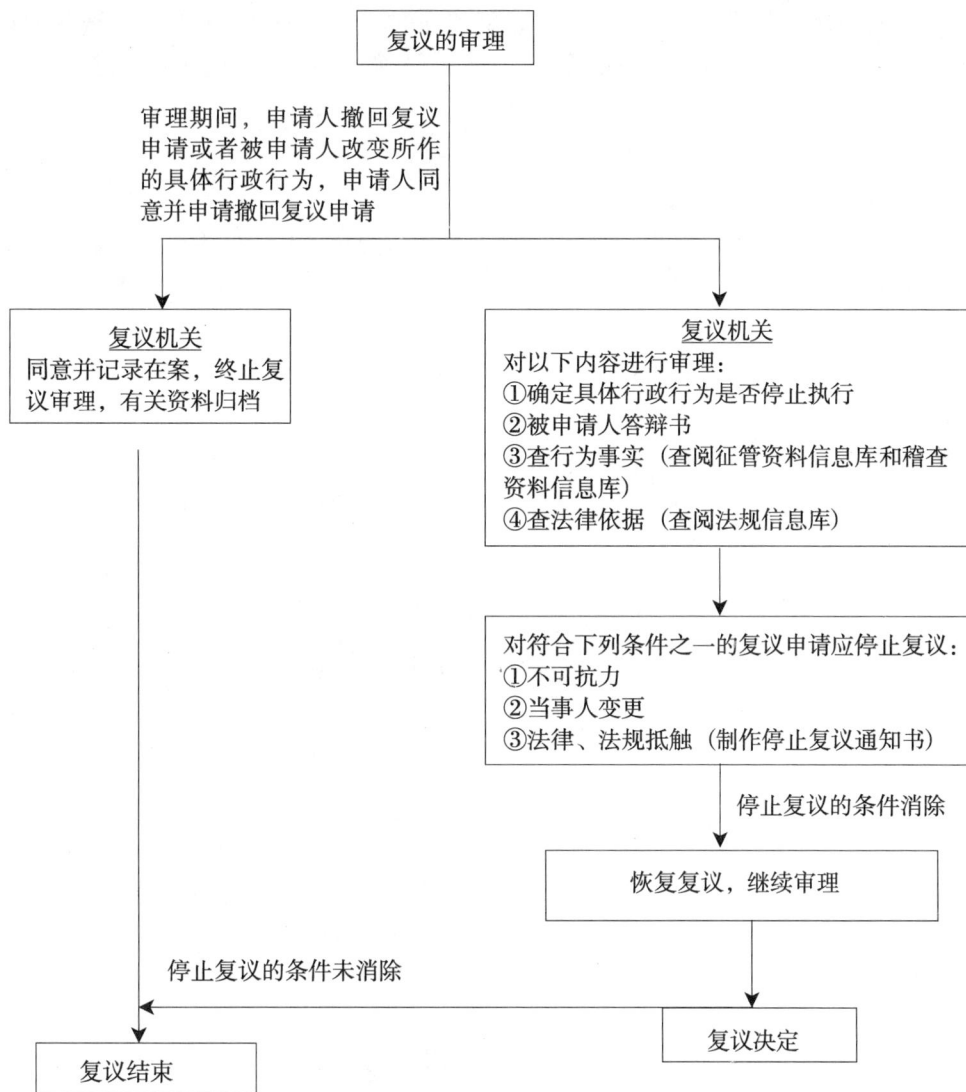

**图 8-3 复议审理流程**

作为被申请人的税务机关发生撤销、合并，税收管辖发生变更，需要等待承继其权利义务的税务机关来参加复议。

（4）停止复议条件中的"法律法规抵触"是指被申请人作出的具体行政行为所依据的税收法规规章与法律法规或者其他规章相抵触时，而复议机关及其上级税务机关均无权处理的情况。

在这种情况下，复议机关应提请有权机关作出解释或裁决。在有权机关处理期间，复议机关停止复议。

　　停止复议时，复议机关应制作"停止复议通知书"书面通知申请人，告知其停止复议的原因。停止复议的条件消除后，再恢复复议程序，停止期间不计算在复议期间内。

## 七、复议决定的作出

　　复议机关经过审理，应当在自收到复议申请之日起 60 日内（不包括停止复议期间）作出复议决定（见图 8-4）。

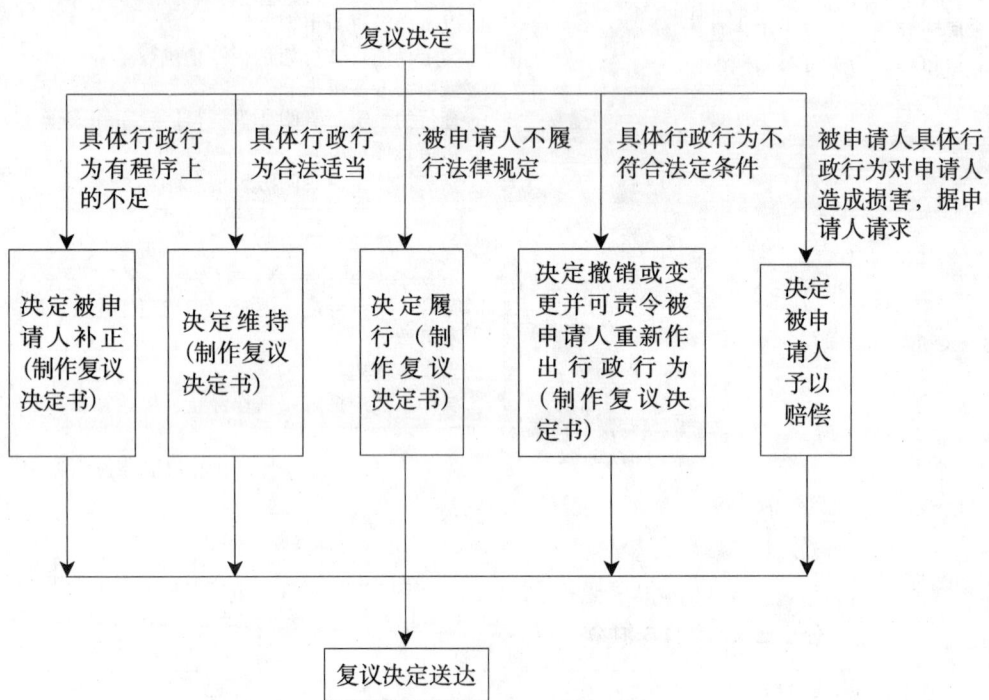

图 8-4　复议决定的作出

　　复议机关作出复议决定后，应制作"复议决定书"书面通知申请人。
　　"复议决定书"格式如表 8-4 所示。

表 8-4

| 复议决定书 |
| --- |
| （＿＿）税第＿＿号 |
| 申请人：姓名＿＿＿＿＿性别＿＿＿职业＿＿＿＿＿住址＿＿＿＿＿＿＿＿＿＿<br>（法人或其他组织名称、地址、法代表人姓名、职务） |

（续上表）

代理人：姓名_____性别____职业_____单位_____

被申请人：名称_____地址_____

法定代表人：姓名_____职务_____

申请人不服_____（被申请人）____年__月__日作出的处理决定，以_____为由依法向本复议机关申请复议，要求_____。现经本机关审理查明：_____。本机关认为_____，依据_____规定，本复议机关作出以下复议决定：_____。申请人对本复议决定不服，可以在收到复议决定之日起 15 日内向人民法院起诉。逾期不起诉又不履行本复议决定的，_____（税务机关）可申请人民法院强制执行或依法强制执行。

复议机关印

法定代表人签名或盖章

年　月　日

## 八、复议文书送达

　　复议文书的送达是指税务行政复议机关依法定方式，把复议文书交给复议参加人的行为。税务行政复议文书一经送达即发生法律效力，受送达人应根据复议决定的事项，行使自己的权利，履行自己的义务。

　　税务行政复议文书送达必须有"送达回证"，由受送达人在"送达回证"上载明收到日期、签名或盖章。"送达回证"格式如表 8-5 所示。复议文书送达的方式只限于直接送达、委托送达和邮寄送达。一般文书可以采用的公告送达方式在此并不适用。

表 8-5

送达回证

受送达人：

送达地点：

送达文件名称：

受送达人签名或盖章：

收件日期：　　　年

代收人记明代收理由：

代收人签名或盖章：

受送达人拒收理由和日期：

见证人签名或盖章：

送达人签名或盖章：

税务机关印

若受送达人不在，可交给与其同住的成年家属或所在单位签收。受送达人是法人或其他组织，可由其收发部门签收。

## 九、复议决定的执行

税务行政复议决定的执行是指当事人依照税收法律法规规定的程序，对已发生法律效力的复议决定，将其内容和要求加以实现的活动。

复议决定的执行流程如图8-5所示。

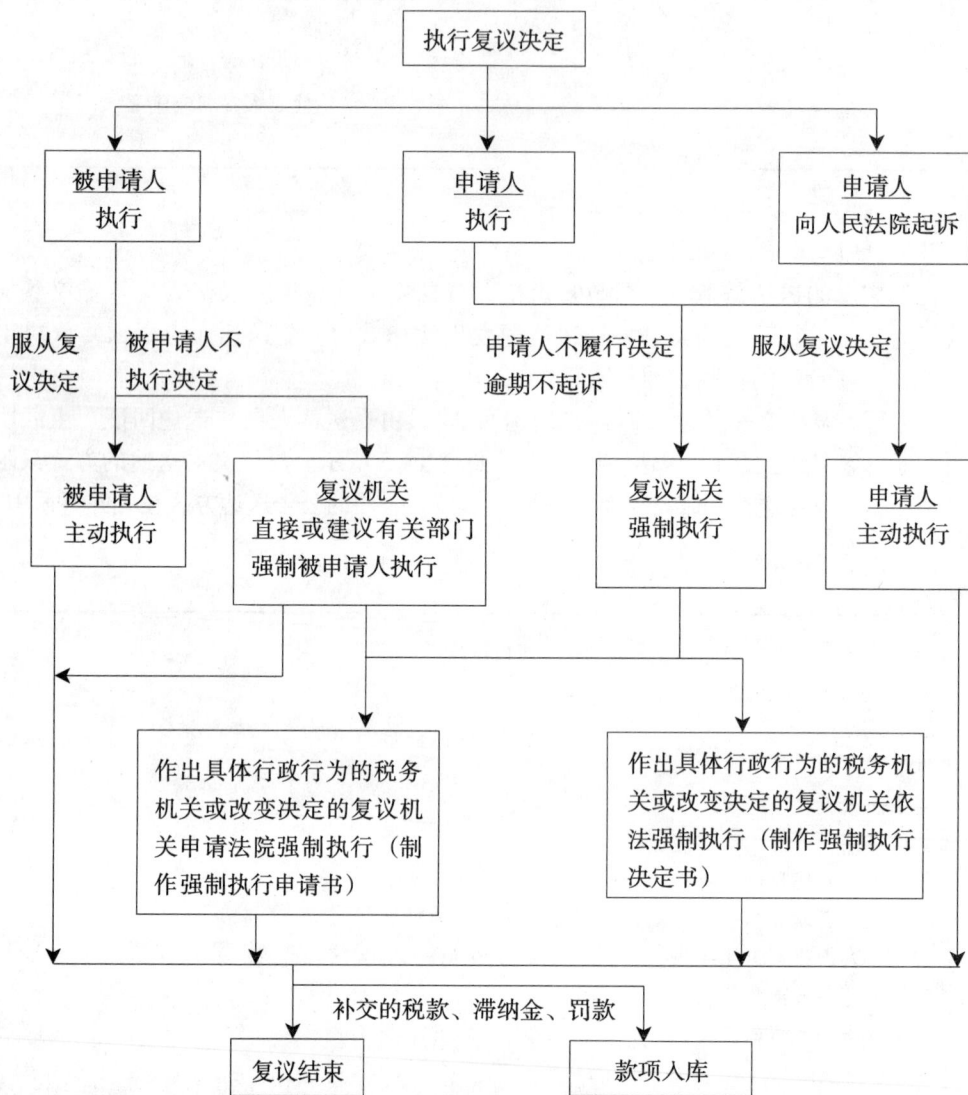

图8-5　复议决定的执行

申请人不服税务行政复议决定的，应在自接到"复议决定书"之日起15日内向人民法院起诉。对于既不履行决定又逾期不起诉的，将被依法强制执行。

维持原具体行政行为的复议决定，由最初作出具体行政行为的税务机关（被申请人）申请人民法院强制执行，或依法强制执行。

改变原具体行政行为的复议决定，由复议机关依法强制执行或申请人民法院强制执行。

对于罚款，税务机关应当向人民法院提交"强制执行申请书"及有关法律文书，依法申请人民法院强制执行。

被申请人拒绝执行复议决定的，复议机关可以直接或者建议有关部门对其法定代表人给予行政处分。

# 第五节　税务行政诉讼

行政诉讼是指人民法院处理行政纠纷、解决行政争议的法律制度，与刑事诉讼、民事诉讼一起共同组成我国的诉讼制度。具体来讲，行政诉讼是指公民、法人和其他组织认为行政机关及其工作人员的具体行政行为侵犯其合法权益，依照行政诉讼法向人民法院提起诉讼，由人民法院进行审理并作出裁判的诉讼制度和诉讼活动。《行政诉讼法》颁布实施后，人民法院审理行政案件以及公民、法人和其他组织与行政机关进行行政诉讼进入了一个有法可依的新阶段。税务行政诉讼作为行政诉讼的一个重要组成部分，也必须遵循《行政诉讼法》所确立的基本原则和程序；同时，税务行政诉讼又不可避免地具有本部门的特点。

税务行政诉讼的流程如图8-6所示。

## 一、税务行政诉讼的概念

税务行政诉讼是指公民、法人和其他组织认为税务机关及其工作人员的具体税务行政行为违法或者不当，侵犯了其合法权益，依法向人民法院提起行政诉讼，由人民法院对具体税务行政行为的合法性和适当性进行审理并作出裁判的司法活动。其目的是保护纳税人、扣缴义务人等当事人的合法权益，维护和监督税务机关依法行使行政职权。

从税务行政诉讼与税务行政复议及其他行政诉讼活动的比较中可以看出，税务行政诉讼具有以下特殊性：

（1）税务行政诉讼是由人民法院进行审理并作出裁判的一种诉讼活动。这是税务行政诉讼与税务行政复议的根本区别。税务行政复议和税务行政诉讼是解决税务行政争议的两条重要途径。由于税务行政争议范围广、数量多、专业性强，大量税务行政争议由税务机关以税务复议方式解决。只有由人民法院对税务案件进行审理并作出裁决的活动，才是税务行政诉讼。

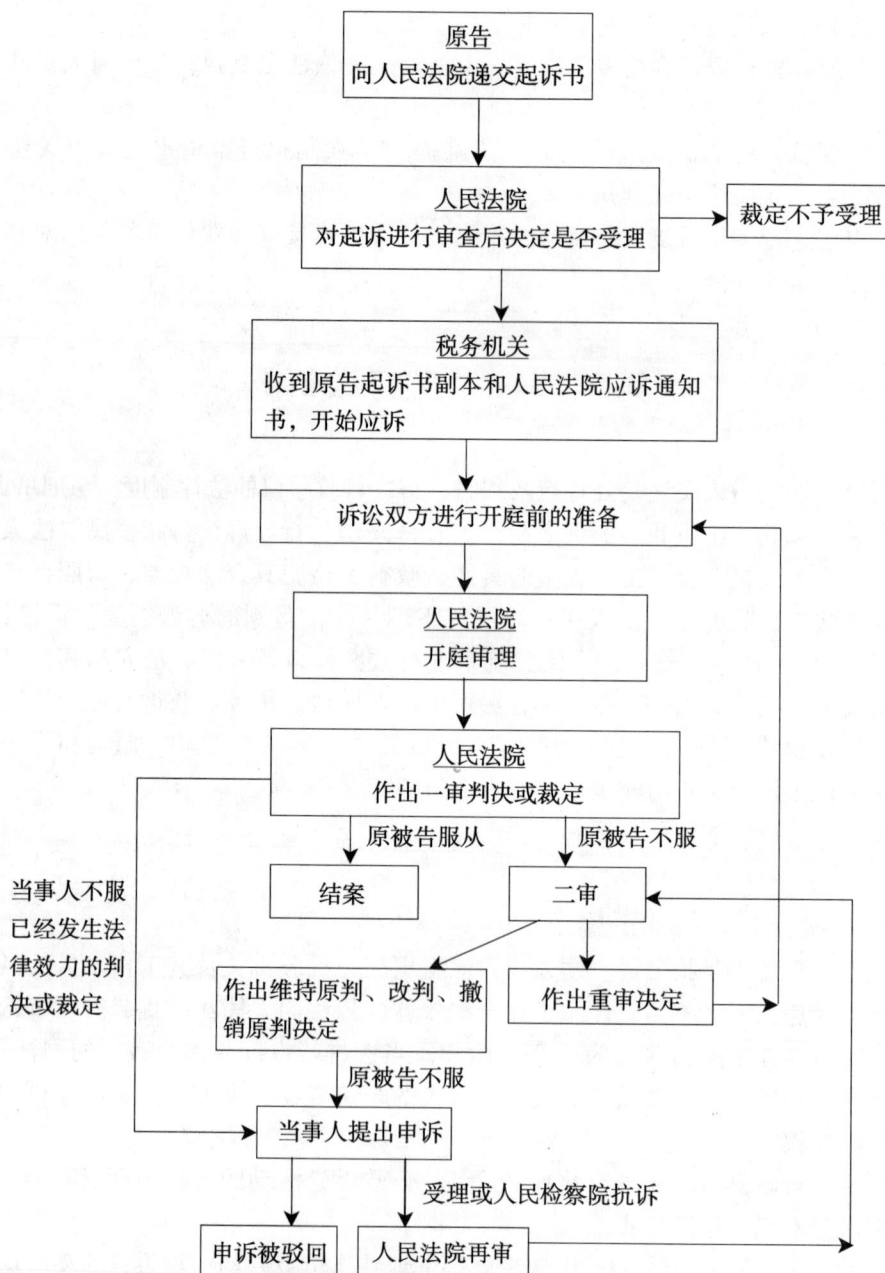

**图8-6  税务行政诉讼流程**

（2）税务行政诉讼以解决税务行政争议为内容。这是税务行政诉讼与其他行政诉讼活动的根本区别。具体体现在：

①被告必须是税务机关，或经法律法规授权的行使税务行政管理权的组织，而不是其他行政机关或组织；

②税务行政诉讼解决的争议发生在税务行政管理过程中；

③因税款征纳问题发生的争议，当事人在向人民法院提起行政诉讼前，必须先经税务行政复议程序，即复议前置。

## 二、税务行政诉讼的原则

除共有原则外（如人民法院独立行使审判权，实行合议、回避、公开、辩论、两审终审等），税务行政诉讼还必须遵循以下几个特有原则：

（1）人民法院特定主管原则。即人民法院对税务行政案件只有部分管辖权。根据《行政诉讼法》第十一条规定，人民法院只能受理因具体行政行为引起的税务行政争议案。

（2）合法性审查原则。除审查税务机关是否滥用权力、税务行政处罚是否有失公正外，人民法院只对具体税务行为是否合法予以审查。与此相适应，人民法院原则上不直接判决变更。

（3）不适用调解原则。税收行政管理权是国家权力的重要组成部分，税务机关无权依自己意愿进行处置，因此，人民法院一般不对税务行政诉讼法律关系的双方当事人进行调解，除附带赔偿诉讼之外。

（4）起诉不停止执行原则。即当事人不能以起诉为理由而停止执行税务机关所作出的具体行政行为，如税收保全措施和税收强制执行措施。

（5）税务机关负举证责任原则。由于税务行政行为是税务机关单方依一定事实和法律作出的，只有税务机关最了解作出该行为的证据。如果税务机关不提供或不能提供证据，就可能败诉。若附带赔偿诉讼，则不完全采用被告负举证责任原则，可以参考民事诉讼规则，要求行政赔偿请求人对其诉讼请求及主张进行举证。另外，在诉讼过程中不得自行向原告和证人搜集证据。

（6）由税务机关负责赔偿的原则。依据《中华人民共和国国家赔偿法》（以下简称《国家赔偿法》）有关规定，税务机关及其工作人员因执行职务不当，给当事人造成人身及财产损害，应负赔偿责任。

## 三、税务行政诉讼的管辖

税务行政诉讼管辖是指人民法院之间受理第一审税务行政诉讼案件的职权分工。《行政诉讼法》第十三条至第二十三条详细、具体地规定了行政诉讼管辖的种类和内容。这对税务行政诉讼也是适用的。

具体来讲，税务行政诉讼的管辖分为级别管辖、地域管辖和裁定管辖三种：

**（一）级别管辖**

级别管辖是指上下级人民法院之间受理第一审税务行政诉讼案件的分工和权限。根据《行政诉讼法》规定，基层人民法院管辖一般的税务行政诉讼案件；中、高级人民法院管辖本辖区内重大、复杂的税务行政诉讼案件；最高人民法院管辖全国范围内重大、复杂的税务行政诉讼案件。

**（二）地域管辖**

地域管辖是指同级人民法院之间受理第一审行政诉讼案件的分工和权限。地域管辖分一般地域管辖和特殊地域管辖两种：

（1）一般地域管辖。一般地域管辖是指按照最初作出具体行政行为的机关所在地来确定管辖法院。凡是未经复议直接向人民法院提起诉讼的，或者经过复议，复议裁决维持原具体行政行为，当事人不服，向人民法院提起诉讼的，根据《行政诉讼法》第十七条规定，均由最初作出具体行政行为的税务机关所在地的人民法院管辖。

（2）特殊地域管辖。特殊地域管辖是指根据特殊行政法律关系或特殊行政法律关系所指的对象来确定管辖法院。税务行政案件的特殊地域管辖主要是指经过复议的案件，复议机关改变原具体行政行为，由原告选择最初作出具体行政行为的税务机关所在地的人民法院，或者复议机关所在地人民法院管辖。原告可以向任何一个有管辖权的人民法院起诉，最先收到起诉书的人民法院为第一审法院。

**（三）裁定管辖**

裁定管辖是指人民法院依法自行裁定的管辖，包括移送管辖、指定管辖及管辖权的转移三种情况：

（1）移送管辖。移送管辖是指人民法院将已经受理的案件，移送给有管辖权的人民法院审理。根据《行政诉讼法》第二十一条规定，移送管辖必须具备三个条件：一是移送人民法院已经受理了该案件；二是移送法院发现自己对该案件没有管辖权；三是接受移送的人民法院必须对该案件确有管辖权。

（2）指定管辖。指定管辖是指上级人民法院以裁定的方式，指定某下一级人民法院管辖某一案件。根据《行政诉讼法》第二十二条规定，有管辖权的人民法院因特殊原因不能行使对行政诉讼的管辖权的，由其上级人民法院指定管辖；人民法院对管辖权发生争议且协商不成的，由其共同的上级人民法院指定管辖。

（3）管辖权的转移。根据《行政诉讼法》第二十三条规定，上级人民法院有权审理下级人民法院管辖的第一审税务行政案件，也可以将自己管辖的第一审税务行政案件移交下级人民法院审判；下级人民法院对其管辖的第一审税务行政案件，认为需要由上级人民法院审判的，可以报请上级人民法院决定。

### 四、税务行政诉讼的受案范围

税务行政诉讼的受案范围是指人民法院对税务机关的哪些行为拥有司法审查权。换言之，即公民、法人或者其他组织对税务机关的哪些行为不服，可以向人民法院提起税务行政诉讼。在实际生活中，税务行政争议种类多、涉及面广，不可能也没有必要都诉诸人民法院通过诉讼程序来解决。界定税务行政诉讼的受案范围，便于明确人民法院、税务机关及其他国家机关之间在解决税务行政争议方面的分工和权限。

税务行政诉讼案件的受案范围除受《行政诉讼法》有关规定的限制外，也受《税收征管法》及其他相关法律法规的调整和制约。具体说来，税务行政诉讼的受案范围与税务行政复议的受案范围基本一致，包括：

（1）税务机关作出的征税行为：一是征收税款；二是扣缴义务人、受税务机关委托的单位作出代扣代缴、代收代缴行为及代征行为。

（2）税务机关作出的责令纳税人提交纳税保证金或者纳税担保行为。

（3）税务机关作出的行政处罚行为：一是罚款，加收滞纳金；二是没收违法所得；三是停止出口退税权；四是收缴发票和暂停供应发票。

（4）税务机关作出的通知出境管理机关阻止出境行为。

（5）税务机关作出的税收保全措施：一是书面通知银行或其他金融机构冻结存款；二是扣押、查封商品、货物或其他财产。

（6）税务机关作出的税收强制执行措施：一是书面通知银行或其他金融机构扣缴税款；二是拍卖所扣押、查封的商品、货物或其他财产抵缴税款。

（7）认为符合法定条件申请税务机关颁发税务登记证和发售发票，税务机关拒绝颁发、发售或者不予答复的行为。

（8）税务机关的复议行为：一是复议机关改变了原具体行政行为；二是期限届满，税务机关不予答复。

### 五、税务行政诉讼的起诉和受理

#### （一）税务行政诉讼的起诉

税务行政诉讼的起诉是指公民、法人或者其他组织认为自己的合法权益受到税务机关具体行政行为的侵害，而向人民法院提出诉讼请求，要求人民法院行使审判权，依法予以保护的诉讼行为。起诉是法律赋予税务行政管理相对人用以保护其合法权益的权利和手段。在税务行政诉讼等行政诉讼中，起诉权是单向性的权利，税务机关不享有起诉权，只有应诉权，即税务机关只能作被告；与民事诉讼不同，作为被告的税务机关不能反诉。

纳税人、扣缴义务人等税务行政管理相对人在提起税务行政诉讼时，必须符合下列条件：

（1）原告是认为具体税务行为侵犯其合法权益的公民、法人或其他组织；

（2）有明确的被告；

（3）有具体的诉讼请求和事实、法律根据；

（4）属于人民法院的受案范围和管辖范围。

此外，提起税务行政诉讼，还必须符合法定的期限和必经的程序。根据《税收征管法》第八十八条及其他相关规定，对税务机关的征税行为提起诉讼，必须先经过复议；对复议决定不服的，可以在接到"复议决定书"之日起15日内向人民法院起诉。对其他具体行政行为不服的，当事人可以在接到通知或知道之日起15日内直接向人民法院起诉。

税务机关作出具体行政行为时，未告知当事人诉权和起诉期限，致使当事人逾期向人民法院起诉的，其起诉期限从当事人实际知道诉权或者起诉期限时计算。但最长不得超过2年。

**（二）税务行政诉讼的受理**

原告起诉后，经人民法院审查，认为符合起诉条件并立案审理，称为受理。对当事人的起诉，人民法院一般从以下几方面进行审查并作出是否受理的决定：①是否属于法定的诉讼受案范围；②是否具备法定的起诉条件；③是否已经受理或者正在受理；④是否有管辖权；⑤是否符合法定的期限；⑥是否经过必经的复议程序。

根据法律规定，人民法院接到诉状，经过审查，应当在7日内立案或者裁定不予受理。原告对不予受理的裁定不服的，可以提起上诉。

## 六、税务行政诉讼的审理和判决

**（一）税务行政诉讼的审理**

人民法院审理行政案件实行合议、回避、公开审判和两审终审的审判制度。审理的核心是审查被诉具体行政行为是否合法，即作出该行为的税务机关是否依法享有该税务行政管理权；该行为是否依据一定的事实和法律作出；税务机关作出该行为是否遵照必备的程序等。

根据《行政诉讼法》第五十二条、五十三条规定，人民法院审查具体行政行为是否合法，依据法律、行政法规和地方性法规（民族自治地方的自治条例和单行条例），参照部门规章和地方性规章。

**（二）税务行政诉讼的判决**

人民法院对受理的税务行政案件，经过调查、搜集证据、开庭审理之后，分别作出如下判决：

（1）维持判决。适用于具体行政行为证据确凿，适用法律法规正确，符合法定程序的案件。

（2）撤销判决。被诉的具体行政行为主要证据不足，适用法律法规错误，违反法定程序，或者超越职权、滥用职权，人民法院应判决撤销或部分撤销，同时可判决税务机关重新作出具体行政行为。

（3）履行判决。税务机关不履行或拖延履行法定职责的，判决其在一定期限内履行。

（4）变更判决。税务行政处罚有失公正的，可以判决变更。

当事人对人民法院一审判决不服，可以上诉。对发生法律效力的判决，当事人必须执行，否则人民法院有权依对方当事人的申请予以强制执行。

# 第六节　税务行政赔偿

税务行政赔偿属于国家赔偿中的行政赔偿。所谓国家赔偿是指国家机关和国家机关工作人员违法行使职权，对公民、法人或其他组织的合法权益造成损害的，由国家承担赔偿责任的制度。我国 1982 年《宪法》规定，由于国家机关和国家机关工作人员侵犯公民权利而使其受到损失，公民有依法取得赔偿的权利。但长期以来，我国法律体系中并没有与之相适应的具体法律制度。为了切实保护每一个公民的基本权利，我国于 1994 年 5 月 12 日颁布，1995 年 1 月 1 日开始施行《国家赔偿法》。《国家赔偿法》既是一部规范国家赔偿的实体法，又是一部具有较强操作性的程序法。

## 一、税务行政赔偿概述

### （一）税务行政赔偿的概念

税务行政赔偿是指税务机关作为履行国家赔偿义务的机关，对本机关及其工作人员的职务违法行为给纳税人和其他税务当事人的合法权益造成的损害，代表国家予以赔偿的制度。

国家赔偿，顾名思义，就是以国家为赔偿主体的侵权损害赔偿。显而易见，国家赔偿的费用虽然由国家负担，但国家本身却无法履行赔偿义务，必须有机关代表国家履行赔偿义务。由于国家机关部门众多，不可能确定由哪一个机关代表国家履行赔偿义务，而只能按照谁侵权谁代表国家进行赔偿的原则来确定履行国家赔偿义务的机关。这也正是税务行政赔偿存在的原因。

### （二）税务行政赔偿的构成要件

（1）税务机关及其工作人员的职务违法行为。这是构成税务行政赔偿责任的核心要件，也是税务行政赔偿责任的前提。如果税务机关及其工作人员合法行使职权，给纳税人和其他税务当事人的合法权益造成损害，可以给予税务行政补偿，而不存在赔偿责任。

（2）有对纳税人和其他税务当事人合法权益造成损害的事实。这是构成税务行政赔偿责任的必备要件。如果税务机关及其工作人员违法行使职权，但没有侵犯纳税人和其他税务当事人的合法权益，或者侵犯的是非法利益，均不发生税务行政赔偿。这里的损害事实上指的是实际发生的损害，对尚未发生的损害，税务机关没有赔偿义务。

（3）税务机关及其工作人员的职务违法行为与现实发生的损害事实存在因果关系。如果税务机关及其工作人员在行使职务时虽有违法行为，纳税人和其他税务当事人的合法权益也受到了损害，但是这种损害却不是由税务机关及其工作人员的职务违法行为引起的，税务机关没有赔偿义务。

**（三）税务行政赔偿请求人**

税务行政赔偿请求人是指有权对因税务机关及其工作人员的违法职务行为而造成的损害提出赔偿要求的人。根据《国家赔偿法》规定，税务行政赔偿请求人可分为以下三类：

（1）受害的纳税人和其他税务当事人。作为税务机关及税务工作人员职务违法行为的直接受害者，他们有要求税务行政赔偿的权利。

（2）受害公民的继承人、其他有扶养关系的亲属。当受害公民死亡后，其要求行政赔偿的权利可以继承。

（3）承继原法人或其他组织权利义务的法人或其他组织。当受害法人或者其他组织终止后，其权利由其承受者继承。

**（四）税务行政赔偿的赔偿义务机关**

（1）一般情况下，哪个税务机关及其工作人员行使职权侵害公民、法人或其他组织的合法权益，该税务机关就是履行赔偿义务的机关。如果两个以上税务机关及其工作人员共同违法行使职权，侵害纳税人和其他税务当事人合法权益的，则共同行使职权的税务机关均为赔偿义务机关，赔偿请求人有权对其中任何一个提出赔偿请求。

（2）经过上级税务机关行政复议的，最初造成侵权的税务机关为赔偿义务机关，但上级税务机关的复议决定加重损害的，则上级税务机关对加重损害部分履行赔偿义务。

（3）应当履行赔偿义务的税务机关被撤销的，继续行使其职权的税务机关是赔偿义务机关；没有继续行使其职权的，撤销该赔偿义务机关的行政机关为赔偿义务机关。

**（五）税务行政赔偿的请求时效**

赔偿请求人单独提起税收行政赔偿诉讼时，须以税务机关（赔偿义务机关）先行处理为前提。赔偿请求人对赔偿数额有异议或者税务机关逾期不赔偿，赔偿请求人有权自期限届满之日起3个月内向人民法院提起行政赔偿诉讼。赔偿请求人请求国家赔偿的时效为 2 年，自国家机关及其工作人员行使职权时的行为被依法确认为违法之日起计算。

**（六）取得税务行政赔偿的特别保障**

依据《国家赔偿法》规定，赔偿请求人要求赔偿的，赔偿义务机关、复议机关、人民法院不得向该赔偿请求人收取任何费用；对赔偿请求人取得的赔偿金不予征税。

**（七）涉外税务行政赔偿**

依据《国家赔偿法》规定，涉外国家赔偿适用国内赔偿的有关法律规定，但如果外国人、外国企业和组织的所属国对中华人民共和国公民、法人和其他组织要求该国国家赔偿的权利不予保护或者限制的，中华人民共和国与该外国人、外国企业和组织的所属国实行对等原则。涉外税务行政赔偿也适用这一原则。

## 二、赔偿范围

税务行政赔偿的范围是指税务机关对本机关及其工作人员在行使职权时给受害人造成的那些损害予以赔偿。

我国的《国家赔偿法》将损害赔偿的范围限于对财产权和人身权中的生命健康权、人身自由权的损害，未将精神损害等列入赔偿范围。此外，我国《国家赔偿法》中的损害赔偿仅包括对直接损害的赔偿，不包括间接损害。

依据《国家赔偿法》规定，税务行政赔偿的范围包括：

**（一）侵犯人身权的赔偿**

（1）税务机关及其工作人员非法拘禁纳税人和其他税务当事人，或以其他方式剥夺纳税人和其他税务当事人的人身自由。剥夺、限制公民的人身自由，只能由司法机关依法实施，其他任何单位或个人无权剥夺、限制公民的人身自由。税务机关及其工作人员非法拘禁纳税人和其他税务当事人，或以其他方式剥夺纳税人和其他税务当事人人身自由的行为，与公安机关的违法拘留或违法限制公民的人身自由的行为不同。"违法"是指法律规定了剥夺或限制公民的人身自由的措施，行政机关有权依法实施，但实施过程中违反了法律规定；"非法"是指行政机关本无权采取剥夺、限制公民人身自由的措施，但却非法拘禁公民或以其他方式剥夺公民人身自由。

（2）税务机关及其工作人员以殴打等暴力行为，或唆使他人以殴打等暴力行为造成公民身体伤害或者死亡的。

（3）税务机关及其工作人员造成公民身体伤害或死亡的其他违法行为。

**（二）侵犯财产权的赔偿**

（1）税务机关及其工作人员违法征收税款及滞纳金的；

（2）税务机关及其工作人员对当事人违法实施罚款、没收非法所得等行政处罚的；

（3）税务机关及其工作人员对当事人财产违法采取强制措施或税收保全措施的；

（4）税务机关及其工作人员违反国家规定向当事人征收财物、摊派费用的；

（5）税务机关及其工作人员造成当事人财产损害的其他违法行为。

**（三）税务机关不承担赔偿责任的情形**

一般情况下，有损害必赔偿，但在法定情况下，虽有损害发生，国家也不予赔偿。《国家赔偿法》规定了一些情形作为行政赔偿的例外，这些情形包括：

（1）行政机关工作人员行使与职权无关的行为。国家之所以对行政侵权行为负责，承担其造成损害的赔偿义务，在于这种行为是一种职务行为，是代表国家作出的。对于行政机关工作人员行使与职权无关的个人行为，国家不承担责任。因此，税务机关工作人员的非职务行为对他人造成的损害，责任由其个人承担。区分职务行为与个人行为，是看行为人是否在行使职权，而不论其主观意图如何。

（2）因纳税人和其他税务当事人自己的行为致使损害发生的。在损害不是由税务行政侵权行为引起，而是由纳税人和其他税务当事人自己的行为引起的情况下，税务机关不承担赔偿义务。但如果出现混合过错，即损害的发生，受害人自己存在过错，税务机关及其工作人员也存在过错，应根据双方过错的大小各自承担责任，此时，税务机关应承担部分赔偿义务。

（3）法律规定的其他情形。


## 三、赔偿程序

税务行政赔偿的程序由两部分组成，一是非诉讼程序，即税务机关的内部程序；二是税务行政赔偿诉讼程序，即司法程序。

**（一）税务行政赔偿非诉讼程序**

（1）税务行政赔偿请求的提出。依据《国家赔偿法》规定，税务行政赔偿请求人应当先向负有履行赔偿义务的税务机关提出赔偿要求。这是税务行政赔偿的必经程序，即先行处理程序。税收行政赔偿先行处理程序是指税务行政赔偿请求人请求赔偿时，应先向税务行政赔偿义务机关提出赔偿请求，由该赔偿义务机关依法进行处理，或者由双方当事人就有关赔偿的范围、方式和金额等事项进行自愿协商，从而解决税务行政赔偿争议的一种行政程序。它适用于单独提起赔偿请求的情况。

（2）赔偿请求的形式。依据《国家赔偿法》规定，要求税务行政赔偿时应当递交申请书，申请书应当载明下列事项：

①受害人的姓名、性别、年龄、工作单位和住所、法人或者其他组织的名称、住所和法定代表人或者主要负责人的姓名、职务；

②具体的要求、事实根据和理由；

③申请的年、月、日。

赔偿申请须以书面形式提出，如果税务行政赔偿请求人书写申请书确有困难，可以委托他人代写，也可以口头申请，由赔偿义务机关的工作人员作笔录。

（3）对税务行政赔偿请求的处理。税务行政赔偿请求人在法定期限内提出赔偿请求后，负有赔偿义务的税务机关应当自收到申请之日起2个月内依照法定的赔偿方式和计算标准给予赔偿；逾期不赔偿或者赔偿请求人对赔偿数额有异议时，赔偿请求人可以在期限届满之日起3个月内向人民法院提起诉讼。

**（二）税务行政赔偿诉讼程序**

当税务赔偿义务机关逾期不予赔偿或者税务行政赔偿请求人对赔偿数额有异议时，税务行政赔偿请求人可以向人民法院提起诉讼，此时进入税务行政赔偿诉讼程序。应当注意，单独提起税务行政赔偿诉讼与在提起税务行政诉讼的同时一并提出的税务行政赔偿请求有所不同：

（1）在提起税务行政诉讼时一并提出赔偿请求无须经过先行处理，而单独提起税务行政赔偿诉讼必须以税务机关的先行处理为条件。

（2）依据《行政诉讼法》规定，税务行政诉讼不适用于调解，而税务行政赔偿诉讼可以进行调解。因为税务行政赔偿诉讼的核心是税务行政赔偿请求人的人身权、财产权受到的损害是否应当赔偿、赔偿多少，权利具有自由处分的性质，存在调解的基础。

（3）依据《行政诉讼法》规定，在税务行政诉讼中，被告即税务机关承担举证责任，而在税务行政赔偿诉讼中，损害事实部分的举证责任不可能由税务机关承担，也不应由税务机关承担。

**（三）税务行政追偿制度**

税务行政追偿制度，是指违法行使职权给纳税人和其他税务当事人的合法权益造成损害的税务机关的工作人员主观上犯过的错误，如故意和重大过失，税务机关赔偿损害后，再追究其责任的制度。它解决的是税务机关与其工作人员之间的关系。依据《国家赔偿法》规定，作为履行赔偿义务的税务机关在赔偿损失后，应当责令有故意或重大过失的工作人员承担全部或部分赔偿费用。由此可见，税务行政追偿实际上是一种制裁，是对违法行使职权的工作人员的惩罚。规定追偿制度是为了促使行政机关工作人员恪尽职守，防止其滥用职权。《国家赔偿法》还规定，对有故意或重大过失的工作人员，应当依法给予行政处分；构成犯罪，就应当依法追究刑事责任。

此外，还有一个针对赔偿义务机关的、类似于追偿的制度。依据国家赔偿费用管理办法，如果赔偿义务机关因故意或者重大过失造成赔偿的，或者超出《国家赔偿法》规定的范围和标准赔偿的，同级人民政府可以责令该赔偿义务机关自行承担部分或者全部赔偿费用。

## 四、赔偿方式与费用标准

### （一）税务行政赔偿方式

赔偿方式是指国家承担赔偿责任的各种形式。依据《国家赔偿法》规定，国家赔偿以支付赔偿金为主要方式，如果赔偿义务机关能够通过返还财产或者恢复原状实施国家赔偿的，应当返还财产或者恢复原状。

（1）支付赔偿金。这是最主要的赔偿形式。支付赔偿金简便易行，适用范围广，它可以使受害人的赔偿要求迅速得到满足。

（2）返还财产。这是对财产所有权造成损害后的赔偿方式。返还财产要求财产或者原物存在，只有这样才谈得上返还财产。返还财产所指的财产一般是特定物，但也可以是种类物，如罚款所收缴的货币。

（3）恢复原状。这是指对受到损害的财产进行修复，使之恢复到受损前的形状或者性能。使用这种赔偿方式的前提必须是受损害的财产确能恢复原状且易行。

### （二）费用标准

#### 1. 侵害人身权的赔偿标准

（1）侵犯公民人身自由的，每日赔偿金按照国家上年度职工日平均工资计算。

（2）造成公民身体伤害的，应当支付医疗费，以及赔偿因误工减少的收入。减少的收入每日赔偿金按照国家上年度职工日平均工资计算，最高限额为国家上年度职工平均工资的 5 倍。

（3）造成部分或者全部丧失劳动能力的，应当支付医疗费及残疾赔偿金，最高额为国家上年度职工平均工资的 10 倍，全部丧失劳动能力的为国家上年度职工平均工资的 20 倍。造成全部丧失劳动能力的，对其抚养的无劳动能力的人，还应当支付生活费。

（4）造成死亡的，应当支付死亡赔偿金、丧葬费，总额为国家上年度职工平均工资的 20 倍。对死者生前抚养的无劳动能力的人，还应当支付生活费。

上述规定的生活费发放标准参照当地民政部门有关生活救济的规定办理。被抚养的人是未成年人，生活费给付至 18 周岁为止；其他无劳动能力的人，生活费给付至死亡时为止。

#### 2. 侵害财产权的赔偿标准

（1）违法征收税款、加收滞纳金的，返还税款、税款银行同期存款利息及滞纳金。

（2）违法对应予出口退税而未退税的，应予退税。

（3）处罚款、没收非法所得或者违反国家规定征收财物、摊派费用的，返还财产。

（4）查封、扣押、冻结财产的，解除对财产的查封、扣押、冻结，造成财产损坏或者灭失的，应当恢复原状或者给付相应的赔偿金。

（5）应当返还的财产损坏的，能恢复原状的就恢复原状，不能恢复原状的，按照损害程度给付赔偿金。

（6）应当返还的财产灭失的，给付相应的赔偿金。

（7）财产已经拍卖的，给付拍卖所得的款项。

（8）对财产权造成其他损害的，按照直接损失给予赔偿。

按照《国家赔偿法》和国家赔偿费用管理办法的规定，税务行政赔偿费用列入各级财政预算，由各级财政按照财政管理体制分级负担。

## 复习思考题

### 名词解释

1. 税务行政处罚
2. 一事不二罚原则
3. 税务行政复议
4. 不利变更禁止原则
5. 复议申请
6. 税务行政诉讼
7. 税务行政赔偿

### 简答题

1. 简述违反税法的表现。
2. 什么是欠税？简述欠税的法律责任。
3. 简述偷税的法律责任。
4. 简述骗税的法律责任。
5. 简述抗税的法律责任。
6. 什么是税务行政复议？构成税务行政复议的有哪些条件？
7. 税务行政复议的范围包括哪些？
8. 简述税务行政处罚的一般程序。
9. 简述税务行政诉讼的审理和裁决流程。

# 第九章 发票管理

【本章要点】

发票是进行会计核算的原始材料和税务稽查的重要依据。加强发票管理，对保障国家税收收入、维持经济秩序具有特别重要的意义。本章介绍了发票管理的基本概念，具体讲述了普通发票和增值税专用发票的管理，以及发票审查的基本方法。

## 第一节 发票管理的意义

### 一、发票的概念

发票是指在购销商品、提供或者接受服务以及其他经营活动中，由出售货物、提供劳务、收取资金的一方向购买者或劳务的接受者开具的收款凭证。它是财务收支的法定凭证，是会计核算的原始凭据和纳税检查的重要依据。

**（一）发票是一种经济责任的证明**

发票是经济业务活动中，用以证明货物所有权转移或提供劳务服务完成，明确收付双方经济责任的一种证书。发票的填制，表明开具发票的一方已按发票注明的商品品种、规格、数量提供了商品或按照发票上注明的内容、期限等提供了劳务服务；而取得发票的一方，则按发票上注明的金额支付了货币资金。只有双方按经济合同的有关规定履行了各自的经济责任，才会开具发票。如果在发票填开后，某一方未按发票注明的事项去做，如提供的商品规格不对或有质量问题，该方就要承担经济责任。

**（二）发票是会计核算的原始凭证**

发票详细载明了有关经济业务的发生或完成情况，既反映了财务收支的内容、数量、金额，又证明了收付款项已经完成，是最初记载纳税人经济活动的原始证据。发票是纳税人进行财务会计核算的法定原始凭证，纳税人可以凭它核算销售收入或成本费用支出，登记会计账簿。

**（三）发票是一种法律责任证书**

发票作为计算缴纳税款的原始依据，对纳税人应纳税额的计算是否正确有决定性影响。当纳税人因发票的问题而发生偷、漏、骗税等违法行为，受到法律追究时，发票是确定纳税人法律责任的重要依据。增值税专用发票直接载明了税额，表明开具发票的一方在收取货款或劳务费用的同时，依法履行了收取税款的责任，也表明取得发票的一方已按照法律规定支付了税款，因而增值税专用发票更典型地表现为一种法律责任证书。

## 二、发票管理的意义

### （一）促进企业加强财务收支监督，严肃财经纪律

一切单位和个人在销售产品、商品、提供劳务服务以及从事其他经营业务活动中，对外收付款项或发生资金转移时所提供给取得发票的一方的各种凭证，均属发票范围。通过加强发票管理，可以防止企业不按规定填开发票、发票各联数字不符、隐瞒收入、乱列成本费用等违法行为发生，保证发票的真实性、准确性，提高会计核算的正确性，促使购销双方加强财务监督，严肃财经纪律。

### （二）有效控制税源，堵塞收入漏洞，强化税收征管

发票直接反映着从事生产、经营的纳税人的各项业务收入和支出，通过加强发票管理，可以掌握纳税人的生产、经营活动及其商品流转状况，进而有效控制税源，控制滞纳欠税，防止偷、漏税款，保证税收收入，提高税收征管的质量。

### （三）保障合法经营，维护社会主义市场经济秩序

发票应用的范围十分广泛，在经济交往和经济核算中发挥着相当重要的作用。一些不法分子往往利用发票进行贪污贿赂、走私贩私、偷税骗税、侵吞国家财物等违法犯罪活动，私自印制、倒买倒卖、伪造及转借发票等违法行为，屡禁不止，极大地影响了合法经营，严重扰乱了社会主义市场经济秩序。通过加强发票管理，可以有效地遏制上述违法行为的发生，打击违法犯罪活动，保证各项经济活动的正常进行。

## 三、发票的检查及罚则

### （一）检查的内容

发票检查是加强发票管理的重要措施之一。通过发票检查可以及时纠正那些违反《中华人民共和国发票管理办法》（以下简称《发票管理办法》）的行为，保证发票的正确使用，防止和堵塞漏洞，打击利用发票进行的违法犯罪活动。

发票检查的内容包括发票的印制、领购、开具、取得、保管、缴销等。就填开的发票来说，检查的内容包括：发票本身的真伪；发票填开的内容是否符合规定；有关数额计算是否准确，各联次的记载是否相符；是否按规定的时限、顺序、逐栏、全部联次一次性如实填写；有无财务专用章或发票专用章等。

### （二）检查的要求及注意问题

（1）税务人员进行发票的检查工作，要严格执行《发票管理办法》、《税收征管法》及其他法规政策，要主动出示纳税检查证。

（2）一切印制、使用发票的单位和个人，都必须接受税务机关的监督检查，如

实反映情况或提供有关资料，不得隐瞒和拒绝。

（3）税务机关在检查过程中，如需将用票单位和个人的发票调出查验，应向对方开具"发票换票证"以调换出原发票进行检查。"换票证"与所调换的凭证具有同等的效力，被调换凭证联的用票单位和个人不得拒绝接受。税务机关需将空白发票调出查验时，也要开具收据。调出的已填用或空白发票经查没有问题，税务机关应当及时退还。

（4）税务机关对纳税人从中国境外取得的与纳税有关的发票或者凭证，经检查存有疑义的，纳税人必须提供境外公证机构或者注册会计师的确认证明，税务机关审核认可后才能作为记账核算凭证。

（5）为了检查发票各联次填写是否相符，可采取异地间税务机关交叉传递法进行核对。当主管税务机关对购货单位发票的内容有疑问时，可以填制"发票填写情况核对卡"，用传真或信函方式发给异地销货单位的主管税务机关。异地税务机关接到核对卡后，认真与销货单位的发票存根联核对，并于 15 日内反馈有关核对情况。

**（三）发票违法行为及其处罚**

**1. 发票违法行为**

（1）违反发票管理法规的行为。具体包括：未按照规定印制发票或生产发票防伪专用品；未按照规定领购、开具、取得、保管发票；未按照规定接受税务机关检查。

（2）非法携带、邮寄、运输或存放空白发票的行为。

（3）私自印制、伪造变造、倒买倒卖发票，私自制作发票监制章、发票防伪专用品的行为。

**2. 对发票违法行为的处罚规定**

（1）《税收征管法》第七十一条规定："违反本法第二十二条规定，非法印制发票的，由税务机关销毁非法印制的发票，没收违法所得和作案工具，并处 1 万元以上 5 万元以下的罚款；构成犯罪的，依法追究刑事责任。"

（2）对非法携带、邮寄、运输或者存放空白发票的单位和个人，由税务机关收缴发票，没收非法所得，可处 1 万元以下的罚款。

（3）对有前述第（3）项发票违法行为的单位和个人，由税务机关依法查封、扣押或者销毁其私制伪造的票、章等，没收非法所得和作案工具，可处 1 万元以上 5 万元以下的罚款；构成犯罪的，依法追究刑事责任。

（4）单位和个人违反发票管理法规，导致其他单位或个人未缴、少缴或骗取税款，由税务机关没收其非法所得，可处未缴、少缴或者骗取的税款 1 倍以下的罚款。

（5）纳税人必须严格按照《增值税专用发票使用规定》保管、使用专用发票，对违反规定的发生被盗、丢失专用发票的纳税人，按照《税收征管法》和《发票管理办法》规定，处 1 万元以下的罚款；并可视具体情况，对丢失专用发票的纳税人，在一定期限内（最长不超过半年）停止领购专用发票。对纳税人申报遗失的专用发票，如发现非法代开、虚开问题的，该纳税人应承担偷税、骗税的连带责任。

（6）虚开增值税专用发票的，处 3 年以下有期徒刑或者拘役，并处 2 万元以上 20 万元以下罚金；虚开的税款数额较大或有其他严重情节的，处 3 年以上 10 年以下有期徒刑，并处 5 万元以上 50 万元以下罚金；虚开的税款数额巨大或有其他特别严重情节的，处 10 年以上有期徒刑或者无期徒刑，并处 5 万元以上 50 万元以下罚金或者没收财产。

（7）《刑法》第二百零六条规定："伪造或者出售伪造的增值税专用发票的，处 3 年以下有期徒刑、拘役或者管制，并处 2 万元以上 20 万元以下罚金；数量较大或者有其他严重情节的，处 3 年以上 10 年以下有期徒刑，并处 5 万元以上 50 万元以下罚金；数量巨大或者有其他特别严重情节的，处 10 年以上有期徒刑或者无期徒刑，并处 5 万元以上 50 万元以下罚金或者没收财产。

伪造并出售伪造的增值税专用发票，数量特别巨大，情节特别严重，严重破坏经济秩序的，处无期徒刑或者死刑，并处没收财产。

单位犯本条规定之罪的，对单位判处罚金，并对其直接负责的主管人员和其他直接责任人员，处 3 年以下有期徒刑、拘役或者管制；数量较大或者有其他严重情节的，处 3 年以上 10 年以下有期徒刑；数量巨大或者有其他特别严重情节的，处 10 年以上有期徒刑或者无期徒刑。"

（8）《刑法》第二百零九条规定："伪造、擅自制造或者出售伪造、擅自制造的可以用于骗取出口退税、抵扣税款的其他发票的，处 3 年以下有期徒刑、拘役或者管制，并处 2 万元以上 20 万元以下罚金；数量巨大的，处 3 年以上 7 年以下有期徒刑，并处 5 万元以上 50 万元以下罚金；数量特别巨大的，处 7 年以上有期徒刑，并处 5 万元以上 50 万元以下罚金或者没收财产。

伪造、擅自制造或者出售伪造、擅自制造的前款规定以外的其他发票的，处 2 年以下有期徒刑、拘役或者管制，并处或者单处 1 万元以上 5 万元以下罚金；情节严重的，处 2 年以上 7 年以下有期徒刑，并处 5 万元以上 50 万元以下罚金。

有前款行为骗取国家税款，数额特别巨大、情节特别严重、给国家利益造成特别重大损失的，处无期徒刑或者死刑，并处没收财产。"

（9）非法购买增值税专用发票或者购买伪造的增值税专用发票的，处 5 年以下有期徒刑或拘役，并处或者单处 2 万元以上 20 万元以下罚金。

（10）盗窃增值税专用发票或者其他发票的，依照刑法关于盗窃罪的规定处罚。

（11）《刑法》第四百零五规定："税务机关的工作人员违反法律、行政法规的规定，在办理发售发票、抵扣税款、出品退税工作中，徇私舞弊，致使国家利益遭受重大损失的，处 5 年以下有期徒刑或者拘役；致使国家利益遭受特别重大损失的，处 5 年以上有期徒刑。"

# 第二节　普通发票的管理

## 一、普通发票的适用范围和结构特点

国家税务总局统一负责全国发票管理工作，发票的具体管理工作按流转税的归属划分，由国家税务局和地方税务局按各自的权限执行。国家税务局负责征收管理的税收所需使用的普通发票，由国家税务局负责印制、发放和管理；地方税务局负责征收管理的税收所需使用的普通发票，由地方税务局印制、发放和管理。发票防伪专用品的生产、发票防伪措施的采用、全国统一发票监制章，由国家税务总局确定。

### （一）普通发票的适用范围

普通发票是相对于增值税专用发票而言的，具体适用于下列经济交往活动：

（1）提供非增值税应税劳务。非增值税应税劳务的提供者为非增值税纳税人，不能使用增值税专用发票，而只能使用普通发票。由于提供非增值税应税劳务行为涉及的范围很大，因此，这是普通发票应用最广泛的领域。

（2）销售货物或提供增值税应税劳务的纳税人（即增值税纳税人），在下列情况下，不能或不需使用增值税专用发票，也要开具普通发票：①小规模纳税人和视同小规模纳税人销售货物或提供增值税应税劳务（由税务机关代开增值税专用发票的除外）；②一般纳税人向消费者销售货物或提供增值税应税劳务；③销售免税货物、报关出口货物、在境外销售应税劳务、转让无形资产或销售不动产、将货物用于非应税项目、用于集体福利或个人消费、无偿赠送他人；④一般纳税人向小规模纳税人销售货物和提供应税劳务。

### （二）普通发票的结构及特点

普通发票作为在购销商品、提供或者接受服务以及从事其他经营活动中开具、取得的收付款凭证，只是一种商事凭证，只开具交易数量、商品名称、价格等内容而不开具税金，使用范围比较广泛。其基本联次有三联：第一联为存根联，由开票方留存备查；第二联为发票联，由取得方作为付款的原始凭证，填开后的发票联要加盖财务印章或发票专用章；第三联为记账联，由开票方作为记账原始凭证。

普通发票的基本内容包括发票的名称、字轨号码、联次及用途、客户名称、开户银行及账号、商品名称或经营项目、计量单位、数量、单价、大小写金额、开票人、开票日期、开票单位（个人）名称（章）等。

税务机关可以在权限范围内，决定普遍发票的基本联次、基本内容的增减。

## 二、普通发票的印制

发票印制是发票管理的首要环节，加强发票的印制管理，有利于从源头上对发票进行控制。国家对发票的印制实行"统一管理"的原则。

### （一）印制管理权

普通发票的印制管理权归省级税务机关所有，具体包括对用票单位自印发票的审批权和对印刷企业的选择权。未经税务机关批准，任何单位和个人均不准印制发票。

对于通用性的普通发票，一般由税务机关统一设计式样，套印全国统一发票监制章并指定企业印制。在全国范围内统一式样的普通发票，由国家税务总局确定；在省、自治区、直辖市范围内统一式样的普通发票，由省级国家税务局与地方税务局确定。经过严格审查的发票定点印制企业，由税务机关发给"发票准印证"。

有固定生产经营场所、财务和发票管理制度健全、发票使用量较大的单位，可以申请印制印有本单位名称的发票；统一发票式样不能满足业务需要的单位，可向县以上税务机关提出自行设计本单位普通发票的书面申请报告，经批准后可以到税务机关指定的印刷企业印刷。带有企业名头发票申请审批表见表9-1。

表9-1　　　　　　　　　带有企业名头发票申请审批表

（　　　）税第　　　号

| 企业名称 | | 经济性质 | | 电话 | |
|---|---|---|---|---|---|
| 年用量 | | 税务登记证号码 | | | |
| 申请印制发票名称 | 联数 | 每本份数 | 本数 | 起止号码 | |
| | | | | | |
| | | | | | |
| | | | | | |

| 财务负责人　　　　　　　　　　发票责任人　　　　　　　　　　企业（章）<br><br>　　　　　　　　　　　　　　　　　　　　　　　　　　　　年　月　日 | | | |
|---|---|---|---|
| 基层税务机关意见 | 　　　　　　　　　　　　　　　　　　（章）　年　月　日 | | |
| 市（县）局发票管理部门审批 | 　　　　　　　　　　　　　　　　　　（章）　年　月　日 | | |
| 备注 | | | |

说明：①该申请表由用票单位填写，一式三份。经税务机关审批后，市或县税务机关和基层税务

机关各留一份，退还用票单位一份。

②用票单位每次自印发票均需填写此表。税务机关审批后在《发票购印登记证》上进行登记。

③表中的"（　　）税第　　号"，"（　　）"内填写年份；"税"前填写市或县税务局代号；"第　　号"中间填写本年审批此表的顺序。

### （二）印制要求

为了保证发票的印刷质量，便于发票管理及使用，发票的印刷必须满足以下要求：

（1）对印刷企业的要求。印刷企业必须持发票准印证，必须按照税务机关批准的式样和数量印制发票，并按税务机关的统一规定，建立发票印制管理制度和保证安全措施。印刷企业接到主管税务机关下达的发票印制通知书后，要严格按照通知书上载明的发票名称、种类、联次、规格、印色、印制数量、起止号码、交货时间等内容进行印制。

（2）对印制地点的要求。各省、自治区、直辖市内的单位和个人使用的普通发票，应当在本省、自治区、直辖市内印制。确有必要到外省、自治区、直辖市印制的，应当经省、自治区、直辖市的税务机关商印制地的同级税务机关同意，由印制地省、自治区、直辖市税务机关指定的印刷发票的企业印制；禁止在境外印制发票。

（3）对使用文字的要求。发票应使用中文印制；民族自治区的发票可以加印当地一种通用的民族文字；涉外企业有实际需要的，也可以同时使用中外两种文字印刷。

（4）发票实行不定期换版制度。为了防止和杜绝私印、伪造假发票，对发票实行不定期改变版面印刷要求，包括更换监制章、底纹式样、印色及用纸类别等。

## 三、普通发票的领购

统一印制的普通发票由税务机关设专人统一管理，发票的领购是针对这种发票而言的。非自印发票的单位和个人需使用普通发票时，都要向当地税务机关申请领购由税务机关监督、统一印制的发票。自印发票的单位在申请印制发票时就已审查确定了发票的使用对象，因此不涉及发票领购问题。

### （一）领购资格

从事生产经营并依法办理税务登记的单位和个人，在领取税务登记证后，都有资格向主管税务机关申请领购发票。

### （二）领购簿的发放

申请领购发票的单位和个人先要提出购票申请，并提供经办人身份证明、税务登记证件或者其他有关证明，以及财务印章或发票专用章的印模；然后由主管税务机关进行审核，对审核无误的发给"发票领购簿"。用票单位和个人可以按照发票领购簿核准的种类、数量以及购票方式，向主管税务机关领购发票。

发票领购簿的内容主要包括用票单位或个人的名称，所属行业，经济类型，发票的名称、种类、准购数量，购票方式，领购日期，起止号码，违章记录，领购人签字（盖章）、核发税务机关（盖章）等。

领购发票申请报告表、发票领购簿等见表9-2至表9-6。

表9-2　　　　　　　　　　　　　**领购发票申请报告表**

年　月　日

| 业户名称 | | 经济性质 | | 法人代表或经营人 | |
|---|---|---|---|---|---|
| 地址 | | 营业执照号码 | | 税务登记证号码 | |
| 行业 | | 开户银行 | | 账号 | |
| 经营范围 | | 发票供应方式 | | | |
| 发票管理责任人 | | 电话 | | | |
| 购领发票的种类、名称、数量及理由 | | 财务专用章或发票专用章 | | | |
| 基层税务机关意见 | | | | | |
| 县、区（分局）税务机关核批 | | | | | |
| 核准发票购印登记证号码 | | | | | |

表9-3　　　　　　　　　　　　　**发票领购簿**

编号：

| 用票单位 | | | |
|---|---|---|---|
| 经营地址 | | | |
| 经济类型 | | 所属行业 | |
| 企业法人代表 | | 财务负责人 | |
| 经办人姓名 | | 身份证号码 | |
| 营业执照 | 字号 | | |

（续上表）

| 经营范围 | |
|---|---|
| 主管税务机关 | |
| 微机编号 | 税务人员 |
| 税务登记证号码 | |
| 购票方式 | 准购数量 |
| 准购发票范围 | |
| 特殊情况说明 | 核发税务机关 |
| | 经办人<br>年　月　日 |

**表9－4**　　　　　　　　　　　　　　　　**单位填开责任书**

| 用票单位 | | 经济类型 | |
|---|---|---|---|
| 发票填开姓名 | | 性别 | | 年龄 | |
| 文化程度 | | 政治面目 | |
| 填开员职责范围 | 一、负责按照规定的时限、顺序、逐栏、全部联次一次复写，如实开具<br>二、负责按照本单位经营范围开具<br>三、负责按照"先进先出"的原则和编号顺序交次开具<br>四、妥善保管发票，专柜存放，不得转借、转让、代开发票<br>五、有权拒绝购销双方单位和个人索要不合法发票<br>六、未按照规定开的，按《中华人民共和国发票管理办法》第三十六条规定处理 |
| 企业财务负责人签字 | | 企业法人签字 | |

**表9－5**　　　　　　　　　　　　　　　　**发票领购登记栏**

| 年 月 | 日 | 发票名称 | 批准文号 | 联式 | 起止号码 | 发售人盖章 |
|---|---|---|---|---|---|---|
| | | | | | | |
| | | | | | | |
| | | | | | | |
| | | | | | | |
| | | | | | | |
| | | | | | | |
| | | | | | | |
| | | | | | | |
| | | | | | | |
| | | | | | | |
| | | | | | | |
| | | | | | | |
| | | | | | | |
| | | | | | | |
| | | | | | | |
| | | | | | | |

表9-6　　　　　　　　　　　　　　　发票缴销结存情况

| 缴销情况记录 | | | | | 结存 | |
|---|---|---|---|---|---|---|
| 年 | | 摘要 | 本数 | 起止号码 | 本数 | 起止号码 |
| 月 | 日 | | | | | |
| | | | | | | |
| | | | | | | |
| | | | | | | |
| | | | | | | |
| | | | | | | |
| | | | | | | |
| | | | | | | |
| | | | | | | |
| | | | | | | |
| | | | | | | |
| | | | | | | |
| | | | | | | |
| | | | | | | |
| | | | | | | |
| | | | | | | |
| | | | | | | |
| | | | | | | |

### （三）临时使用发票的规定

从事临时经营的单位和个人、外来工商业户及没有办理税务登记的纳税人，需要临时使用发票时，可以直接向经营地主管税务机关申请办理。临时经营发票一般直接由主管税务机关填开。用票单位和个人申请填开发票时，要提供发生购销业务、提供或接受服务及其他经营活动的书面证明。对税法规定应当缴纳税款的，用票单位和个人还应在开具发票的同时，主动履行纳税义务。

### （四）临时跨省经营发票的领购

临时到本省、自治区、直辖市以外从事经营活动的单位或个人，可以凭所在地税务机关的证明，向经营地税务机关申请领购经营地的普通发票。经营地税务机关可以要求其提供保证人或者交纳保证金。公民、法人或其他经营组织有担保能力的，都可以作保证人，但国家机关不能作保证人。保证人要填写担保书，写明担保对象、范围、期限和责任及其他有关事项。

临时经营者在经营地如果找不到保证人，经营地税务机关将要求其根据所领购发票的票面限额及数量交纳不超过 1 万元的保证金，并限期缴销发票。按期缴销发票的，解除保证人的担保义务或者退还保证金；未按期缴销发票的，由保证人或者以保证金承担法律责任。

**（五）临时跨市、县经营发票的领购**

临时在本省、自治区、直辖市以内跨市、县从事经营活动领购发票的办法，由省、自治区、直辖市税务机关规定。纳税人不得自行或委托印制发票，也不得向别的单位和个人购买或者借用发票。

## 四、普通发票的开具

销售商品、提供劳务以及从事其他经营活动的单位和个人，对外发生经营业务收取款项，收款方应向付款方开具发票（小额零售时对方不要求开给发票的除外）；在特殊情况下，由付款方向收款方开具发票。这是发票使用的关键环节，直接决定了发票使用的合法性、正确性和真实性，税务机关对此制定了严格的监管规定。

**（一）开具发票的一般规定**

（1）发票只限于领购单位和个人自己填用，不得出售、转借、转让、代开。向消费者个人零售小额商品，可以不开发票，如果消费者索要发票则不得拒开。未经税务机关批准，不得拆本使用发票。

（2）开具发票要按照规定的时限、顺序、逐栏、全部联次一次性如实开具，并加盖单位财务印章或发票专用章。

3．填开发票的单位和个人必须在发生经营业务、确认营业收入时开具发票，未发生经营业务一律不准开具发票。发票只能在工商行政管理部门发放的营业执照上核准的经营业务范围内填开，不得自行扩大发票使用范围。填开发票时，不得按照付款方的要求变更品名和金额等。

（4）开具发票应当使用中文。民族自治区可以同时使用当地通用的一种民族文字，外商投资企业可以同时使用一种外国文字。

**（二）开具发票的特殊规定**

（1）用票单位和个人在整本发票使用前，要认真检查有无缺页、错号、发票联有无发票监制章或印刷不清楚等现象，如发现问题应报税务机关处理，不得使用。整本发票开始使用后，应做到按号码顺序填写，填写项目齐全，内容真实，字迹清楚，填开的发票不得涂改、挖补、撕毁，如发生错开，应将发票各联完整保留，书写或加盖"作废"字样。

（2）开具发票后发生销货退回的，在收回原发票并注明"作废"字样，或取得对方有效证明后，可以填开红字发票；发生销售折让的，在收回原发票并注明"作废"字样后，重新开具销售发票。

（3）使用电子计算机开具发票，须经主管税务机关批准，并使用税务机关统一监制的机外发票，开具后的存根联要按照顺序号装订成册。

**（三）跨地区使用发票的规定**

（1）发票限于领购单位和个人在本省、自治区、直辖市内开具，省级税务机关可以规定跨市、县开具发票的办法。

（2）根据税收管理需要，须跨省、自治区、直辖市开具发票，由国家税务总局确定。省际毗邻市县之间是否允许跨省、自治区、直辖市开具发票，由有关省级税务机关确定。

（3）未经税务机关批准，任何单位和个人不得跨市、县行政区域携带、邮寄、运输空白发票。

（4）禁止携带、邮寄或者运输空白发票入境。

## 五、普通发票使用、缴销和保管制度

（1）为了便于加强发票使用的管理，开具发票的单位和个人应建立发票使用登记制度，设置发票登记簿，并定期向主管税务机关报告发票使用情况。

（2）开具发票的单位和个人发生转业、改组、分设、合并、联营、迁移、破产、歇业以及改变主管税务机关的情况的，在办理变更或注销税务登记的同时，要办理发票和发票领购簿的变更、缴销手续。对原领购未用的发票要进行清理，报主管税务机关缴销或更换，不得自行处理。

（3）开具发票的单位和个人都应建立健全发票保管制度，设专人负责，专柜存放，防止丢失、损毁，定期进行盘点，保证账实相符。空白发票的保管是发票保管最重要的环节，也是整个发票管理工作的一个重要方面。税务机关要视具体条件全面实行发票的集中保管制度。由税务机关统一印制的各类通用发票和带有企业名头的发票，有条件的都可由税务机关集中保管。

（4）对已填用的发票存根要和空白发票一样妥善保管，不得擅自销毁。已经开具的发票存根联和发票登记簿，应保存5年。保存期满，须报经税务机关查验后方可销毁。

（5）实行"验旧换新"制度的用票单位和个人，其发票的缴销与领用是相衔接的，即领购新发票时要向税务机关缴销已经填用完毕的发票存根。

（6）纳税人丢失发票后，必须按规定程序向当地主管税务机关、公安机关报失。各地税务机关对丢失发票的纳税人按规定进行处罚的同时，代收取"挂失登报费"，并将丢失发票的纳税人名称、发票份数、字轨号码、盖章与否等情况，统一传（寄）给中国税务报社以刊登"遗失声明"。传（寄）给中国税务报社的"遗失声明"，须经县（市）国家税务机关审核盖章、签署意见。

# 第三节　增值税专用发票的管理

增值税实行凭国家印发的增值税专用发票注明的税款进行抵扣的制度。专用发票不仅是纳税人经济活动的重要商业凭证，而且是兼记销货方销项税额和购货方进项税额进行税款抵扣的凭证，对增值税的计算和管理起着决定性的作用，因此，正确使用增值税专用发票是十分重要的。1993 年 12 月 30 日，国家税务总局制定了《增值税专用发票使用规定》，自 1994 年 1 月 1 日起执行，加强了对增值税专用发票的管理。1995 年 10 月 30 日，全国人大常委会专门发布了《关于惩治虚开、伪造和非法出售增值税专用发票犯罪的决定》，对有关增值税专用发票的各种违法行为给予严厉惩处。因此，纳税人必须认真掌握有关增值税专用发票的各项规定，杜绝违法行为的发生。

## 一、增值税专用发票领购的使用范围

增值税专用发票（以下简称专用发票）只限于增值税的一般纳税人领购使用，增值税的小规模纳税人和非增值税纳税人不得领购使用。

一般纳税人有下列情形之一者，不得领购使用专用发票：

（1）会计核算不健全，即不能按会计制度和税务机关的要求准确核算增值税的销项税额、进项税额和应纳税额者。

（2）不能向税务机关准确提供增值税销项税额、进项税额、应纳税额数据及其他有关增值税税务资料者。

（3）有以下行为，经税务机关责令其限期改正而仍未改正者：

①私自印制专用发票；

②向个人或税务机关以外的单位购买专用发票；

③借用他人专用发票；

④向他人提供专用发票；

⑤未按规定开具专用发票；

⑥未按规定保管专用发票；

⑦未按规定申报专用发票的购、用、存情况；

⑧未按规定接受税务机关的检查。

（4）销售的货物全部属于免税项目者。

有上列情形的一般纳税人，如已领购使用专用发票，税务机关应收缴其结存的专用发票。

另外，国家税务总局还规定，纳税人当月购买专用发票而未申报纳税的，税务机关不得向其发售专用发票。

## 二、增值税专用发票的开具范围

一般纳税人销售货物（包括视同销售货物在内）、应税劳务，根据规定应当征收增值税的非应税劳务（以下简称销售应税项目），必须向购买方开具专用发票。出现下列情形的不得开具专用发票：

（1）向消费者销售应税项目。

（2）销售免税项目。增值税一般纳税人销售免税货物，一律不得开具专用发票（国有粮食购销免税粮食除外）。如违反规定开具专用发票的，对其所开具的销售额依照增值税适用税率全额征收增值税，不得抵扣进项税额，并按照《发票管理方法》及其实施细则的有关规定予以处罚。

（3）销售报关出口的货物、在境外销售应税劳务。

（4）将货物用于非应税项目。

（5）将货物用于集体福利或个人消费。

（6）提供非应税劳务（应当征收增值税的除外）、转让无形资产或销售不动产。

向小规模纳税人销售应税项目，可以不开具专用发票。

另外，国家税务总局还规定，自1995年7月1日起，对商业零售的烟、酒、食品、服装、鞋帽（不包括劳保专用的部分）、化妆品等消费品不得开具专用发票。对生产经营机器、机车、汽车、轮船、锅炉等大型机械、电子设备的工商企业，凡直接销售给使用单位的，应开具普通发票。如购货方索取增值税专用发票，销货方可为其开具。

## 三、增值税专用发票的开具要求

专用发票必须按下列要求开具：

（1）字迹清楚。

（2）不得涂改。如填写有误，应另行开具专用发票，并在误填的专用发票上注明"误填作废"四字。如专用发票开具后因购货方不索取而成为废票的，也应按填写有误办理。

（3）项目填写齐全。

（4）票、物相符，票面金额与实际收取的金额相符。

（5）各项内容正确无误。

（6）全部联次一次填开，上、下联的内容和金额一致。

（7）发票联和抵扣联加盖财务专用章或发票专用章。

（8）按照规定的时限开具专用发票。

（9）不得开具伪造的专用发票。

（10）不得拆本使用专用发票。

（11）不得开具票样与国家税务总局统一制定的票样不相符合的专用发票。

开具的专用发票有不符合上列要求者，不得作为扣税凭证，购买方有权拒收。

另外，国家税务总局还规定，自 1995 年 11 月 1 日起，税务机关在发售专用发票时（电脑专用发票除外），必须监督纳税人在专用发票一至四联（即存根联、发票联、抵扣联、记账联）的有关栏目中加盖专用发票销货单位栏戳记（使用蓝色印泥），经检验无误后方可将专用发票交付纳税人使用。未加盖上述戳记或印迹不清晰的专用发票不得交付纳税人使用。专用发票销货单位栏戳记，是指按专用发票"销货单位"栏的内容（包括销货单位名称、税务登记号、地址、电话号码、开户银行及账号等）和格式刻制的专用印章，用于加盖在专用发票"销货单位"栏内。

纳税人开具专用发票不得手工填写"销货单位"栏，凡手工填写的，属于未按规定开具专用发票，购货方不得作为扣税凭证。

### 四、增值税专用发票的开具时限

有关增值税专用发票开具时限的规定如下：

（1）采用预收货款、托收承付、委托银行收款结算方式的，为货物发出的当天。

（2）采用交款提货结算方式的，为收到货款的当天。

（3）采用赊销、分期付款结算方式的，为合同约定的收款日期的当天。

（4）将货物交付他人代销，为收到受托人送交的代销清单的当天。

（5）设有两个以上机构并实行统一核算的纳税人，将货物从一个机构移送其他机构用于销售，按规定应当征收增值税的，为货物移送的当天。

（6）将货物作为投资提供给其他单位或个体经营者，为货物移送的当天。

（7）将货物分配给股东，为货物移送的当天。

一般纳税人必须按规定时限开具专用发票，不得提前或滞后。对已开具专用发票的销售货物，要及时、足额地计入当期销售额计税。凡开具了专用发票，其销售额未按规定计入销售账户核算的，一律按偷税论处。

（8）期货交易专用发票的开具。自 2005 年 12 月 1 日起，期货交易增值税专用发票的开具按以下规定执行：

①增值税一般纳税人在商品交易所通过期货交易销售货物的，无论发生升水或贴水，均可按照标准仓库持有凭证所注明货物的数量和交割结算价开具增值税专用发票。

②对于期货交易中仓单注册货物发生升水的，该仓单注销（即提取货物退出期货流通）时，注册人应当就升水部分款项向注销人开具增值税专用发票，同时提取

销项税额，注销人凭取得的专用发票调减进项税额，不得由仓单注销人向仓单注册人开具增值税专用发票。注册人开具负数专用发票时，应当取得商品交易所开具的"标准仓单注册升贴水单"或"标准仓单注销升贴水单"，按照所注明的升贴水金额向注销人开具，并将升贴水单留存，以备主管税务机关检查。

所谓升水是指按照规定的期货交易规则，所注册货物的等级、重量、类别、仓库位置等相比基准品、基准仓库为优的，交易所通过升贴水账户支付给货物注册方的一定差价金额。发生升水时，经多次交易后，标准仓单持有人提取货物注销仓单时，交易所需通过升贴水账户向注销人收取与升水额相等的金额。

所谓贴水是指按照规定的期货交易规则，所注册货物的等级、重量、类别、仓库位置等相比基准品、基准仓库为劣的，交易所通过升贴水账户向货物注册方收取的一定差价金额。发生贴水时，经多次交易后，标准仓单持有人提取货物注销仓单时，交易所需通过升贴水账户向注销人支付与贴水额相等的金额。

## 五、对使用电子计算机开具增值税专用发票的要求

使用电子计算机开具专用发票，必须报经主管税务机关批准，并使用由税务机关监制的机外发票。符合下列条件的一般纳税人，可以向主管税务机关申请使用电子计算机开具专用发票：

（1）有专业电子计算机技术人员、操作人员；

（2）具备通过电子计算机开具专用发票和按月列印进货、销货及库存清单的能力；

（3）国家税务总局直属分局规定的其他条件。

申请使用电子计算机开具专用发票，必须向主管税务机关提供申请报告及以下资料：

（1）按照专用发票（机外发票）格式用电子计算机制作的模拟样张；

（2）根据会计操作程序用电子计算机制作的最近月份的进货、销货及库存清单；

（3）电子计算机设备的配置情况；

（4）有关专用电子计算机技术人员、操作人员的情况；

（5）国家税务总局直属分局要求提供的其他资料。

## 六、增值税专用发票与不得抵扣进项税额的规定

除购进免税农业产品和自营进口货物外，购进应税项目有下列情况之一者，不得抵扣进项税额：

（1）未按规定取得专用发票；

（2）未按规定保管专用发票；

（3）销售方开具的专用发票不符合前述"增值税专用发票的开具要求"中第（1）至（9）项和第（11）项的要求。

有上述所列三项情形之一者，如其购进应税项目的进项税额已经抵扣，应从税务机关发现其有上述情形的当期的进项税额中扣减。

有下列情形之一者，为未按规定取得专用发票：

（1）未从销售方取得专用发票；

（2）只取得记账联或抵扣联。

有下列情形之一者，为未按规定保管专用发票：

（1）未按照税务机关的要求建立专用发票管理制度；

（2）未按照税务机关的要求设专人保管专用发票；

（3）未按照税务机关的要求设置专门存放专用发票的场所；

（4）税款抵扣联未按税务机关的要求装订成册；

（5）未经税务机关查验，擅自销毁专用发票的基本联次；

（6）丢失专用发票；

（7）损（撕）毁专用发票；

（8）未执行国家税务总局或其直属省级国家税务局提出的其他有关保管专用发票的要求。

## 七、开具增值税专用发票后发生退货或销售折让的处理

（1）增值税一般纳税人开具增值税专用发票（以下简称专用发票）后，发生销货退回、销售折让以及开票有误等情况需要开具红字专用发票时，视不同情况分别按以下办法处理：

①因专用发票抵扣联、发票联均无法认证的，由购买方填写"开具红字增值税发票申请单"（以下简称申请单），并在申请单上填写具体原因及相对应的蓝字专用发票的信息，主管税务机关审核后出具"开具红字增值税发票通知单"（以下简称通知单）。购买方不作进项税额转出处理。

②购买方所购货物不属于增值税扣税项目范围，取得的专用发票未经认证的，由购买方填报申请单，并在申请单上填写具体原因以及相对应的蓝字专用发票的信息，主管税务机关审核后出具通知单。购买方不作进项税额转出处理。

③因开票有误，购买方拒收专用发票的，销售方须在专用发票认证期限内向主管税务机关填报申请单，并在申请单上填写具体原因以及相对应的蓝字专用发票的信息，主管税务机关审核后出具通知单。销售方凭通知单开具红字专用发票。

④因开票有误等原因尚未将专用发票交付给购买方的，销售方须在开具有误专用发票的次月内向主管税务机关填报申请单，并在申请单上填写具体原因以及相对应的蓝字专用发票的信息，同时提供由销售方开具的已写明具体理由、错误具体项

目以及正确内容的书面材料，主管税务机关审核后出具通知单。销售方凭通知单开具红字专用发票。

⑤发生销货退回或销售折让的，除按照《国家税务总局关于修订〈增值税专用发票使用规定〉的通知》（国税发〔2006〕156 号）的规定进行处理外，销售方还应在开具红字专用发票后将该笔业务的相应记账凭证复印件报送主管税务机关备案。

（2）税务机关为小规模纳税人代开专用发票需要开具红字专用发票的，比照一般纳税人开具红字专用发票的处理办法，通知单第二联交代开税务机关。

（3）为实现对通知单的监控管理，国家税务总局正在开发通知单开具和管理系统。在系统推广应用之前，通知单暂由一般纳税人留存备查，税务机关不进行核销。红字专用发票暂不报送税务机关认证。

（4）对 2006 年开具的专用发票，在 2007 年 4 月 30 日前可按照原规定开具红字专用发票。

## 八、加强增值税专用发票的管理

税法除了对纳税人领购、开具专用发票作了上述各项具体规定外，在管理上也作了多项严格规定。主要有：

### （一）关于盗窃、丢失增值税专用发票的处理

（1）纳税人必须严格按照《增值税专用发票使用规定》保管、使用专用发票，对违反规定的发生被盗、丢失专用发票的纳税人，按照《税收征管法》和《发票管理办法》规定，处 1 万元以下的罚款。并可视具体情况，对丢失专用发票的纳税人，在一定期限内（最长不超过半年）停止其领购专用发票。对纳税人申报遗失的专用发票，如发现非法代开、虚开问题的，该纳税人应承担偷、骗税的连带责任。

（2）纳税人丢失专用发票后，必须按规定程序向当地主管税务机关、公安机关报失。各地税务机关在对丢失专用发票的纳税人按规定进行处罚的同时，代收取"挂失登报费"，并将丢失专用发票的纳税人名称、发票份数、字轨号码、盖章与否等情况，统一传（寄）给中国税务报社以刊登"遗失声明"。传（寄）给中国税务报社刊登的"遗失声明"，必须经县（市）国家税务机关审核盖章、签署意见。

### （二）关于对代开、虚开增值税专用发票的处理

代开发票是指为与自己没有发生直接购销关系的他人开具发票的行为。虚开发票是指在没有任何购销事实的前提下，为他人、为自己或让他人为自己或介绍他人开具发票的行为。代开、虚开发票的行为都是严重的违法行为。对代开、虚开专用发票的，一律按票面所列货物的适用税率全额征补税额，并按《税收征管法》的规定按偷税给予处罚。纳税人取得的代开、虚开的增值税专用发票，不得作为增值税合法抵扣凭证抵扣进项税额。代开、虚开发票构成犯罪的，按全国人大常委会发布的《关于惩治虚开、伪造和非法出售增值税专用发票犯罪的决定》处以刑罚。

### （三）纳税人善意取得虚开的增值税专用发票的处理

依据《国家税务总局关于纳税人善意取得虚开的增值税专用发票处理问题的通知》（国税发〔2000〕187号）规定：

（1）购货方与销售方存在真实的交易，销售方使用的是其所在省（自治区、直辖市和计划单列市）的专用发票，专用发票注明的销售方名称、印章、货物数量、金额及税额等全部内容与实际相符，且没有证据表明购货方知道销售方提供的专用发票是以非法手段获得的，对购货方不以偷税或者骗取出口退税论处。但应按有关规定不予抵扣进项税额或者不予出口退税；购货方已经抵扣的进项税额或者取得的出口退税，应依法追缴。

（2）购货方能够重新从销售方取得防伪税控系统开出的合法、有效专用发票，或者取得手工开出的合法、有效专用发票且取得了销售方所在地的税务机关依法准予的抵扣进项税款或者出口退税。

（3）如有证据表明购货方在进项税款得到抵扣或者获得出口退税前知道该专用发票是销售方以非法手段获得的，对购货方应按照《国家税务总局关于纳税人取得虚开的增值税专用发票处理问题的通知》（国税发〔1997〕134号）和《国家税务总局〈国家税务总局关于纳税人取得虚开的增值税专用发票处理问题的通知〉的补充通知》（国税发〔2000〕182号）的规定处理。

（4）依据国税发〔2000〕182号文规定，有下列情形之一的，无论购货方是否进行了实际的交易，增值税专用发票所注明的数量、金额与实际交易是否相符，购货方向税务机关申请抵扣进项税额或者出口退税时，对其均应按偷税或者骗取出口退税处理：

①购货方取得的增值税专用发票所注明的销售方名称、印章与其实际交易的销售方不符的，即国税发〔1997〕134号文第二条规定"购货方从销售方取得第三方开具的专用发票"的情况。

②购货方取得的增值税专用发票为销售方所在省（自治区、直辖市和计划单列市）以外地区的，即国税发〔1997〕134号文第二条规定的"从销货地以外的地区获得专用发票"的情况。

③其他有证据表明购货方明知取得的增值税专用发票是销售方以非法手段获得的，即国税发〔1997〕134号文第一条规定的"受票方利用他人虚开的专用发票，向税务机关申报抵扣税款进行偷税"的情况。

### （四）防伪税控系统增值税专用发票的管理

（1）税务机关专用发票管理部门在运用防伪税控发售系统进行发票入库管理或向纳税人发售专用发票时，要认真录入发票代码、号码，并与纸质专用发票仔细进行核对，确保发票代码、号码的电子信息与纸质发票的代码、号码完全一致。

（2）纳税人在运用防伪税控系统开具专用发票时，应认真检查系统中的电子发票代码、号码与纸质发票是否一致。如发现税务机关错填电子发票代码、号码的，应持纸质专用发票和税控 IC 卡到税务机关办理退回手续。

（3）对税务机关错误录入代码或号码后又被纳税人开具的专用发票，按以下办法处理：

①纳税人当月发现上述问题的，应按照专用发票使用管理的有关规定，将纸质专用发票和防伪税控开票系统中的专用发票电子信息同时作废，并及时报主管税务机关。纳税人在以后月份发现的，应按有关规定开具负数专用发票。

②主管税务机关按照有关规定追究有关人员责任，同时将有关情况，如发生原因、主管税务机关名称、编号、纳税人名称、纳税人识别号、发票代码号码（包括错误的和正确的）、发生时间、责任人以及处理意见或请求等，逐级上报至总局。

③对涉及发票数量多、影响面较大的，总局将按规定程序对"全国作废发票数据库"进行修正。

（4）在未收回专用发票抵扣联及发票联，或虽已收回专用发票抵扣联及发票联，但购货方已将专用发票抵扣联保送税务机关认证的情况下，销货方一律不得作废已开具的专用发票。

（5）从 2003 年 7 月开始，总局对各地增值税专用发票计算机稽核系统因操作失误而形成的"属于作废发票"进行考核，按月公布考核结果，对问题严重的地区则组织力量进行抽查并通报批评。

### （五）代开增值税专用发票的管理

（1）自 2004 年 6 月 1 日起，代开发票的税务机关（以下简称代开机关）将当月所代开发票逐票填写"代开发票开具清单"（以下简称"开具清单"），自 7 月份申报期起同时利用代开票汇总采集软件形成"开具清单"电子文档。

（2）自 2004 年 6 月份申报期起，增值税一般纳税人（以下简称纳税人）使用代开发票抵扣进项税额的，逐票填写"代开发票开具清单"（以下简称"开具清单"），在进行增值税纳税申报时随同纳税申报表一并报送。在 6 月份申报时纳税人只报送"抵扣清单"纸质材料。从 7 月份申报期开始，纳税人除报送"抵扣清单"纸质材料外，还需同时报送载有"抵扣清单"电子数据的软盘（或其他存储介质）。未单独报送或未按照规定要求填写"抵扣清单"纸质资料及电子数据的，不得抵扣进项税额。

（3）自 2004 年 7 月份起，各地于每月 20 日前将当月采集的"开具清单"、"开具清单"电子数据以 ZIP 文件形式通过 FIP 上报总局，总局 FIP 服务器使用货运发票上传的 FIP 服务器。各级税务机关检查、汇总上传方法及流程。

（4）"开具清单"和"抵扣清单"信息采集软件及数据检查、汇总软件由国家税务总局统一开发，税务机关和纳税人免费使用。如果纳税人无使用信息采集软件的条件，可委托税务代理等中介机构代为采集。

（5）纳税人当期未使用代开发票抵扣进项税额的可不向主管税务机关报送"抵扣清单"。

**（六）下放增值税专用发票最高开票限额审批权限**

（1）自 2007 年 9 月 1 日起，原省、地市税务机关的增值税一般纳税人专用发票最高票限额审批权限下放至区、县税务机关。地市税务机关负责监督检查。

（2）区、县税务机关对纳税人申请的专用发票最高开票限额严格审核，根据企业生产经营和产品销售的实际情况进行审批，既要控制发票数量以利于加强管理，又要保证纳税人生产经营的正常需要。

（3）区、县税务机关结合本地实际情况，从加强发票管理和方便纳税人的要求出发，采取有效措施，合理简化程序，办理专用发票管理最高限额审批手续。

（4）专用发票最高开票限额审批权限下放和手续简化后，各地税务机关严格按照"以票控税、网络比对、税源监控、综合管理"的要求落实各项管理措施，通过纳税申报"一窗式"管理、发票交叉稽核、异常发票检查以及纳税评估等日常管理手段，切实加强征管，做好增值税管理工作。

**（七）关于增值税纳税人放弃免税权的问题**

（1）自 2007 年 10 月 1 日起，生产和销售免征增值税货物或劳务的纳税人要求放弃免税权，应当以书面形式提交放弃免税权申明，报主管税务机关备案。纳税人自提交备案资料的次月起，按照现行有关规定计算缴纳增值税。

（2）放弃免税权的纳税人符合一般纳税人认定条件，尚未认定为增值税一般纳税人的，应当按现行规定认定为一般增值税纳税人，其销售的货物或劳务可开具增值税专用发票。

（3）纳税人一经放弃免税权，其生产和销售的全部增值税应税货物或劳务均应按照适用税率征税，不得选择某一免税项目放弃免税权，也不得根据不同的销售对象选择部分货物或劳务放弃免税权。

（4）纳税人自税务机关受理纳税人放弃免税权声明的次月起 12 个月内不得申请免税。

（5）纳税人在免税期内购进用于免税项目的货物或者应税劳务所取得的增值税扣税凭证，一律不得抵扣。

# 复习思考题

**名词解释**

1. 发票
2. 发票管理
3. 增值税专用发票

**简答题**

1. 简述普通发票的适用范围。
2. 普通发票有哪些特点？

3. 增值税专用发票适用于哪些范围?

4. 简述增值税专用发票各联的用途及基本结构。

5. 简述对虚开、伪造、非法出售或者购买增值税专用发票的处罚措施。

6. 增值税专用发票的开具有什么规定?

7. 专用发票的保管有何规定?

# 第十章　纳税服务与税务风险管理

## 【本章要点】

税务机关应当广泛宣传税收法律、行政法规，普及纳税知识，无偿地为纳税人提供纳税咨询服务，这是税务机关的职责之一。同时，在税务管理过程中还要树立危机意识，化解税务风险。

# 第一节　纳税服务

纳税服务是指税务机关依据税收法律、行政法规的规定，在税收征收、管理、检查和实施税收法律救济的过程中，向纳税人提供的服务事项和措施。纳税服务是税务机关行政责任的一部分，是促进纳税人依法诚信纳税、税务机关依法诚信征税，以及纳税人权利得到保障、义务得以履行的基础性、辅助性的工作。

## 一、纳税服务的基本原则

### （一）纳税公平原则

纳税公平是指税务机关要严格按照税收法规，公平对待每一位纳税人。特别是自由裁量权的运用，税务机关应该做到平等对待，一视同仁。纳税公平原则是纳税服务的基础。为纳税人营造一个公平、公正的税收环境，是税务机关的职责所在，同时也是在维护税法的严肃性。

### （二）需求导向原则

税务机关应以更好地帮助纳税人实现纳税义务和维护纳税人权利为落脚点和出发点，纳税服务的内容、服务的形式要以纳税人的需求为导向，最大限度地提高服务质量和效率。

### （三）统筹协调原则

综合考虑全国纳税服务工作的内外环境、基础条件和发展现状等因素，理顺纳税服务与税收执法、纳税服务与税收收入的关系，统筹长远与当前、整体与局部、创新与稳定、成本与效益等关系，做到科学谋划、合理布局、协调发展。

### （四）经济效率原则

就纳税服务而言，效率原则就是要求税务部门以最少的成本投入使纳税人和税务机关获得最大的效用。税务机关纳税服务做得好，一方面有利于纳税人根据税收政策及时调整自身的经营管理策略，促进自身的发展；另一方面，及时有效的纳税宣传能够提高纳税人的纳税意识，从而有助于税务机关征收工作的顺利进行。

## 二、纳税服务的主要内容

### （一）税法宣传服务

税法宣传是纳税服务的一项重要内容，是指税务机关应当采用多种方式，广泛、及时、准确地向纳税人宣传税收法律、法规和税收政策，普及纳税知识的服务。宣传的主要方式有：税务人员执法过程中的宣传；广播、电视、报纸、杂志等传统媒体的宣传；12366纳税服务热线，税务网站以及其他各种网络渠道的宣传；采取定期或不定期纳税讲座宣传；纳税服务大厅的宣传等。

### （二）纳税咨询服务

纳税咨询是帮助纳税人理解和掌握纳税知识，熟悉税收相关的法律、法规和规章，正确履行纳税义务的重要举措。税务机关通过多种咨询渠道，为纳税人提供准确高效的咨询解答，帮助纳税人熟悉办税程序，提高纳税遵从度，融洽征纳关系，更准确地理解作为纳税人的权利和义务，从而营造和谐的纳税环境。

### （三）办税服务

在办税服务的过程中应该优化服务功能，依照"窗口受理、内部流转、限时办结、窗口出件"的办税要求，全面实行"一窗通办"的办税服务，全面推行全程服务、预约服务、提示服务、个性化服务等办税制度；精简办税流程，简化办税环节，合并办理不同税收业务流程中的调查、检查等事项。

### （四）纳税辅导服务

纳税辅导服务是指税务机关就税收法律法规、纳税知识及缴税流程对纳税人开展的集中或个别辅导。税务机关应当建立健全的办税完善制度，积极帮助纳税人梳理、解释和明确相关税收政策，努力规避税收误区。

### （五）法律救济服务

对于纳税人在税前、税中、税后对税收法律的需求，税务机关应该及时给予税收法律援助，以及税务机关告知纳税人具有申请税务行政复议、提起税务行政诉讼、请求税务行政赔偿和要求举行听证的权利等所做的服务。

### （六）信用管理服务

所谓信用管理，就是授信者对信用交易进行科学管理以控制信用风险的专门技术。纳税服务的信用管理包括五个方面：征信管理（纳税信用档案管理）、授信管理、账户控制管理、商账追收管理、利用征信数据库开拓市场。

### （七）培养公民的纳税意识

纳税意识是指公民在正确了解税收对国家建设和社会发展的作用，在提高对国家和社会责任感的基础上产生的照章纳税的意愿。公民纳税意识通常是由内在心理因素和外在环境刺激所决定。

## 三、纳税人的权利和义务

### （一）纳税人权利

纳税人权利作为税法的基础和核心问题，是税收法制发展到一定历史阶段的产物。它包括知情权、保密权、纳税申报方式选择权、申请延期申报权、税收监督权、申请延期缴纳税款权、申请退还多缴税款权、依法享受税收优惠权、委托税务代理权、陈述与申辩权、对未出示税务检查证和税务检查通知书的拒绝检查权、税收法律救济权、依法要求听证权以及索取有关税收凭证权。

### （二）纳税人义务

依照宪法、税收法律和行政法规的规定，纳税人在纳税过程中负有以下义务：依法进行税务登记的义务，依法设置账簿、保管账簿和有关资料以及依法开具、使用、取得和报关发票的义务，财务会计制度和会计核算软件备案的义务，按照规定安装、使用税控装置的义务，按时、如实申报的义务，按时缴纳税款的义务，代扣、代收税款的义务，接受依法检查的义务，及时提供信息的义务，报告其他涉税信息的义务。

## 四、办税服务厅

### （一）办税服务厅的定义

办税服务厅是指税务机关为纳税人办理涉税事项、提供纳税服务的机构或场所。税务机关应当根据税收征管工作需要和便利纳税人的原则，合理设置办税服务厅，并加强办税服务厅与其他部门和单位的业务衔接。

### （二）办税服务厅的窗口设置

办税服务厅设置申报纳税、发票管理、综合服务三类窗口。税源和纳税人较少的办税服务厅，可以结合实际设置申报纳税、综合服务两类窗口或一类综合窗口。

申报纳税窗口受理或办理的主要工作事项：各税种的申报和审核事项；征收税款、滞纳金和罚款；减、免、退税申请；延期申报、延期缴纳税款申请；采集、审核和处理有关涉税数据。

发票管理窗口受理或办理的主要工作事项：企业发票领购资格和企业衔头发票印制申请，发票发售和代开，发票缴销、验旧、挂失等。

综合服务窗口受理或办理的主要工作事项：税务登记事项；开立或变更基本存款账户或者其他存款账户账号报告；有关税收证明等事项；涉税事项申请；纳税咨询与办税辅导。

### （三）办税服务厅的服务方式

（1）导税服务。办税服务厅在纳税申报期内，应当采取有效措施，引导纳税人分时段申报纳税。并根据办税业务量，合理调整申报纳税窗口及岗位，节省纳税人办税时间。

（2）"一站式"服务。"一站式"服务是指集中受理或办理纳税人需要到税务机关办理的各种涉税事项。

（3）全程服务。全程服务是指受理纳税人办税事宜后，通过内部运行机制，为纳税人提供包括受理、承办、回复等环节的服务。

（4）预约服务。预约服务是指根据纳税人需求，在征纳双方约定时间内，为纳税人办理涉税事项的服务。

（5）提醒服务。提醒服务是指在纳税人发生纳税义务或履行税收法律责任之前，提醒纳税人及时办理涉税事项的服务。

（6）首问责任。首问责任是指第一个受理纳税人办税事宜的税务人员负责为纳税人答疑或指引，不得以任何借口推诿。

（7）具备条件的地区应当积极推行网上办税、联合办税、同城通办税。税务机关应当从实际出发，提供上门申报、邮寄申报、电话申报、网上申报、银行网点申报等多元化申报纳税方式，由纳税人自愿选择。有条件的地方，应当积极推行纳税人自行选择办税服务厅的方式，办理涉税事项。

## 五、12366 纳税服务热线和税务网站

21 世纪是信息的时代，因此纳税服务也应与时俱进，办好 12366 纳税服务热线和税务网站，是新时期对税务机关提出的必然要求。近年来，国家税务总局按照建设服务型政府的要求，以纳税人需求为导向，大力推进税务网站建设，不断减轻纳税人办税负担，优化纳税服务，促进纳税人自觉依法纳税。

### （一）建设全国统一的纳税服务热线

建设全国统一的纳税服务热线，为纳税人提供及时准确的纳税咨询服务。12366纳税服务热线的开通，为纳税人能够更加便捷地解决纳税问题提供了便利，以自动语音和人工为主要咨询方式，涵盖纳税咨询、办税指南、涉税举报、投诉监督等服务功能。

### （二）建设全国统一的税务网站群

在当今经济全球化、信息网络化迅猛发展的形势下，尤其是电子政务的深入推进，大力推进税收信息化建设成为提高税收管理水平的必由之路。在税收信息化建设的系统工程里，面向纳税人的税务网站是极为重要的一环。税务网站是政府网站的重要组成部分，是税收管理信息化的重要内容，也是税务部门推行政务公开的重要渠道、开展税法宣传的重要载体、服务纳税人的重要平台和展示税务部门形象的重要窗口。随着纳税人对税务知识需求的不断扩大，建设全国统一的税务网站群，也成为当前税收网络化建设的重要任务。

## 六、纳税服务投诉管理

纳税服务诉讼是法律赋予纳税人的税收法律救济权的具体体现，为维护纳税人的合法权益，规范纳税服务投诉处理工作，构建和谐的税收征纳关系，税务总局制定了《纳税服务投诉管理办法（试行）》来保障纳税人的权利。

**（一）纳税服务投诉管理的原则**

各级税务机关在办理纳税服务投诉事项中，必须坚持合法、公正、及时的原则，强化责任意识和服务意识。

**（二）纳税服务投诉管理的范围**

纳税服务投诉是指纳税人对于税务机关和税务人员在税法宣传、纳税咨询、办税服务以及纳税人权益保护工作方面未按照规定要求提供相关服务而进行的投诉。

1. 对税法宣传的投诉

对税法宣传的投诉，是指纳税人对于税务机关和税务人员对各项税收法律、法规、规章、税收政策和涉及纳税人的税收管理制度的宣传不及时、不全面、不准确而进行的投诉。具体包括：

（1）根据"谁制定，谁发布"的原则，负有税收政策和征管制度发布义务的税务机关，未按照规定时限以适当方式及时向公众发布税收政策和征管制度的；

（2）主管税务机关未及时、全面向所辖区域内纳税人宣传新的税收政策和征管制度的；

（3）税务机关和税务人员对税收政策和征管制度的宣传、解释存在错误的。

2. 对纳税咨询的投诉

对纳税咨询的投诉，是指纳税人对于税务机关和税务人员因回答其咨询的涉税问题不及时、不准确而进行的投诉。具体包括：

（1）税务机关和税务人员对纳税人的涉税咨询未按规定时限给予回复的；

（2）税务机关和税务人员对纳税人的涉税咨询作出错误答复的；

（3）属于本单位或者本岗位人员职责范围应予答复的咨询问题，采取推诿等方式不作答复的；

（4）接受纳税咨询的税务人员未履行首问责任的。

3. 对办税服务的投诉

对办税服务的投诉，是指纳税人对于税务机关和税务人员的办税过程不够规范、便捷、高效和文明而进行的投诉。具体包括：

（1）在办理涉税审批和税务行政许可事项时，对提交申请资料不齐全或者不符合法定形式的纳税人，税务机关和税务人员未履行一次性告知义务的；

（2）税务机关对已受理的税务行政许可或者涉税审批事项，未按照法律、行政法规规定的时限办结的；

（3）税务机关和税务人员征收税款时，未按规定向纳税人开具完税凭证、完税证明的；

（4）税务人员的工作用语、工作态度不符合文明规范要求的。

4．对纳税人权益保护的投诉

对纳税人权益保护的投诉，是指纳税人对税务机关在执行税收政策和实施税收管理的过程中侵害其合法权益而进行的投诉。具体包括：

（1）税务机关在税收征收、管理和检查过程中向纳税人重复要求报送相同涉税资料的；

（2）同一税务机关违反有关文件规定或者违背公开承诺，在一个纳税年度内，对同一纳税人实施一次以上纳税评估或者进行两次以上税务检查的；

（3）税务机关未依照纳税人的请求，对拟给予纳税人的行政处罚依法举行听证的；

（4）税务机关扣押纳税人的商品、货物或者其他财产时，未按规定开付收据；查封纳税人的商品、货物或者其他财产时，未按规定开付清单；或者对扣押、查封的纳税人商品、货物或者其他财产未按规定及时返还的；

（5）纳税人对税务机关推广使用的系统软件或者推广安装的税控装置的售后服务质量不满意的；

（6）税务机关和税务人员有侵害纳税人合法权益的其他行为的。

**（三）纳税服务投诉的提交与受理**

1．纳税服务投诉的提交

纳税人对纳税服务的投诉一般应采取实名投诉。投诉可以采取书面或者口头等形式提出。

纳税人进行书面投诉的，应当在投诉材料中载明下列事项：①投诉人的姓名（名称）、地址、联系方式；②被投诉单位名称或者被投诉个人的姓名及其所属单位；③投诉请求、主要事实和理由；④投诉人签名或者盖章。

纳税人采取口头形式提出投诉的，也应说明前款①至③项内容，有条件的可以签字盖章。税务机关在告知纳税人的情况下可以对投诉内容进行录音。

纳税人对税务机关的投诉，应向其上一级税务机关提交；对税务机关工作人员的投诉，可以向其所属税务机关提交，也可以向其上一级税务机关提交。纳税人已就具体行政行为申请税务行政复议或者税务行政诉讼，且被依法受理的，不可同时进行纳税服务投诉，但具体行政行为同时涉及纳税服务态度问题的，可就纳税服务态度问题进行投诉。

2．纳税服务投诉的受理

纳税服务投诉符合下列规定的，税务机关应当受理：①投诉范围符合《纳税服务投诉管理办法（试行）》的规定；②纳税人进行实名投诉，且投诉材料符合《纳税服务投诉管理办法（试行）》第十三条要求；③纳税人虽进行匿名投诉，但投诉的事实清楚、理由充分，有明确的被投诉人，投诉内容具有典型性；④上级税务机关和政府相关部门转办的纳税服务投诉事项。

税务机关收到投诉后，应于3个工作日内进行审查，决定是否受理，并分别按下列方式处理：①投诉事项符合《纳税服务投诉管理办法（试行）》规定受理范围，且属于本税务机关处理权限内的，应当按照规定调查处理；②投诉事项符合本办法规定受理范围，但不属于本税务机关处理权限的，按照"属地管理、分级负责"的原则，转交相关税务机关处理；③本办法规定范围以外的投诉事项应分别适用相关规定转交有权处理的部门调查、处理。

税务机关应当建立纳税服务投诉事项登记制度，记录投诉的收到时间、投诉人、被投诉人、联系方式、投诉内容、受理情况以及办理结果等内容。对符合规定的纳税服务投诉，税务机关审查受理后，应当告知投诉人。对不予受理的实名投诉，应填写纳税服务投诉不予受理通知书，说明不予受理的理由，并书面反馈纳税人。税务机关收到投诉后，未在3个工作日内审查并作出不予受理决定的，或者转交相关部门处理的，自收到投诉之日起视为受理。

上级税务机关认为下级税务机关应当受理投诉而不受理或者不予受理的理由不成立的，可以责令其受理。上级税务机关认为有必要的，可以直接受理应由下级税务机关受理的纳税服务投诉。

纳税人的同一投诉事项涉及两个或者两个以上税务机关的，由其共同上级税务机关负责受理。各级税务机关应当向纳税人公布负责纳税服务投诉机构的通讯地址、投诉电话、电子邮箱，与纳税服务投诉有关的法律、行政法规、规章和其他为投诉人提供便利的事项。

**（四）纳税服务投诉的调查与处理**

1. 纳税服务投诉的调查

税务机关调查、处理投诉事项，应本着注重调解、化解争议的原则进行。调查处理纳税服务投诉事项，应当由两名以上工作人员参加。调查人员与投诉事项或者投诉人、被投诉人有直接利害关系的，应当回避。税务机关应对纳税人投诉的具体事项进行调查、核实。调查过程中应充分听取投诉人、被投诉人的意见，查阅相关文件资料，调取有关证据，必要时可实地核查。

调查过程中发生下列情形之一的，应当终止调查：①投诉内容不具体，通过调查无法核实，或者无法联系投诉人进行补正的；②投诉事实经查不属于纳税服务投诉事项的；③投诉人自行撤销投诉，经核实，确实不需要进一步调查的；④投诉双方当事人达成一致意见，投诉得到解决的。

2. 纳税服务投诉的处理

税务机关根据调查核实的情况，对纳税人投诉的事项分别作出处理，并将处理结果书面告知实名投诉人。投诉事实成立的，予以支持，责令被投诉人限期改正，并视情节轻重分别给予被投诉人以相应的处理；投诉事实不成立的，不予支持。

对于可能造成社会影响的重大、紧急投诉事项，或者10人以上群体性投诉事件，税务机关应及时依法采取措施，防止影响的产生和扩大。同时，要立即向本机关负责人报告。

纳税服务投诉事项应当自受理之日起30日内办结；情况复杂的，经受理税务机关负责人批准，可以适当延长办理期限，但延长期限不得超过15个工作日。被投诉人应按照责令改正通知要求的限期，对投诉事项予以改正，并自限期期满之日起3个工作日内将改正结果书面报告送到作出处理决定的税务机关。

税务机关应采取适当形式将被投诉人的改正结果告知投诉人。纳税人当场提出投诉，事实简单、清楚，不需要进行调查的，税务机关可以即时进行处理。纳税人当场投诉事实成立的，被投诉人应立即停止或者改正被投诉的行为，并向纳税人赔礼道歉；投诉事实不成立的，处理投诉事项的税务人员应当向纳税人做好解释工作。即时处理的投诉案件，事后应补填纳税服务投诉事项登记表进行备案。

# 第二节　税务风险管理

## 一、税务风险管理概述

随着我国社会主义市场经济的发展和法制化进程的推进，社会主义税收事业也进入了一个崭新的发展时期。这一时期，社会各界关注税收的程度在提高，纳税人的税收法制观念也随之不断提高，他们对税收政策的掌握能力也在不断增强，税务干部的执法行为时刻在接受着多层次的监督和制约。

因此，税务干部在行政执法过程中无论是在执行税收政策、执法程序，还是在公开办税、优化服务等方面，时刻都面临着执法风险，要在法制、公平、文明、效率上下工夫，稍有不慎，就要承担相应的执法责任。从近年来全国检察机关承办的一些涉税案件中应当让我们清楚地意识到，税收执法风险，已经是当前和今后一个时期内不可避免的一个话题。

### （一）风险管理的定义

风险管理是指当企业面临市场开放、法规解禁、产品创新时，均使变化波动程度提高，连带增加了经营和管理的风险性。良好的风险管理有助于降低决策错误之几率，避免损失之可能，相对提高组织机构本身的附加价值。风险管理的基本程序包括风险识别、风险估测、风险评价、风险控制和风险管理效果评价等环节。

### （二）税务执法风险的定义

税务执法风险是指税务机关及其执法人员在行使税收执法权过程中潜在的、因为执法主体的作为和不作为可能使税收管理职能失效，或在行使权利或履行职责的过程中，因故意或过失，侵犯了国家或税务行政管理相对人的合法权益，从而引发法律后果，需要承担法律责任或行政、民事责任的各种危险因素的集合。

由税收制度、税收政策和税收征管等方面的原因所带来的政治损害、经济损失和税收收入流失等都属于税收风险。因此，防范税收风险是税收战略管理的重要任务。

**（三）税收执法风险的特征**

税收执法风险既有风险的一般属性，也有依附于税收执法活动的特性，主要表现在：

1. 税收执法风险存在的客观性

税收执法风险是固有的，是税务执法活动中内在规律的必然体现，它不会因人的主观意志而转移。税收执法风险的客观性主要表现在两个方面：一方面，税收执法风险普遍存在。税收执法涵盖了税务机关面向管理相对人履行税收管理职能的各项行为，在这些税收管理活动中，执法风险是普遍存在的，伴随于税收执法活动的各个方面和各个环节。另一方面，尽管就某一项具体的税收执法活动来说，税收执法风险是有时效性的，它随该项税收执法活动的开始而产生，随其过程的结束而结束。但就税收工作领域而言，税收执法风险是永久存在的，只要有税收，就会有税收执法风险。

2. 税收风险发生的不确定性

税收执法风险事故何时、何处发生不是固定不变的，随着各种不确定因素的变化而变化。税收执法风险的不确定性主要表现为时间、空间上的不确定性及风险发生概率、损失程度的不确定性。

3. 税收执法风险危害的多重性

税收执法权是一种公权力，税收执法是税务机关及其工作人员代表国家行使权力的一种活动。税收必然涉及利益调整，直接关系管理相对人的权益。因此，税收执法风险产生的危害是多面的：不仅会对税务执法人员本身带来不利影响，也会对税务机关、对国家造成损害；不仅会使税法的公正性、严肃性、公信力受到挑战，也会侵害纳税人的合法权益；不仅影响税收职能作用的发挥，还有可能形成征纳矛盾，对社会和谐稳定带来不利影响。

4. 税收执法风险分布的不均衡性

税收执法风险并不均衡，这表现在纵向的层级关系和横向的地域分布上。从纵向来看，我国大量具体执法权限属于省及省以下税务机关，其中大部分又在市、县（区）一级税务机关和基层税务分局，因此税收执法风险也相应呈现出一个金字塔形，基层税务机关和税务人员处于塔底，是风险的高发区域和人群。从横向来看，我国区域经济发展不平衡，各地税源规模和结构差异较大，导致税收管理和服务对象侧重不同，各种执法行为的工作量不一致，各地制定的具体操作办法也存在差异，使得执法风险分布不均衡。

### 5. 税收执法风险的动态发展性

事物总是处于不断的运动中。税收执法风险也不是静止不变的，它随着社会的进步、经济的发展、环境和人们心理的变化而变化，既有量的增减，也有质的改变，还有新旧的更替。旧的风险被不断地发现和克服，而新的风险又随着新的环境、新的经济形势、新的科学技术、新的法律制度、新的税收政策、新的人群不断地生成。正是在这种不间断的循环中，我国的税收管理体制日趋成熟和完善。

### 6. 税收执法风险的可控性

税收执法风险虽然不以人的意志为转移，但它仍然有规律可循。我们可以通过它的表现分析其成因，掌握其规律，从而制定相应的措施来加以防范、规避和控制。如我国近年来不断深化税收征管改革，完善税收法制，在体制和制度方面有效地降低了风险概率。

### 7. 税收执法风险的难以量化性

税收执法风险由于受外部环境、人员素质及心理状态等各种变动因素的影响，很难通过数值关系建立行为与损失几率、损失幅度之间的变动关系，往往需要采取定性与定量结合的方式进行比较分析和管理控制。

### （四）税收执法风险的原则

税收执法风险管理应遵循以下基本原则：

（1）全面性原则。税收执法风险管理要涵盖税收执法的各个层级、环节、部门和岗位，覆盖行政执法权运行的全过程，不留空间或漏洞。

（2）系统性原则。税收执法风险管理是一个系统化的过程，包括风险识别、风险度量、风险分析、风险评价、风险应对、风险处置、风险监控等过程。

（3）动态性原则。税收执法风险管理是个动态的过程，随着时间的推移，税务部门所面临的执法环境也在不断变化中，新的执法风险因素可能产生，原有的风险因素可能消失或者降低。因此，税收执法风险管理必须适应不同发展时期的税收执法工作需要，随着内外部环境的变化、征管业务的调整和管理要求的提高而不断修订、改进和完善。

（4）制衡性原则。地税系统各部门在实施风险管理时，应当按照流程化管理的要求，在岗位设置、人员配备、权限分配、业务传递等方面形成相互制约和监督，使税收执法权的运行得到有效制衡。

（5）规范性原则。就是按照税收执法风险管理的要求，科学规范设置风险管理流程和评价标准，实现责、权、利的有机结合。

（6）效能性原则。就是税务部门在采取风险管理措施时，要权衡税收风险管理成本与效益的关系，在依法治税的前提下，以最小的控制成本取得最大的风险控制效果。

### （五）税务风险管理的目标

构建税收执法风险管理体系必须首先明确风险管理目标，它是税收执法风险管理的前提和基础。税收执法风险管理的目标包括以下六个方面：

（1）有效地协调税收执法风险的承受能力与税收改革和发展的战略选择；

（2）有效地提高各级税务机关应对税收执法风险的决策、管理、组织能力；

（3）有效地识别、评价、监控、应对和管理税收执法过程的各种风险；

（4）有效地提高税收执法风险防范和控制能力；

（5）有效地提高税收征管质量和效率；

（6）有效地促进税收执法外部环境的改善和建立和谐的征纳关系。

**（六）税务风险管理的意义**

在当前税收执法风险日益复杂化、多样化、隐蔽化的情况下，将风险管理理论引入到税务管理工作之中，有利于推进依法治税，提升税务行政管理水平，降低税收执法风险，对构建和谐征纳关系具有十分重大的现实意义。

## 二、税收执法风险管理的种类

税务机关依法行政取得了显著成效，但依然存在着法制意识淡薄，依法办事能力不强；执法不严格、不规范，工作中重结果轻程序；权力制约弱化和监督滞后等问题。这些问题都将严重影响税收行政执法，形成执法风险。

税收执法风险贯穿于整个税收执法活动中，体现在税务管理、税款征收、出口退税、税务检查等各项具体工作和各个具体环节中。

**（一）税务登记环节风险**

税务登记是税务机关对纳税人的经济活动进行登记并据此对纳税人实施税务管理的一种法定制度。它是税务机关对纳税人实施税务管理的首要环节，是征纳双方法律关系成立的依据和证明，其基础作用不容忽视。特别是在实行税务信息化管理的今天，如果税务登记资料采集不完整、录入不准确，会对今后税源管理、税款征收、税务稽查等工作产生一系列棘手问题。当前税务登记管理中存在的税收执法风险主要包括：

1．漏征漏管现象突出

尽管征管法对纳税人税务登记的规定十分明确，但由于纳税意识的淡薄，仍有一部分纳税人在领取工商执照后不主动到税务机关办理税务登记。因此，作为税务机关，其职责之一就是要加强对税源的监控，加大巡查力度，对未依法进行税务登记的要及时处理。但从目前情况来看，税务人员对税源监控力度不够，特别是在个体户的税务登记监管上，存在大量的漏征漏管户，导致税负不公、税款流失，为税收执法埋下了隐患。

2．登记内容失实

税务登记内容必须真实反映纳税人实际情况，但从税收征管实践来看，相当一部分纳税人并未按规定如实申报办理税务登记，而税务机关审核把关不严，特别是在一般纳税人资格认定、农副产品、资源综合利用、残疾人就业等税务登记的调查核实中，未进行实地调查，或实地调查核实不到位，致使虚假的登记内容未能被及时发现，让纳税人骗取一般纳税人资格和享受税收优惠政策资格，其税收执法风险不可忽视。

3. 变更和注销登记手续不完备

在变更登记和注销登记环节，要特别注意纳税人应报送的相关文件、资料和清税、缴销发票、缴回税务登记证件等手续是否完备，还应与稽查等部门衔接，看纳税人有无稽查在查案件。如果基层税务机关未能严格把关，出现虚假停业、虚假注销等现象，致使纳税人借注销逃避纳税义务，造成国家税款流失。

（二）税款征收环节风险

税务机关必须依照法律、行政法规的规定征收税款，不得违反法律、行政法规的规定开征、停征、多征、少征、提前征收、延缓征收或者摊派税款。我们如果不按照税法规定实施征税行为，对企业不严格按规定的条件、程序上报审批延期缓缴税款手续而造成国家税款上缴不及时或者流失，对一般纳税人把关不严而让纳税人多抵、少报税款等，都隐性存在税收执法风险，即渎职责任。

（三）核定征税环节风险

税款核定已成为当前税收工作中的一个焦点，由于其中存在一定的自由裁量，因此也是税收执法风险的高发点。目前来看，一方面税务人员根据收入、成本费用损失、能耗等核定纳税人的应纳税额，其指标量化不够科学、主观成分较大、定额不准、定额不足、定额不公的问题普遍存在，一旦纳税人对定额提出异议甚至提起税务行政复议、税务行政诉讼，税务机关的核定征税行为往往显得证据不足，容易导致败诉及核定征税行为无效的风险；另一方面，人情税、关系税、惩罚性高额定税等不公正执法现象时有发生，税务执法中的道德风险在此凸显。

（四）纳税评估环节风险

纳税评估作为一种纳税事中管理的有效手段，在提高税收征管质量、识别企业纳税风险、优化征管模式等方面发挥了重要作用。但纳税评估也存在执法风险：首先，纳税评估的法律地位缺陷造成了纳税评估行为的性质不易界定。尽管目前国家税务局总局下发了《纳税评估管理办法（试行）》，但《税收征管法》及其《实施细则》都没有关于纳税评估具体问题的处理规定，没有直接赋予纳税评估的法律地位，其相应规程、程序、手段、方法等也模糊于管理与稽查之间，似是而非，具体操作很难有准确尺度。其次，纳税评估结论的法律效力不明确。纳税评估作为税收管理的方式之一，并不能完全判断掌握纳税人真实和准确的纳税情况，对纳税人自行查补税款，纳税评估对此可以不予处罚，但按照《税收征管法》规定申报不实是属于要处罚的税收违法行为，因此在评估结果的处理上缺乏法律依据，给评估人员带来责任风险。

### （五）税收优惠政策执行环节风险

税收优惠政策是国家对宏观经济进行有效调控，调整国家经济产业结构，促进社会经济发展的有效手段。少数纳税人会采取虚假认定、虚开多抵、瞒报收入等手段达到少缴、不缴税款的目的。如果税务人员对纳税人享受优惠政策的资格、享受额度不认真审核，将承担由此造成的国家税款流失的风险。

### （六）税务检查环节风险

**1. 检查程序缺失**

有的税务检查人员漠视检查程序，在检查中不主动出示检查证、检查通知不按要求送达、执法文书一人送达、不履行告知程序等现象大量存在。

**2. 检查取证不合法或证据不足**

在检查时由于违反法定程序或超越职权取证造成证据不合法；证据不充分或未形成证据链条，证据的法定效力不足，对税务处理结果的支持不够。

**3. 适用税收处理依据错误**

税务部门进行税务检查和作出处理决定的依据是国家的法律、法规，而在实际工作中，不少检查人员将规范性文件，甚至省局、市局出台的制度、办法作为执法处理的依据。

**4. 处理处罚标准不一致**

如出现相同违法行为处理结果不一致，对不同程度税务违法行为处理结果却大致相同和人情罚、关系罚、惩罚性重罚等现象，都给税务稽查工作留下风险隐患。

**5. 执法文书不合法**

在税收执法检查中常常发现存在文书种类错用、文字表达不严密、项目填写不齐全或不正确、制发时间上存在逻辑错误等现象。执法文书的不严谨、送达文书的不规范，都可能成为纳税人不履行纳税义务、不接受税务行政处罚的理由和依据，一旦引起争诉冲突，将造成直接败诉的风险。

### （七）税收法制风险

税收担保、税收保全、强制执行因为涉及的情况复杂，执法要求高，执行时环节较多，程序复杂，稍有缺失或不到位，都会引发执法风险。

## 复习思考题

**名词解释**

1. 纳税服务

2. 办税服务厅

3. 税务风险管理

**简答题**

1. 纳税服务的基本原则是什么？

2. 试评我国办税服务厅的服务方式。

3. 简述税收执法风险的特征。

4. 税收执法风险管理有哪些种类？

# 第十一章　税收计划、会计、统计管理

**【本章要点】**

税收计划、税收会计与税收统计是实现税务管理科学化的重要手段。本章分别介绍了税收计划、税收会计与税收统计管理的含义、特点、作用以及税收会计实务处理的内容。

## 第一节　税收计划管理

### 一、税收计划的含义

经济计划是国家对未来国民经济发展所作的总体战略部署和安排，是国家社会经济发展战略在一定时期内的具体实施方案。

税收计划是指税务机关在一定时期内组织国家税收收入的目标。它是国家预算的重要组成部分，也是经济计划的组成部分。计划分中、长期计划（一般为5年和10年），年度计划和季度执行计划。

**（一）税收计划的必要条件**

税收计划是国家经济计划的组成部分，应符合以下要求：

（1）时限界定。计划应反映总目标怎样一步一步地得以实现。应当在一定时期（20年、10年、1年，第一个10年、5年……）内达到什么程度？每个计划期限内应当完成哪些必须完成的任务？

（2）数量规定。计划必须有定量要求，以明确一定时期内对目标、任务的预期值。计划的数量要求可以有弹性，但不能只是一种模糊的表述，如"有一定增长"、"有所提高"、"进一步改善"等。

（3）综合协调。总目标的实现，是税务部门与相关部门之间，以及经济与社会之间协调发展的结果，也是短期和中长期的增长、发展之间相互协调的结果。一是比例协调，二是时间协调。这些协调关系必须有符合一定目标要求的事前的计划综合协调才可能实现。

（4）政策配套。政策是为实现目标而在不同时期针对不同对象采取的不同对策的具体表现形式，并成为计划的重要组成部分。如一定税收计划期内的税收政策、征管政策等。这些政策之间以及这些政策与其他政策之间要配套，政策实施也要配套。政策配套也是综合协调的重要内容。

总之，时间、数量和对策都要具体化，这是实现税收计划的必要条件。

**（二）税收计划的特点**

（1）整体性。税务机关的税收计划须包括各个预算级次的税收收入。中央和地方各预算级次的税收收入都要实行全额计算、全额下达、全额考核。在编制和检查税收计划时，要按中央预算级次收入和地方预算级次收入分别反映。

（2）指令性。税收计划是国家预算的一项主要内容。国家预算经过国家权力机关审议批准，具有法律效力，各级税务机关必须严格执行，不得随意变动。

（3）一致性。完成税收计划同执行税收政策法规是一致的。要在正确执行税收政策法规的前提下，组织税收计划的实现。

**（三）税收计划管理的作用**

（1）税收计划管理是组织国家预算收入的重要手段。税收收入是国家预算收入的主要来源。税收计划反映国家通过税收调节分配的政策要求，并在一定程度上体现国家预算收入的增长速度和积累水平。计划的完成情况如何，与财政预算收支计划能否实现、国民经济能否稳定发展息息相关。

（2）税收计划管理是动员税务人员完成组织收入任务的目标管理。税收计划具有严肃性，各级税务机关要根据分配的收入指标，组织动员全体税务人员认真贯彻执行，做到思想落实、指标落实、措施落实，在正确贯彻执行税收法规政策的前提下，确保税收计划的实现。

（3）税收计划管理对税收征管工作的检查和考核作用。组织收入是各级税务机关的中心任务。税收计划是根据方针政策和国家的有关经济指标，经过详细计算确定的。通过税收计划执行情况的检查、分析、对比，可以反映出各级税务机关对税收法规政策的贯彻执行情况，以及征收管理工作的深度和广度，发现工作中存在的问题，起到检查、考核的作用。

财政收入是一国政府为满足其财政支出的需要而参与社会产品分配所取得的收入。从当今世界各国的情况来看，财政收入的最主要来源是税收收入，除了中东少数石油大国外，大部分国家税收收入都占整个财政收入的90%以上，税收收入满足了国家的大部分财政支出。税收计划所确定的税收收入指标，是国家财政预算收入的重要组成部分。国家预算是国家政权直接集中和使用的货币基金总和，是国家计划和管理经济的重要手段。国家预算的实现对国民经济发展规划的实现起决定作用，而国家预算是否能实现又取决于税收计划的实现。税收计划的编制和执行，对保证国家经济计划的实现，平衡财政收支，保证国民经济稳定发展起着重要作用。

## 二、经济税源调查

**（一）经济税源调查的目的**

经济税源调查是税务机关对国民经济生产、分配、流通、消费环节与税收收入相互关系的一种专业性调查。它是掌握税源状况，正确编制税收计划，检查计划执行情况，组织税收收入必不可少的一项重要工作，也是促进经济发展，增加收入，提高计划管理和征收管理水平的一项基础工作。

经济税源调查围绕着税收收入进行，其目的是：①掌握税收的来源现状和发展趋势，增强工作预见性；②为编制税收计划提供税源资料，提高计划管理的科学性；③反映税收计划执行中的问题，促进税收计划的完成；④为检查税收政策的贯彻执行，涵养税源，研究税制和改进征收管理工作提供客观依据。

**（二）经济税源调查的内容**

经济税源调查的内容主要有：①经济政策和措施对税收的影响；②税制变化和税政措施对税收的影响；③重大财政措施和财务制度的变化对税收的影响；④工农业生产的发展变化对税收的影响；⑤社会商品销售额、社会购买力的增减变化对税收的影响；⑥企业的生产、经营管理状况和利润变化对税收的影响；⑦重点税源和季节性税源的变化对税收的影响；⑧加强税收征收管理对税收的影响等。

**（三）经济税源调查的方法**

经济税源调查方法分为经常性调查和专题性调查。

（1）经常性调查。经常性调查亦称"常规性调查"或"例行性调查"。围绕税收计划编制、执行、考核、检查进行，贯穿在征收管理、组织收入工作中，经常、系统地收集、积累各个时期的经济税源资料，进行对比分析。其特点是定期、定点、定内容。调查的具体方法是：①建立重点税源调查报告制度。税务机关根据具体情况选择经营规模大、产品定型、在税收收入中占有较大比重、并具有代表性的企业或产品作为调查重点，定期作出调查报告。②建立经常性的横向资料联系制度。主要与计委、经委、统计、物资等综合部门以及企业主管部门联系，经常收集与税收收入密切相关的经济资料。③定期整理汇总各项税务统计资料，运用各项税收、税源和税政的统计资料，研究经济税源发展变化的情况和税政措施的效果。

（2）专题性调查。专题性调查又称"一次性调查"。其特点是主题鲜明、目的明确、针对性强。调查步骤是：①制定提纲。确定调查目的、调查对象和调查单位，调查项目和调查表式，调查的时间、做法和组织实施计划等。②搜集资料。做法有：调查人员深入现场，实地了解，直接观察，取得第一手资料；调查人员到与调查对象有关的单位进行采访，根据采访的数据，整理调查资料——以原始记录和核算材料为依据，根据经济税源调查的目的和内容拟定调查表式，由有关单位填报。

专题性调查的方法一般有：①普查。这是为了某一特定目的专门组织的一次性全面调查，用来调查经济税源现象总体在一定时点上的状况，如例增值税普查、资源税普查等。普查工作遵循的原则：一是选择最适宜的标准时点；二是尽可能在规定范围内的地区和单位同时进行调查，并且在最短期限内完成；三是同一种普查的主要项目要保持连贯，尽可能按照一定时间同期举行，以利于进行动态对比分析。②重点调查。这是经济税源调查中经常采用的一种方法：在调查总体中选择部分重点单位或重点项目进行调查，以掌握的较大分量的数据和资料进行分析，预测其发展趋势。"重点"包括两个方面：一是缴纳税款数额较大的企业；二是在税收收入总体结构中比重较大的税种或税目。③典型调查。这是根据调查的目的和要求，对调查对象进行分析的基础上，选择个别或少数具有代表性的企业和产品进行调查。④抽样调查。这是在调查研究对象总体中，抽出一部分单位或产品进行调查，以其结果来推算调查总体。

## 三、税收计划的编制

### （一）税收计划的编报程序

税收计划分为年度计划和季度执行计划两种。年度计划分税种、项目和重点品目编制；季度执行计划分税种、月份编制。

税收计划编报程序采取"两上两下"制。即各地税务部门根据上年实际执行情况和计划年度经济税源的发展变化情况，提出本地计划年度建议数，逐级上报；中央税务部门再根据各地具体情况，综合平衡后逐级下达分配指标；各级税务部门根据下达的分配指标，编制年度税收计划，由下而上逐级上报；再由中央税务部门批准下达。

季度税收计划的编制采取"一上一下"制。即由各级上报建议，经省、市一级税务机关核定后逐级下达执行。

### （二）税收计划编制的原则

为了使税收计划可靠、科学，在执行中能够得以实现，在编制时应遵循以下原则：

（1）从经济到财政。税收、税源的发展变化，主要是由经济的发展变化决定的。只有经济发展了，税收才有充分可靠的来源。编制税收计划，必须全面分析计划期的经济发展变化趋势，根据客观经济情况编制税收计划。

（2）积极可靠。把主观能动性同客观可能性结合起来。要在掌握经济部门的计划安排，对重大经济税源进行专题调查的基础上，既要把计划指标订足，又要留有余地，以利于调动广大税务人员的积极性。

（3）从实际出发。要尊重客观经济规律，按照计划期内的经济税源情况进行反复平衡计算。既要充分考虑增产因素、税源潜力以及税政措施对税收的影响，也要考虑各种减收因素，使税收计划建立在科学的基础上。

### （三）编制税收计划的方法、依据和内容

（1）编制税收计划的方法。税收计划编制、拟定一定时期税收收入规模和构成。它以国民经济计划为基础，结合有关资料，根据税法的规定，进行综合研究计算编制，采取自下而上、自上而下相结合的编制方法。

（2）税收计划的依据：①国民经济和社会发展计划。税收计划是国民经济和社会发展计划中财政计划的一个组成部分。国民经济和社会发展计划的规模、发展速

度，都将决定税收计划的规模和发展速度。②现行税制。现行税制规定的课税对象、税率、减免税等，直接关系着税收收入范围的大小和税收收入的多少。③现行价格。应税产品的价格对计算税收计划具有直接影响，因对产品价格的变化趋势难以掌握，一般以现行价格作为计算税收计划的依据。④有关经济税源资料。中国经济在实行计划经济与市场调节相结合的管理体制条件下，国家计划有指令性计划和指导性计划。在实际工作中，要考虑市场调节的因素。有许多应税产品的课税数量与国民经济计划指标不尽相同，有些项目未纳入经济计划，在编制计划时，运用有关部门的经济资料和可比期的税源统计资料，作为编制税收计划的补充计算依据。⑤上年税收计划完成实绩或预计完成数。

在编制税收计划前要做好对上述依据资料的收集、整理和综合研究工作。

（3）税收计划的内容。年度税收计划要反映年度税收收入的总数和分税的数额；要反映中央预算级次的收入和地方预算级次的收入；要编制税收计划表和税收计算表，编写计划的详细说明。

目前，随着"分税制"的实行，税收体制也随之进行了改革。按税收管理及收入归属权限，税收分为中央税、地区方税、中央与地方共享税。为加强税收管理，国家建立了中央税收体系和地方税收体系，分设中央、地方两套税务机构征管。因此，要根据所征管的不同税种分别编制国家税税收计划和地方税税收计划。

税务部门在编制计划时，一般可采取两种方法：微观计算法（又称算细账法）和宏观计算法（又称算大账法）。

微观计算法具体有以下几种计算方法：

①直接计算法，即根据课税对象的数量、单价以及适用税率计算出计划期内税收数额的一种方法。主要适用于消费税、营业税、资源税等税种计划指标的确定。

某类产品计划税额＝计划期销售数量×计税价格×适用税率

a. 课税数量。课税数量有的可依据国民经济计划、生产指标来确定，有的可根据上年实际执行情况，预测在计划年度内可能增减的因素进行调查确定。如烟、酒、化妆品。

b. 计税价格。当产品价格单一时，可以用产品实际销售价格作为计税价格。当产品价格不等时，可根据经济税源统计资料计算出平均价格作为计税价格。平均价格公式为：

平均计税价格＝税额÷税率÷课税数量

当产品等级不同，价格不同时，应尽可能取得其分等级的课税数量计税价格，按加权平均法计算平均价格。

平均价格 = ∑（等级产品课税数量×该产品计税单价）/∑某产品课税数量

c. 适用税率。可根据现行税法规定的税率来确定。同产品有多种税率的，则应计算平均税率。

平均税率 =（各等级产品总税额/各等级产品销售总额）×100%

②基数推算法（又称基数加或减变化数法），即根据历年税收收入变化规律，结合计划年度经济增减变动因素来确定计划税额的一种方法。它适用于增值税、土地增值税、关税、所得税、资源税以及农牧业税收的计划。

具体可采用以下几种方法：

a. 根据上年和历年税收占该项产品销售额的比重计算。

计划税额 =（上年实际税额/上年该项产品销售额）×计划期产品产值

b. 参照上年或历年执行情况和经济增长幅度，考虑计划期内增减因素计算。

计划税额 = 年度该项税额/实际执行数×（1±计划期该项税额增减幅度）

c. 参照上年和历年税收实现数额，结合计划期内增减因素来确定计划期税额。

计划税额 = 基期实际税收±计划期税收增减额

d. 根据基期税源变化，计算计划年度税收收入。

单位税额 = 实际税额/实际课税数量
计划税额 =（基期课税对象±计划期课税增减数量）×单位税额

③抽样测算法，即根据典型税户调查测算、制定税收计划指标的一种方法。它主要适用于收益额生税税种的计算，如企业所得税的计划指标计算。

企业所得税计划税额 = 计划期销售收入×平均纯益率×适用税率

由于纯益率在各个行业不同，故应根据上年税收统计资料计算出平均纯益率。

平均纯益率 = 各企业利润额/各企业销售收入×100%

宏观计算法，是从宏观经济角度对计划年度可能实现的税收收入进行测算的一种方法。具体的做法是：首先，准确预计上期实现的收入基数；其次，参照历年税收和工业产值发展速度的比例关系，根据计划年度工业产值增长情况，确定税收计划增长系数；最后，逐项考虑计划期增收、减收因素，如价格变化、政策调整、征管工作加强等，依次得出本期计划数，再同历史上几个方面的综合指标与税收的比例关系相印证，如税收占整个财政收入的比重、万元工业产值实现税收的比重、国民生产总值同税收发展速度的比例关系等，使计划指标符合发展的规律性。

在实际工作中，应将宏观测算与微观计算结合起来，互相印证，进行比较。以算细账为基础，通过大账检验细账的可靠程度，补充和充实细账之不足。

计算出年度税收计划指标后，应认真填制税收计划表，并逐级上报。税收计划表的格式如表 11 - 1、表 11 - 2 所示。

表 11 - 1  　　　　　　　　　　20××年度税收计划表

编报单位：　　　　　　　　　　报送日期：　　　　　　　　　　金额单位：元

| 税　别 | 上年预计数 | | | 本年计划数 | | | 说明 |
|---|---|---|---|---|---|---|---|
| | 1—10月份实际执行数 | 11—12月份预计数 | 全年实际数 | 全年计划数 | 比上年增减税额 | 比上年增减数 | |
| 合计<br>增值税<br>消费税<br>营业税<br>…… | | | | | | | |

局长：　　　　　处（科）长：　　　　　制表：　　　　　复核：

表 11 - 2  　　　　　　　　　20××年度××税收计划计算表

编制机关：　　　　　　　　　报送日期：　　　　　　　　　金额单位：元

| 项目 | 单位 | 上年预计数 | | | 本年计划数 | | | 比上年增减数 | | | 说明 |
|---|---|---|---|---|---|---|---|---|---|---|---|
| | | 数量 | 单位金额 | 税额 | 数量 | 单位税额 | 税额 | 数量 | 税额 | % | |
| 行业及重点新产品 | | | | | | | | | | | |

## 四、税收计划的执行与检查

### （一）税收计划的执行

税收计划经上级机关批准后，成为国家预算的重要组成部分，被赋予法律效力，因此，各级税务机关应积极组织实现。税收计划的执行是将税收计划由可能变为现实的必需过程。税收计划的实现要通过开展大量征收工作，不断地对各季税收计划执行情况进行检查分析，以便发现问题，改进措施，促使税收计划的实现。

1. 税收季度计划的执行

季度计划是年度计划的具体化，是年度计划的执行性计划。它是在年度计划已经批复后编制的。编制年度税收计划，可以起到以月保季、以季保年的作用，有利于年度税收计划的实现。因此，各级税收机关要根据各季经济发展情况，拟定出积极可靠的季度税收收入的计划指标，并努力实现。

2. 税收计划的调整

税收计划一经批准后，不得随意变动，在执行过程中一般不作调整。但在计划执行年度中由于国家重大经济、财政、税收政策的调整，或预料不到的事情发生，引起税源发生重大变化，税务机关可根据具体情况提出书面报告，向上级机关和同级财政部门报告，由上级机关根据国家预算调整情况作出必要调整。但在上级机关未批准调整税收计划以前，各级税务机关不得随意更改税收计划。

### （二）税收计划的检查分析

税收计划进入执行阶段后，税务机关要经常并系统地对税收计划的执行情况进行检查分析，以便及时发现问题，总结经验，提出改进措施。这是实现税收计划的重要工作步骤。

对税收计划的执行情况进行检查分析的方法主要有五种：①建立定期检查报告制度。按旬报告税收收入进度，按月编写收入分析报告，按季、按年编写税收计划执行情况的检查报告。②编写专题税收分析报告。当税收计划在执行过程中出现收入不平衡状况或税收政策、经济税源发生重大变化，对税收任务的完成有较大影响时，要在深入调查研究的基础上如实向上级作专题报告。③召开税收计划执行情况分析汇报会。根据收入进度，有目的地召开部分地区收入分析汇报会，了解收入情况，分析经济发展趋势，研究将会出现哪些有利因素和不利因素，有针对性地提出建议和采取措施。④组织现场检查。在计划执行过程中，如发现某一地区收入进度不快或出现反常现象，要组织专人到该地区进行检查。对检查中发现的问题，应采取措施，及时解决。⑤以图表形式考核进度。通过图表按地区、征收单位或个人反映收入进度的快慢，便于检查、督促。

由于税收计划在执行中受多种因素的影响，在检查分析时必须抓住重要内容进行分析，具体包括：

（1）采用对比法，检查税收计划完成进度。通过本期实际数与计划数、过去同期指标对比，检查其增减变化因素。

（2）检查、分析税收政策的贯彻落实情况，检查征收的款项是否已全部征收上来，应退税款是否按政策退付。

（3）检查、分析国家重要经济政策的实施对税收计划的影响和对经济发展的作用。

（4）检查、分析税收收入的发展是否与经济的发展同步。

（5）检查、分析计划期间税收征收管理工作的经验和教训，针对存在的问题提出改进措施，并对下期税收收入进行预测。

# 第二节　税收会计管理

## 一、税收成本管理

### （一）税收成本管理的重要作用

税收成本是指在税收征纳过程中所发生的各种费用。税收成本有广义和狭义之分。狭义的税收成本亦称"税收征收成本"，专指税务机关为征税而花费的行政管理费用。包括：税务机关工作人员的工资、薪金和奖金支出；税务机关的办公用具和设施支出；税务机关在征税过程中因实施或采取各种方法、措施而支付的费用；税务机关为进行税制改革而付出的费用等。广义的税收成本亦称"税收奉行成本"，除税务机关征收的行政管理费用外，还包括纳税单位或个人为按税法纳税而支出的费用，如纳税人为填写纳税报表而雇用会计师、税务顾问或职业报税者所花费的费用；公司、企业为个人代缴税款所花费的费用；纳税人花在申报税收方面的时间（机会成本）等。但通常所说的税收成本是指前者。

税收成本管理对于建立科学的税收成本核算体制，对降低成本，减少耗费，最大限度地节约人力、物力、财力，进一步提高税收效益，为社会主义现代化建设筹集更多的资金等都起着重要作用。

### （二）加强税收成本管理的途径和方法

加强税收成本管理，就是要在正确贯彻税收政策的基础上，最大限度地取得税收收入；在保证税收收入和提高税收质量的前提下，最大限度地降低成本。加强税收成本管理的途径和方法主要有：

（1）大力宣传税收成本管理的意义、作用，加强税收成本管理的理论研究和在我国实施的可行性研究。

（2）改进税收制度。

（3）合理设置机构，充实基层征管力量。

（4）提高税务人员的征管素质和纳税人的纳税素质。

（5）推行现代化征管方法。

（6）严格控制成本开支范围。

（7）明确税务部门的管理职责，逐步推行税务代理制。

## 二、税收会计管理

税收会计是国家预算会计的组成部分，是税务机关核算、反映、监督税收资金及其运动的一种专业会计。

### （一）税收会计的任务

（1）审核税收票证。税收票证是税收会计的主要原始凭证。通过审核，检验税收票证的合法性和数字的正确性，贯彻依法办事、依率计征的原则。

（2）反映税收收入情况。按照规定的核算方法设置会计账户，通过记账、结账、编制会计报表和会计分析，系统完整地记录和反映税收资金运动的过程和情况。

（3）监督税款及时、足额入库。严格执行税款征收、入库和报解制度，监督应收税款及时、足额收齐和已收税款及时、足额解缴入库。

（4）严格收入退库制度。税款一经划入国家金库，就成为国家财政资金，不能随意动用。按照税法规定需要退库的，要严格按规定的审批程序办理。

（5）保护税款的安全，与一切违反财经纪律和贪污、挪用、盗窃税款的行为作斗争。

### （二）税收会计的特点

除具有一般会计的特征外，税收会计还具有本身的特点。主要表现在：

（1）与财政总预算会计具有统一性。税收会计核算和反映的内容是财政预算收入的主要部分，必须与财政预算收入和财政总预算会计反映的有关内容相一致。

（2）实行"收付实现制"。这里的收付实现制并不是完全意义上的收付实现制，主要是以本期或本年实际征收、入库、提退数作为核算基础。

（3）只核算收支余额，不进行成本核算，不办理预算支出。

（4）与税收统计之间有着紧密的联系。税收票证既是税收会计的原始凭证，也是税务统计的原始资料。税收会计和税务统计都反映出税收计划的执行情况，都是编制税收计划所需要的资料，税收会计报表也是税收统计的依据，因此需要口径统一，相互协调。

## 三、税收会计的核算对象、结账基础和会计核算体系

### （一）税收会计的核算对象

会计核算对象是会计核算反映、记录、计算和监督的范围和内容，即资金运动过程。税收会计的核算对象就是税收资金及其运动过程。

税收资金是指税务机关凭借国家赋予的权力，依据税法参与国民收入的分配而

形成的由税务部门管理的资金。由于税务机关征收工作要经历纳税申报、开票收款、上解税款、办理入库四个环节，所以，税收资金运动也依次经历申报、征收、入库这几个环节。

纳税申报是税收资金运动的第一阶段，也是税收收入的形成阶段。这一阶段自税收申报和核定开始，到税务部门填开税票为止。其税收业务是纳税人申报应缴（或减免）税，税务机关受理申报。这时税收资金表现为应缴、欠缴税金占用形态。

税收征收是税收资金运动的中间环节。这一阶段从填开税票征纳税款开始，到税款缴入国库经收处并办理上解为止。其税收业务包括：税务机关填开税票征收税款和纳税人缴纳税款；征管员结报自收税款并汇总缴入国库经收处或国库；国库经收处向支库上解税款和税务机关办理小额退税以及处理损失税款等。这时税收资金由欠缴资金转为待解税金、在途税款、减免税金和损失税金等形态。

税收入库是税收资金运动的最终阶段。这一阶段从国库经收处上解税款开始，到税款到达支库形成可供财政分配使用的预算资金为止。其税收业务包括：基层税务机关与县级税务机关核对在途税款，支库办理税款入（退）库手续，以及税收对账工作。这时税收资金由在途税款转为入库税金形态。

**（二）税收会计的结账基础**

会计基础即指用什么标准和方法来确定本期收益和费用。

在我国，会计结账基础有两种：权责发生制和收付实现制。收付实现制是以款项实际收付为标准来确定本期收入和费用的一种方法；权责发生制则是以应收、应付为标准来确定本期收益和费用的一种方法。

由于税收资金运动过程中有应征未征和征前减免税金，没有发生货币资金的实际收入和支出，如，以收付实现制为结账基础，那么就不能作为税收会计的核算内容，造成税收会计核算内容不完整。如，以权责发生制作为会计基础，那么应征未征和征前减免税金可以作为核算内容，但对于应入库而未入库、应退而未退的税金，按权责发生制作为入库数和退库数进行核算，会形成税收会计核算与国家预算收入口径不相同，造成财政收入出现虚假现象。为全面反映整个税收资金运动过程，根据权责发生制和收付实现制各自的特点，税收会计的结账基础采用分段联合制，即对应征税金、欠缴税金及征前减免税金，按申报和批准时间采用权责发生制为会计基础进行会计处理；对本期上解税金、在途税金、入库税金、提退税金、现金税金采用收付实现制为会计基础进行会计处理。

**（三）税收会计核算体系**

税收会计核算体系由上解单位、入库单位和双重业务单位三部分组成。

上解单位是指直接负责税款征解工作的税务机关，它不负责税款入库工作。如，基层税务所是相对独立的会计主体，有上级单位，但无下属核算单位，称为二级核算单位。

入库单位是指直接负责税款入库、退库业务工作的税务机关。它不直接负责税款的征收上解工作，是完全独立的会计主体，如县级税务局。其特点是无上级核算单位，但有下属核算单位，称为一级核算单位。

双重业务单位是指既直接负责税款的征收、上解业务，又直接负责税款的入库、退库业务的机关。它是完全独立的会计主体。

## 四、税款征解入库与监督

税款征解是指税务机关依照税法将各纳税单位和个人的各项税收缴入国库的活动。这是税收会计管理的重要内容。税款征解在各个时期是不同的，它随着财政体制改革而不断变化着。

### （一）税款征收

税款征收是指税务机关依照税法规定的标准和范围，将纳税人应缴纳的税金及时、足额收缴入库的一项管理活动。其缴库方式有：

（1）就地缴库，即纳税人按规定在其所在地或经营地，自行计算应纳税款，自行填制税收缴款书，自行向当地税务机关申报缴纳，或根据税务机关开具的专用缴款书直接向国库经收处缴纳。个体工商户和私营企业只要在银行开设账户和有固定经营场地，按月缴纳，可将税款直接缴入当地国库经收处。

（2）集中缴库，即纳税人将纳税款直接汇解到上级主管部门，再由主管部门汇总后，填制税收缴款书缴入国库经收处。财税体制改革后，规定商业银行企业所得税、铁路系统营业税、保险总公司营业税、各商业银行总行营业税均采用此方法，一律集中缴入中央。

（3）自收汇缴，即纳税人直接向税收机关缴纳现金或转账支票，税务机关向纳税人或代征单位填写完税凭证后，由税务机关根据完税情况填制税收汇总缴款书，将征收的税款当日解缴到国库经收处。此方法适用于小额纳税人、临时经营者和没有银行账户的个体户。

### （二）税款入库

根据国家金库条例规定，我国国库分为中央国库和地方国库两部分。中央国库设立总库（中国人民银行经理）、分库（省、自治区、直辖市）、中心支库（市、地、州）、支库（县级）；地方库按行政区划分××省地方库、××市地方库。国库以支库为基层国库，国库经收处不是一级国库，其业务由商业银行分支机构代理。税务机关征收的税款以到达支库为正式入库，国库经收处所收税款不能算正式入库，只有将税款连同税收缴款书（表4-2）划转到支库，才算税款入库。税务机关和国库计算的收入数字和日期都以支库的收款数额和入库日期为准。纳税单位和纳税人向国库经收处缴纳税款，国库经收处收到税款后，连同缴款书转给有关银行管辖支行，再由有关银行支行划转到国库支库。

基层税务机关填开一式六联税收缴款书，第六联存根留查，其余五联都送到其开户银行。纳税人自行填制缴款书的，第六联送税务机关。第一联收据联，退给缴款人，作为完税凭证；第二联付款凭证，代替支票由开户银行留存；第三联收款联，作金库收入凭证；第四联回执联，作为税款入库凭证；第五联报查联，作为税款已转国库经收处的凭证。具体流程如图 11－1 所示。

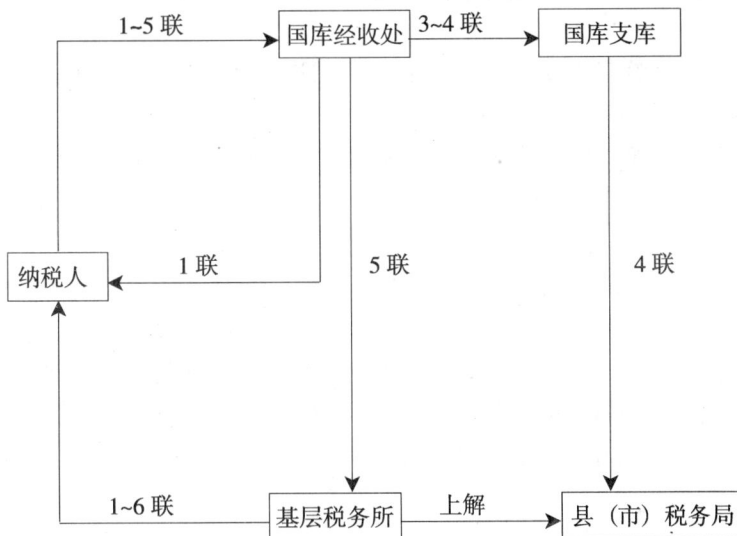

**图 11－1　税款入库与税收缴款书各联**

### （三）税款的退库

1. 退库的范围

税款的退库是指税务机关根据财税管理体制和国家有关规定，将入库的税收收入退还给纳税人的一种行为。目前退库范围有：

（1）因工作疏忽产生技术性差错造成多征、误征而应退还纳税人的税款。

（2）国家税法规定给予政策性减免照顾和鼓励而形成已征税款或减免退库。

（3）按计划缴纳超过应缴数，应予退库。

（4）由于国家税法调整下降税率，对多缴纳的应予退库。

（5）出口退税，即出口产品在报送出口后，将已征得的税款退还给外贸出口企业或经营者。

（6）支付代征、代扣税款单位的手续费，可退库。

（7）检举揭发偷、逃税案件，给予检举人鼓励资金，可退库。

（8）财政部、税务总局批准的退税。

2. 退库审批的权限

各级税务部门不得随意退库，必须根据国家税款退库的批准权限进行退库。中央税和共享税的退库，除误收、汇算等客观原因外，其减免退税必须经国务院或财政部、国家税务总局批准，地方政府和财政部门无权审批。如消费税、增值税、中央企业所得税、证券交易税、能交基金、调节基金的退库等。地方税由地方政府在不违反税法的情况下，经国家授权在规定的退库范围内审查批准，超过规定退库范围的事项，国库有权拒绝办理。具体审批权限如下：

（1）由于技术性差错而造成的多收退税，经纳税人申请，在规定的时间内由县（市）以上税务局批准。

（2）由于隶属关系的改变，办理财务结算应退付的企业所得税，由纳税人提供有关批准文件到税务机关办理审批。

（3）财政部、国家税务总局规定的提取代征、代扣手续费，集贸市场税收分成由县以上税务局审批。

（4）支付检举偷、逃税检举人的奖金而发生的退库，由县以上税务局审批。

（5）汇算清缴退税、调整税率和政策性退税，由县（市）以上税务机关审批。

（6）出口退税、调整税率和政策性退税，由县（区）税务局依据纳税人出口退税、减免退税申请表及有关批准文件，直接办理退库。基层税务所、征收科不能直接办理退库的审批，只能初审后上报上一级税务局。

税款退库只能由国库办理，国库经收处不能办理税款退库手续。

3. 税款退库的办法

税款退库采取的办法是国家税款有退库，由县（区）以上税务机关填开"税收收入退还书"送国库办理。中央级税款，如消费税、关税，只能从中央金库中退付；共享税收入退付，如增值税，按照规定的比例分别从中央金库和地方金库退付。地方级税款发生的退库应从地方国库中退库。

4. 申请退库的手续

凡按规定可以退库的；纳税人应首先向基层税务机关提出退库申请，经基层税务机关依法审查后签署意见，逐级上报审批。上级审批机关依据税法规定的退税范围，提出意见，并在退税申请书上签字。税务局会计部门将有关手续复核后填写"税收收入退还书"，一式五联，送国库办理退库。对需退付现金的，如支付个人的代征手续费、举报奖金等，税务机关应在"税收收入退还书"备注栏内加盖"退付现金"戳记，由收款人持向指定国库办理退库。外资企业、合资企业以及外籍人员以外币兑换人民币缴纳税款的，如发生退库，经县（区）以上税务机关审查批准后，在签发的"税收收入退还书"上加盖"退付外币"戳记，由国库办理退库手续后，将税款划转中国银行经收处，由缴款人在中国银行提取或划转款项。

## 五、税收会计核算

税收会计核算包括设置会计科目、确定记账方法、填制记账凭证、登记账簿和编制会计报表等会计业务。它们之间相互联系，构成了整个会计核算体系。

**（一）税收会计科目的设置权限**

（1）对于需要全国统一汇总的税收会计一级科目名称、编号、核算内容及其使用方法，由国家税务总局制定；需要进行明细核算的主要核算内容也由国家税务总局规定。

（2）对于国家税务总局统一规定的一级科目，各地不得自行变更。如有特殊情况需要增设会计科目，可由省级税务机关统一作出规定，并报国家税务总局备案。明细科目的具体名称、编号和使用方法由各省级税务机关根据国家税务总局规定的明细核算内容自行制定，并报国家税务总局备案。

（3）省级以下各级税务机关必须严格按照国家税务总局和省级税务机关的规定设置和使用会计科目，不需要的会计科目可以不用，不得随意增减会计科目或改变科目名称、核算内容和使用方法。

**（二）会计科目的设置**

会计科目是对会计核算对象按资金运动过程和经济业务内容进行的科学分类，这种分类名称就是会计科目。它是设置账户和处理经济业务的依据。

1. 设置会计科目

税收会计科目的设置是根据税收收入、解缴和提退等内容，结合现行税收制度和税收管理需要，以及依据国家预算收入科目和国库条例及其实施细则进行的科学分类。现行税收会计总账科目按四种核算单位的业务情况综合设置，如表 11 - 3 所示。

表 11 - 3

| 资金占用类 | 资金来源类 |
| --- | --- |
| 一、待征类 | 一、应征类 |
| 1. 待征工商税收 | 1. 应征工商税收 |
| 2. 待征企业所得税 | 2. 应征企业所得税 |
| 3. 待征其他收入 | 3. 应征其他收入 |
| 4. 减免税金 | 4. 多缴税金 |
| 二、入库（上解）类 | 5. 暂收款 |
| 1. 入库（上解）工商税收 | |
| 2. 入库（上解）企业所得税 | |
| 3. 入库（上解）其他收入 | |
| 4. 待解税金 | |
| 5. 在途税金 | |
| 6. 提退税金 | |
| 7. 待处理损失税金 | |
| 8. 损失税金核销 | |
| 三、暂存类 | |
| 1. 保管款 | |

**2. 各类科目核算的内容和使用方法**

（1）"应征工商税收"、"应征企业所得税"、"应征其他收入"是上解单位、入库单位、双重业务单位和混合业务单位的共用科目。本类科目核算纳税人发生纳税义务后，税务机关应征的税金，包括：①纳税人和扣缴义务人及代征单位（人）自行向税务机关申报，或由税务机关直接核定的应纳税金；②不需缴纳，但需向税务机关申报的已发生的减免税金；③查补的各种税金、滞纳金和罚款；④按定期定额方式征收的应纳税金；⑤税务机关征收的临时经营性税金等。当增值税纳税申报进项税额大于销项税额，应征税金为零时，不作账务处理。

本类科目"贷方"记实际发生的应征税金，"借方"记应退还的多缴税金数。平时余额在"贷方"，表示累计实现的应征税金总量。年终与"上解"类科目、"入库"类科目、"减免税金"、"提退税金"和"损失税金核销"科目的"借方"余额进行对冲，余额表示年终欠缴税金、在途税金、待解税金和待处理损失税金的来源合计数。年终余额应结转到下年度继续处理。

（2）"多缴税金"是上解单位、入库单位、双重业务单位和混合业务单位的共用科目。本科目是"应征"类科目的抵减科目，核算应退还纳税人、扣缴义务人及代征单位（人）的多缴税金。包括：①纳税人、扣缴义务人及代征单位（人）自行申报或申请并经税务机关核定应退还的多缴税金；②税务机关在日常审核检查中发现的多缴税金；③税务机关在稽查中发现的多缴税金；④税务机关在行政复议中确定的多缴税金；⑤法院在审理税务案件中判定的多缴税金。

本科目不核算减免退税、出口退税。其科目"贷方"记多缴税金发生数，"借方"记实际抵缴或退还的税金数。余额在"贷方"，表示未抵缴或未退还的多缴税金数。年终余额应结转到下年度继续处理。

（3）"暂收款"是上解单位、双重业务单位和混合业务单位的共用科目。本科目核算按照规定向纳税人收取预缴纳税保证金、抵税发票押金、拍卖款和征收人员结报税款时的长出款。

本科目"贷方"记实际收到的保证金（押金）、拍卖款和长款数。"借方"记保证金（押金）和拍卖款抵顶应缴税款数和退还数，以及已处理的长款数。余额在贷方，表示暂收款未处理数。年终余额应结转到下年度继续处理。

（4）"待征工商税收"、"待征企业所得税"、"待征其他收入"是上解单位、入库单位、双重业务单位和混合业务单位的共用科目。本类科目是"应征"类科目的对应科目，核算应征而未征的税金（即欠缴税金）。

本类科目"借方"记所有应征税金发生数，"贷方"记已征收和征前已减免的税金数、实际抵缴的多缴税金数，以及结转到"待处理损失税金"科目的损失税金数和结转到"损失税金核销"科目的欠缴税金依法注销数。余额在"借方"，表示实际欠缴数。年终余额应结转到下年度继续处理。

（5）"减免税金"是上解单位、入库单位、双重业务单位和混合业务单位的共用科目。本科目核算应纳税金发生后减征和免征（包括通过退库方式实施减征和免征）的税金，即实际发生的减免税金。已批准但未发生的减免税金不核算；出口退税不作为减免税金核算；非生产、经营性单位（个人）的征前免征税金不核算；税法规定经济特区统一减征15%的外商投资企业和外国企业所得税的减免税不核算；纳税人发生解散、破产、撤销，经过法定清算仍收不回来而依法注销的欠缴税金不在本科目核算。

本科目"借方"记实际发生的减免税金数（包括各种退库减免数），"贷方"平时无发生额。平时余额在"借方"，表示累计减免数。年终按工商税收、企业所得税和其他收入归类，与相应的"应征"类科目的"贷方"余额结转冲销后无余额。

（6）"入库（上解）工商税收"、"入库（上解）企业所得税"、"入库（上解）其他收入"是上解单位和混合业务单位的共用科目。本类科目核算纳税人、扣缴义务人、代征单位（个人）直接缴入和税务机关自行征收后汇总缴入国库经收处的税金。

本类科目"借方"记已经缴入国库经收处的税金，"贷方"记接到入库单位提退清单的退库数。平时余额在"借方"，表示扣除退库数后的累计上解税金数。年终与相应的"应征"类科目的"贷方"余额进行冲销后无余额。

（7）"待解税金"是上解单位、入库单位、双重业务单位和混合业务单位的共用科目。本科目核算扣缴义务人、代征单位（人）和征收入员向会计结报的自收税款现金。

本科目"借方"记税款现金和存款增加数，"贷方"记减少数。余额在"借方"，表示税款现金和存款实有数。年终余额应结转到下年度继续处理。

（8）"在途税金"是入库单位、双重业务单位和混合业务单位的共用科目。本科目核算已经缴入国库经收处上解，但尚未到达国库的税金。

本科目"借方"记所有上解税款数，"贷方"记所有已缴入国库的税款数。平时余额在"借方"，表示在途税金实有数。如果出现"贷方"余额，则表示已入库但尚未收到缴款书报查联或上解凭证汇总单和待解凭证汇总单等征解凭证的税款数。年终决算前，在年度清理期内，应将其余额处理完毕，决算一般无余额，如有余额应结转到下年度继续处理。

（9）"入库（上解）工商税收"、"入库（上解）企业所得税"、"入库（上解）其他收入"是入库单位、双重业务单位和混合业务单位的共用科目。本类科目核算国库已收纳入库的税金。

本类科目"借方"记国库已经收纳入库的税金数，"贷方"记从国库办理的提退税金数。平时余额在"借方"，表示累计入库数。年终与相应的"应征"类科目的"贷方"余额冲销后无余额。

（10）"提退税金"是上解单位、入库单位、双重业务单位和混合业务单位的共用科目。本科目核算在自收税款中支付的小额退税和通过退库方式提退的各项税金。包括：①汇算清缴和申报结算的多缴税款退税（含税收政策调整结算退税）；②出口退税；③因误收、误缴而多缴税款的小额退税和退库退税；④减免退税；⑤提退代扣代收手续费和代征手续费；⑥提退检举揭发案件奖金。

本科目"借方"记实际退库和小额退税数，"贷方"记退库减免结转到"减免税金"科目数和多缴税款退税冲转"多缴税金"科目数。平时余额在"借方"，表示累计出口退税数和手续费、奖金提退数。年终按工商税收、企业所得税、其他收入等归类，与相应的"应征"类科目"贷方"余额结转冲销后无余额。

（11）"待处理损失税金"是上解单位、入库单位、双重业务单位和混合业务单位的共用科目。本科目核算由于各种原因而造成损失，需要上报审批并等待处理的损失税金。

本科目"借方"记上报审批等待处理的损失税款数，"贷方"记经批准予以核销或有关责任人赔偿的税款数。余额在"借方"，表示尚未处理的损失税款数。年终余额应结转到下年度继续处理。

（12）"损失税金核销"是上解单位、入库单位、双重业务单位和混合业务单位的共用科目。本科目核算按规定审批权限报经批准同意核销的损失税金和纳税人发生解散、破产、撤销，经法定清算仍未收回而依法注销的欠缴税金。

本科目"借方"记损失税金批准核销数和欠缴税金依法注销数，"贷方"平时无发生额。平时余额在"借方"，表示累计批准核销数和依法注销数。年终按工商税收、企业所得税、其他收入等归类，与相应的"应征"类科目"贷方"余额结转冲销后无余额。

（13）"保管款"是上解单位、双重业务单位和混合业务单位的共同科目。本科目核算存放在税务机关或金融单位的纳税保证金（押金）、拍卖款和长款数。

本科目"借方"记保管款现金和存款增加数，"贷方"记减少数，余额在"借方"，表示保管款现金和存款实有数。年终余额应结转到下年度继续处理。

**（三）税收会计的记账方法**

记账方法是为完成会计核算任务，对经济业务活动确定会计分录的记账方法。

我国税收会计采用借贷记账法，以"借"、"贷"为记账符号，利用复式记账原理全面反映税收资金运动过程的一种记账方法。"借"、"贷"反映资金数量的增减变化，随会计科目的性质的不同而不同。"借"方表示资金占用类增加、资金来源类减少；"贷"方表示资金占用类减少、资金来源类增加。借贷记账法的记账规则是"有借必有贷，借贷必相等"。

由于税收会计只设总账科目，未分国家税务局、地方税务局会计科目。因此，国家税务局和地方税务局的征收业务活动在会计核算上，总账科目相同，明细核算上税种不同。各税务机关应根据国家税务总局规定的征收范围组织征收和进行核算。

下面根据税收资金运动过程分别举例：

1. 应征税金的核算

【例1】某玩具厂到所在区的税务局征管科申报上月增值税 18 650 元，经税务专管员审核后转会计部门记账。

借：待征工商税收——某玩具厂——增值税　　　　　　　　18 650

贷：应征工商税收——增值税　　　　　　　　　　　　　　　18 650

【例2】某纳税人向税务所申报上月消费税 5 000 元，征管员审核后将其申报表交会计记账。

借：待征工商税收——某纳税人——消费税　　　　　　　　5 000

贷：应征工商税收——消费税　　　　　　　　　　　　　　　5 000

【例3】收到检查组交来的纳税检查报告，某电线厂应缴税金抵冲增值税 5 600 元。

借：待征工商税收——某电线厂——增值税　　　　　　　　5 600

贷：应征工商税收——增值税　　　　　　　　　　　　　　　5 600

2. 解缴税金的核算

【例4】收到征收员王刚交来的某临商营业税 800 元，当日来不及汇缴经收处，会计根据完税证填制记账凭证。

①借：待征工商税收——某临商——营业税　　　　　　　　800

贷：应征工商税收——营业税　　　　　　　　　　　　　　800

②借：现金——待解税金　　　　　　　　　　　　　　　　800

贷：待征工商税收——某临商——营业税　　　　　　　　　800

【例5】会计部门收到征管科转来的某电厂上月预缴的所得税 43 000 元的通知书及专用缴款书报查联。

①借：待征企业所得税——某电厂　　　　　　　　　　　　43 000

贷：应征企业所得税　　　　　　　　　　　　　　　　　　43 000

②借：上解企业所得税　　　　　　　　　　　　　　　　　43 000

贷：待征企业所得税　　　　　　　　　　　　　　　　　　43 000

【例6】某税务机关会计部门收到上解单位的"待解凭证汇总表"，列明待解 500 000 元，其中增值税 300 000 元，消费税 200 000 元。上解数有 430 000 元，其中增值税 300 000 元，消费税 130 000 元。

```
借：在途税款——某上解单位——增值税                    300 000
                         ——消费税                    200 000
    贷：待解税金——某上解单位                           70 000
        待征工商税收——某上解单位——增值税             300 000
                              ——消费税               130 000
```

### 3. 提税金和损失税金的核算

【例7】收到国库"收入日报表"及收入退还书报查联和付款通知联，其退库项目为：误收增值税12 350元，减免税450元。

```
①借：提退款项                                         12 350
    贷：入库工商税收                                   12 350
②借：减免款项                                            450
    贷：入库工商税收                                      450
```

【例8】收到征管员结报来完税证报查联，计征土地增值税21 000元，资源税1 500元；并收到损失报告一份，税款损失300元。同时收到已向经收处办理税款汇解的汇总缴款书收据联一张，金额22 200元。

```
①借：待征工商税——土地增值税                          21 000
               ——资源税                              1 500
    贷：应征库工商税收                                 22 500
②借：上解工商税收——土地增值税                        21 000
               ——资源税                              1 200
    待处理损失款项                                        300
    贷：待征工商税款                                   22 500
```

【例9】收到上级机关对上项损失手续报告批文，同意核销200元，由责任人赔偿100元。

```
借：损失款项核销                                          200
    贷：待处理损失款项                                    200
```

【例10】收到上项赔款100元。
```
借：上解工商税收——资源税                                100
    贷：待处理损失款项                                    100
```

### （四）税收会计凭证

税收会计凭证是指记录经济业务、明确经济责任的书面证明，是登记账簿的依据。它包括原始凭证和记账凭证两种。

1. 税收原始凭证

税收原始凭证是指税收征解业务活动的书面证明，是会计核算的原始资料和主要依据。主要有：

（1）税收缴款书。它是纳税人直接向国库经收处缴纳税款、罚款和税款滞纳金时所使用的一种缴款凭证，是国库办理预算收入的凭证。

（2）出口产品专用税收缴款书。它是纳税人生产出口产品直接向国库经收处缴纳消费税时所使用的一种专用缴款书，是出口企业向税务机关申请办理出口产品退税的原始凭证。见表11－4。

表11－4　　　　　　　　中华人民共和国税收（出口产品专用）缴款书

代　码：　　　　　　　　　　　　　　　　　　　　　　（　　）号
经济类型：　　　　　　填发日期：　年　月　日　　　征收机关：

| 缴款单位（人） | 全称 | | 预算科目 | 款项 | 消费税 |
| | 开户银行 | | | | 一般消费税 |
| | 账号 | | | 级次 | 中央 |
| 购货企业名称 | | | 收缴国库 | | 总金库 |
| 销售发票号码 | | | 税款所属日期 | | |
| | | | 税款限缴日期 | | |

| 产品名称 | 课税数量 | 单位价格 | 计税金额 | 税率（额） | 实缴税额 |
| | | | | | |

金额合计（大写）

| 缴款单位（盖章） | 税务机关（盖章） | 上列款项已收妥并划转收款单位账户 | 备注 |
| | | | |
| 经办人（章） | 填票人（章） | 国库（银行）盖章<br>年　月　日 | |

说明：①无银行收讫章无效。

②第一联（收据）国库（经收处）收款、盖章后退给缴款单位作完税凭证。

③逾期不缴，按税法规定加收滞纳金。

（3）汇总缴款书。它又称一般缴款书，是税务机关自收现金税款、罚款和滞纳金，以及代扣人、代征人扣税后，将税款汇总缴国库经收处时所使用的一种缴款凭证。见表11－5。

表 11 – 5　　　　　　　　**中华人民共和国税收（汇总专用）凭证**

（2002）京国汇　　字

填发日期：　　年　月　日

| 缴款单位（人） | 代码 | | 预算级次 | |
| --- | --- | --- | --- | --- |
| | 全称 | | 收款国库 | |
| | 开户银行 | | 税款征收日期 | |
| | 账号 | | 税款限缴日期 | |

| 预算科目名称 | | 品目名称 | 实缴金额 |
| --- | --- | --- | --- |
| 款 | 项 | | |
| | | | |
| | | | |
| | | | |
| | | | |

金额合计（大写）　佰　拾　万　仟　佰　拾　元　角　分

| 缴款单位（人）<br>（盖章）<br><br><br>经办人（章） | 税务机关<br>（盖章）<br><br><br>填票人（章） | 上列款项已收妥并划转收款<br>单位账户<br><br>国库（银行）盖章<br>年　月　日 | 备注 |
| --- | --- | --- | --- |

说明：①无银行收讫章无效

　　　②第一联（收据）国库（经收处）收款、盖章后退回缴款单位作完税凭证

　　　③附完税凭证　张

（4）税收完税证。它是税务机关自收现金税款、滞纳金和罚金，在代征代扣税款人与纳税人之间流转，不能作为国库收纳预算收入的凭证。见表 11 – 6。

表 11-6　　　　　　　　　中华人民共和国税收完税证

经济类型　　　　　　　　　　　　　　　　　　　　　　　　　　税完字第××××号

| 纳税人代码 | | | | 地　　址 | | | | | | | | | | |
|---|---|---|---|---|---|---|---|---|---|---|---|---|---|---|
| 纳税人名称 | | | | 税款所属时期 | | 年　月　日 | | | | | | | | |
| 税　　别 | 品目名称 | 课税数量 | 计税金额或销售收入 | 税率或单位税额 | 已扣或扣除额 | 实　缴　税　额 | | | | | | | | |
| | | | | | | 十万 | 万 | 千 | 百 | 十 | 元 | 角 | 分 | |
| | | | | | | | | | | | | | | |
| | | | | | | | | | | | | | | |
| | | | | | | | | | | | | | | |
| 金额合计（大写）　　拾　万　仟　佰　拾　元　角　分 | | | | | | | | | | | | | | |
| 税务机关　（盖章） | 委托代征单位　（盖章） | | 填票人（章） | | | | | | | 备注 | | | | |

（5）税收定额完税证。它是只限于税务机关自收屠宰税、临时性经营等流动性零散税收时使用的完税凭证。对固定纳税户不得使用此凭证。各地是否使用该凭证由省级国家税务局和地方税务局自定。最高限额为20元，票面具体定额及颜色由省级国家税务局和地方税务局根据当地实际情况自定。

采用左右两联式，左联为存根联，税务机关留存并定期上报县级税务机关备查；右联为收据联，交纳税人收执作为完税凭证。左右两联为同一颜色。见表11-7。

表 11-7

| 税收定额完税证（存根）　　　——————　　（2002）京国定××号　　税额：　　壹圆　　填票人签章：　　填发日期：　年　月　日 | 中华人民共和国税收定额完税证　　——————　　（2002）京国定××号　　税额：　　壹圆　　税务机关（盖章）　填票人签章　　填发日期：　年　月　日 |
|---|---|

当日有效，隔日作废

（6）车船使用税定额完税证。它是征收自行车车船使用税的专用定额完税证。其他一切车船缴纳车船使用税均使用"税收完税征"。本凭证的具体年度、税额、工本费及会计等，各地根据当地规定印刷，不收工本费的可以不设"工本费"栏。本凭证为一联，交纳税人收执，作为完税凭证（白纸黑油墨）。征收人员、代征单位和代征人凭每本完税证票证封面的起讫号码及份数办理票款结算。车船使用税定额完税证式样见表11－8。

表11－8　　　　　　　　　　中华人民共和国车船使用税定额完税证

（2002）京国车　　号

| 税　目：自行车<br>年　度：2002<br>税　额：叁圆<br>工本费：伍角<br>合　计：叁圆伍角正 | 税务机关　　　（盖章）<br><br>纳税日期：　　年　月　日 |
| --- | --- |

（7）代扣代收税款凭证。它是税法规定负有代扣代缴和代收代缴的扣缴义务人（固定资产投资方向调节税扣缴义务人除外）代扣、代收税款、附加时所使用的凭证。一式三联，各联有不同的用途和颜色。见表11－9。

表11－9　　　　　　　　　　中华人民共和国代扣代收税款凭证

主管税务机关：　　　　　填发日期：　　年　月　日　　（2002）京国代第×××号

| 纳税人 | 名称 | | 扣缴义务人 | | | | | | | | | | |
| --- | --- | --- | --- | --- | --- | --- | --- | --- | --- | --- | --- | --- | --- |
| | 经济类型 | | 税款所属时期 | | | 年　月　日 | | | | | | | |
| 税　别 | 品目名称 | 课税数量 | 计税金额或销售收入 | 税率或单位税额 | 已扣或扣除额 | 实缴税额 | | | | | | | |
| | | | | | | 十万 | 千 | 百 | 十 | 元 | 角 | 分 | |
| | | | | | | | | | | | | | |
| 金额合计（大写） | 拾　万　仟　佰　拾　元　角　分 | | | | | | | | | | | | |

（续上表）

| 税务机关 | 扣缴义务人 | 填票人（章） | 备注 | |
|---|---|---|---|---|
| （盖章） | （盖章） | | | |

第一联（存根）扣缴义务人留存

（8）印花税票。它是缴纳印花税的一种完税凭证。有各种不同金额的票面，现行印花税票有0.1元、0.2元、0.5元、1元、2元、5元、10元、50元、100元等9种。缴纳印花税时，应按照税法规定的应纳税额，贴足相同金额的印花税票，凭以完税。

（9）税收罚款收据。它是纳税人和扣缴义务人用现金缴纳税收罚款时使用的一种专用凭证。手工开票和计算机开票通用，一式三联。

（10）税收收入退还书。它是税务机关从国库办理税款（包括基金和附加）退库时使用的一种专用退款凭证。由县级或以上税务机关签发，税收会计部门办理；设立乡（镇）金库的，也可以由其相应的所级税务机关签发。手工开票和计算机开票通用，一式五联。

（11）小额税款退税凭证。它是税务机关按规定在自收税款中办理限额以下的退税时使用的退税凭证。一式三联。

（12）出口产品完税分割单。它是中间收购单位或分批收购消费税应税产品，分批转供出口企业时，凭完税的"出口产品专用税收缴款书"到当地县级税务机关换取一种出口产品退税的专用凭证。本单由国家税务总局集中印刷，一式两联。

此外，还有其他征收凭证，如固定资产投资方向调节税零税率项目凭证、税票调换证、纳税保证金收据、印花税票销售凭证、税收票证监制章、征税专用章等。

上述原始凭证根据经济内容可分为征收凭证、解交凭证、提退凭证、减免凭证、入库凭证、其他凭证等。

2. 记账凭证

记账凭证是指根据审核无误的原始凭证填制，用以登记账簿的依据。

记账凭证应按每一会计事项或同类会计事项汇总填制，但会计分录的对应关系必须明确，并按会计事项发生日期顺序编号，连同所附原始凭证及时装订成册，加凭证封面并注明年度、月份、编号及经办人签章，于年终送交档案室保管。

如果单位征收业务较多，可采用科目汇总表核算程序，依据编制的科目汇总表登记总账。

**（五）税收会计账簿**

税收会计账簿分为总账、明细账、日记账、辅助账簿。

（1）总账。它是根据现行税收会计制度规定的一级科目设置。采用三栏式账页，根据记账凭证或科目汇总表登记。

（2）明细账。它是根据各总账科目的用途和核算需要开设。采用三栏式或多栏式账页，根据原始凭证或记账凭证登记。

（3）日记账。它是按经济业务发生的先后顺序，逐日、逐笔根据原始凭证和记账凭证进行登记，是反映现金收入、付出和结存情况的序时账簿。凡是库存现金税款和保管款的上解单位和双重业务单位都应设置待解税款日记账和保管款日记账。

（4）辅助账。辅助账又称备查账，它主要是对在总账、明细账和日记账中未能记载的事项进行补充登记的簿籍。辅助账簿的设置根据各单位具体情况而定，一般有票据结报手册、抵押（扣留）物品登记簿等。

根据1994年税制改革的会计核算需要，各会计科目明细账设置要求如下：

（1）应征工商税收、上解工商税收科目按税种设置；

（2）暂收保管款科目按预算保证金人设置，长款按长款人设置；

（3）待征工商税收科目按单位分税种设置；

（4）待征企业所得税、待征调节基金、待征其他收入科目按上解单位设置；

（5）减免税金科目，按减免单位分减免税种、减免性质设置；

（6）入库工商税收、入库企业所得税、按国家预算收入有关款、项科目设置；

（7）入库其他收入科目按收入项目、级次设置；

（8）提退款项科目按提退税种、提退性质设置；

（9）待处理损失款项、损失款项核销科目按税种设置；

（10）在途税金科目按上解单位、税种设置；

（11）现金（存款）科目分设待解税金、保管款设置；

（12）待解税金科目按上解单位设置，其余科目不需设置明细账核算。

## （六）税收会计核算程序

会计核算程序即会计凭证、账簿、会计报表和账务处理程序相结合的方式。

税收会计核算程序一般采用税收记账凭证核算程序和税收科目汇总表核算程序等。如图11-2所示。

（1）根据原始凭证或汇总原始凭证填制记账凭证；

（2）根据原始凭证或汇总原始凭证登记日记账；

（3）根据原始凭证或汇总原始凭证、记账凭证登记明细账和备查账；

（4）根据记账凭证或科目汇总表登记总账；

（5）对总账、明细账、日记账、备查账进行核对；

（6）根据审核无误的总账、明细账编制会计报表。

## （七）会计报表

税收会计报表是指具体反映各个会计结算期和会计年度税收资金运动的总结性报告。它根据总账、明细账和辅助账簿产生。

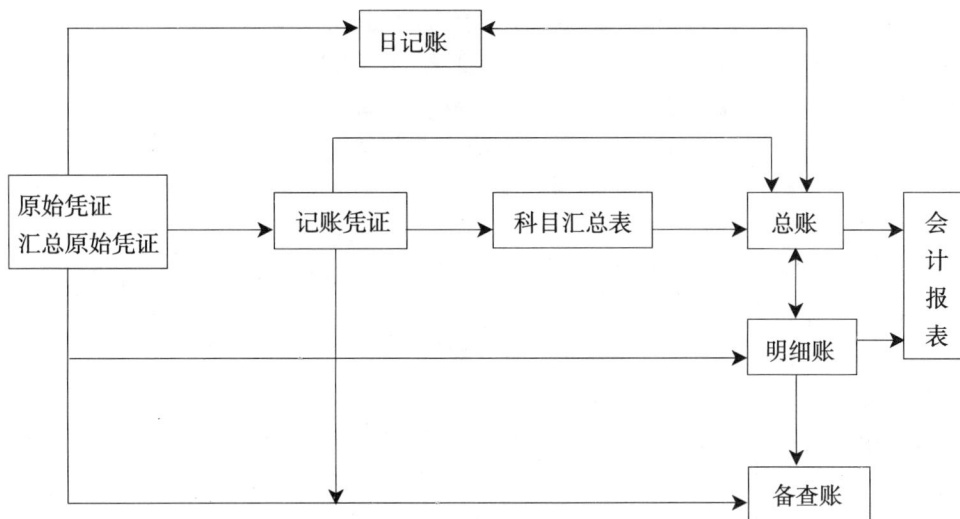

图 11 - 2 会计核算程序

税收会计报表按编报时间分为：旬报、月报、季报和年报。根据各表的用途分为：电旬报、电月报，资金平衡表，各项收入入库明细表，各项收入提退明细表，企业所得税入库税额明细表，国家能源效能重点建设基金，国家预算调节基金入库数额明细表等。

（1）税收电旬报、电月报是为了使上级及时掌握各地税收收入进度的一种快速报表。一般用电话或电报形式报出，是按规定的编报时间、内容、科目逐级上报的。

（2）税收资金平衡表是反映某一税务机关报告期期末，整个税收资金分布情况的会计表。根据各总账账户的年初数和报告期末数填列。

（3）各项收入入库明细表是反映报告期末税务机关组织各收入分预算级次的报表。主要是根据税收入库、上解明细本期发生额和期末金额编报。

（4）各项收入提退明细报表是反映报告期末按政策规定通过国库办理的各项提退收入和自收税款退还小额税款情况的会计报表。根据各项提退明细账余额编报。

（5）企业所得税入库税额明细表是反映报告期末企业所得税分行业、分级次的入库情况的报表。根据企业所得税入库明细账的期末余额编报。

# 第三节 税务统计管理

## 一、税务统计管理的作用和特点

### （一）税务统计管理的作用

税务统计是社会经济统计的组成部分。它是根据税收工作的要求，反映税收、税源、税政活动情况，按照统一的制度和方法进行的一项专业统计，也是税收工作实现科学管理的重要手段。税务统计包括税收统计、税源统计和税政统计三个方面。税收统计是对税款征收入库情况的统计，反映分税种、分地区、分时期、分预算级次等税收收入情况。税源统计是对税收来源情况的统计，反映税款征收对象、经济类型、行业、税种、产品、课税数量、销售收入额、所得额、平均纯益率、平均税率等情况。税政统计是对税收征收管理、执行税收政策和税务机关等情况的统计，反映机构设置、人员配备、减免税、以税还贷、查补漏欠税、罚没处理和税收票证使用结存等情况。

税务统计的任务是及时、系统地收集、整理、分析和提供准确的税务统计资料，如实反映税收政策的实施效果、税收计划的执行情况和税源发展变化的情况，为领导机关进行宏观决策、制定税收政策、编制税收计划和监督、检查税收计划的执行情况提供可靠依据。

税务统计的作用主要是：

（1）为税收计划服务。税务统计反映税收来源、税源结构、税源分布、税源的增减变化和税收计划的执行情况所提供的绝对数、相对数、平均数，是编制税收计划和检查计划的执行情况的主要依据。

（2）为制定税收政策服务。税务统计是税收政策实施效果的综合反映。税务统计提供的资料，是制定税收政策和检验税收政策实施效果的重要依据。

（3）为征收管理工作服务。税务统计通过统计图表、资料，反映纳税单位和税收收入的分布与变化，征收力量的配备是否合理，企业纳税是否及时，偷、漏税款的清理以及减、免税等情况，以利于改进和加强征收管理工作。

（4）为国民经济各部门服务。税务统计资料的内容与国民经济各部门息息相关，是国民经济发展变化的一个侧面反映，可以为国家综合经济部门提供有价值的资料，研究各经济部门的发展动向、规律和预测全面的发展趋势。

（5）为各级领导决策服务。税务统计提供了比较全面的资料，有利于各级领导加强对税收工作的正确领导，及时指导、检查税收工作，保证税收任务的完成。

**（二）税务统计的特点**

税务统计是社会经济统计的重要组成部分，是税务部门征收管理的专业统计。

社会经济统计与税务统计既有共性，又各有其特殊性。共性主要体现在研究对象的数量方面，包括数量的多少、现象之间的数量关系、质量互变的数量界限。但是，税务统计也有其特殊性，具体体现在以下三个方面：

（1）数量性。税务统计是从税务现象的数量变化表现形式方面来研究税务工作的发展变化规律的。税务统计的分析研究工作，是以经过加工整理的税收、税源、税政统计的数字资料作为依据的。

（2）社会性。税务统计反映了税收活动参与社会分配的规模。税收业务体现的分配活动，是在全社会范围内实现的，是一种社会性很强的经济现象，可在一定程度上反映社会分配状况。

（3）综合性。国家税收来源于国民经济的各个部门、各个行业和各种经济类型。税务统计的指标内容反映了税收来源的增减变化；税收收入结构变化也反映了国民经济发展变化的情况和产业结构、产品结构的变化情况。

## 二、税务调查

税务调查是指动用科学方法，有目的、有计划并系统地搜集税务资料的工作过程。税务调查是税务统计工作的基础。因此，必须从客观实际出发，深入国民经济各部门进行调查研究，在税务调查中要做到数字准确、资料真实、内容全面、及时反映。

### （一）税务调查的分类

1. 按经济与非经济标志分为经济税源调查和税政调查

经济税源调查是对从事生产经营的单位和个人的收入与支出等经济活动状况进行搜集资料的工作过程。它调查的范围较广，包括各种经济性质、国民经济各部门的征税对象和纳税人的生产数量、营业额、所得税、税政减免、平均税额等内容。税政调查是对机构设置、人员配备以及政策执行等情况的调查。

2. 按税制构成要素分类

（1）对纳税人的调查。即对缴纳税款的主体进行调查，是对税法上规定的负有直接纳税义务的单位和个人所进行的调查活动。

（2）对征税对象的调查。征税对象的范围相当广泛，如商品生产、销售、加工、企业实现的利润、商品交易额等。

（3）对税率进行调查。即对应纳税与征税之间的比例进行调查。

（4）对减免税、违章处理的调查。即对应纳税额少征部分税款和应纳税额全部免征的调查，以及对偷、逃税的调查。

3. 按调查的时间分为经常性调查和一次性调查

（1）经常性调查是指连续不断地对税收征收活动进行的调查。

（2）一次性调查是针对某一方面存在的问题而进行的专题调查。

### （二）统计调查的方法

统计调查方法是指取得税务信息与资料的方法。包括重点调查、典型调查和税务普查。

（1）重点调查是在所有调查对象中，只选择一部分重点单位进行调查。在选择重点单位时，应考虑调查对象在整个税收工作中占有的重要地位和税收标志总量占税收总体的全部标志总量的部分。一般应选择重点税源单位。

（2）典型调查是在分析全部调查对象的基础上，有意识地选择一个或几个有代表性的单位、地区进行深入、系统地调查。选择典型单位时，应坚持从实际出发，对税务调查对象进行全面分析，选择有真正代表性的单位作为典型调查的对象。

（3）税务普查是对调查对象进行一次性的全面调查。一般用来调查某一时点上税务现象的总量。

上述统计调查方法都有各自的特点，在税务统计实际工作中，应按统计的目的和要求灵活地选择运用。

## 三、税务统计资料的整理及运用分析

### （一）税务统计资料的积累

税务统计资料主要包括原始凭证和税务统计台账。

（1）原始凭证是基层征收单位按一定的格式对各种税收进行征收时所做的记录，是征解工作中未加工整理过的第一手资料。

征收时填用的凭证，是税收税源的最初记载。它包括解缴入库、退库以及自收税款、划解税款等种类税收兼征的回执联、报查联、工商企业纳税申报表、征收清册等。税务统计资料是否正确，关键是抓好原始记录工作，为了保证税务统计资料的正确性，要求填写的票证、征收清册等必须正确、完整。

（2）税务统计台账。税务统计台账是根据基层单位税收管理以及核算工作需要，用一定的格式将零散的原始记录按时间顺序经常进行登记，系统地积累资料，并定期进行总结的账册。

税务统计台账的内容和格式一般与统计报表项目、指标内容相同，以便于产生统计报表，它包括：

①工商税收统计台账。根据税收完税凭证或交款凭证，通过分类管理、归纳后汇总记入。

②所得税征收统计台账。它是由直接办理征收业务的税务局、所根据税收统计的要求而设置的台账。

③减免税款登记簿。它是专门记录对纳税单位经批准减免的统计台账。根据批准减免税的通知书，记录税种、税率、期限、减免金额，按月分类汇总编制。

④减免滞纳金登记簿。它是记录纳税人申请减免滞纳金的统计账簿。

⑤纳税单位分户账。它是按基层机关设立的，根据纳税单位分户造册，按期将纳税单位交纳的税款逐笔登记的一种账簿。

### （二）税务统计资料整理

统计资料整理是根据统计研究任务的要求，对统计调查取得的原始资料进行整理、加工、汇总，使之系统、条理地反映总体特征、发展规律和趋势的综合统计资料。统计资料整理包括定期税务统计资料整理、专题统计资料整理和历史统计资料整理等。

定期统计资料整理是县（市）税务局和税务所按照税务统计报表的项目指标的要求设置统计台账或统计汇单，根据缴款书、完税证报查联和纳税申报表等原始凭证进行汇总、登记，据以产生统计报表的一种方法。

专题统计资料整理，是为研究某一问题，对统计资料有针对性地加强整理的一种方法。

历史统计资料整理，是税务机关根据各时期积累的税务统计报表和各种专题调查资料进行系统加工整理的工作方法。目的是汇编税务统计资料，积累历史资料。这对研究财经税务征管工作以及经济体制改革等均有重要参考价值。

**（三）税务统计资料整理的运用和分析**

税务统计资料的运用是税务统计工作的最终目的。税务统计资料的综合与分析是税务部门借以制订税收政策、指导工作的重要依据。只有通过对积累的税务统计资料进行科学的归类和分组，以反映事物发展变化的规律，才能使税收统计分析发挥作用。

税务统计资料是国家重要的经济信息来源之一。通过利用税务统计资料可以掌握税收收入、税源、税政等情况，便于指导工作；通过利用税收统计资料可以预测税源情况，为编制税收计划提供依据；运用税收统计资料和有关历史资料，为检查分析税收计划的执行情况，组织收入，采取措施，确保完成税收计划；运用税收统计资料计算出平均税率、现行税率，可以了解税收的深度和广度、税负是否平衡，可检查税收政策的执行情况和征收管理工作的好坏。通过运用税务统计提供历史的、现行的税收制度和税收政策的实施效果，以研究税收理论问题和实际问题。

对税收统计资料必须加以综合分析。税收统计资料综合分析的主要内容是：分析各个时期税务部门组织征收的各项收入的发展变化；分析工商税收收入与工农业生产、商品流通以及社会消费变化的比例关系；分析各种经济类型、城乡经济结构的变化与税收的关系；分析重点税源、重点企业的发展变化与税收的关系；分析重大经济政策实施和税收政策变动对税收的影响等。

## 四、税务统计报表的种类和内容

税务统计报表是指按照国家统一规定的统计格式、内容和报送时间、程序向上级机关和国家报告税收计划及税务管理执行情况的一种书面报告。税务统计报表由国家税务局制订，报国家统计局备案后执行。各省、市、自治区税务局根据工作需要，增设必要的统计报表时，必须严格按照《统计法》及其实施细则的规定执行，并报同级统计局备案。由于税务统计报表是各级税务部门定期报告本单位税收计划的完成情况，税务部门各个单位都要按国家统一规定的统计报表格式、内容、报送程序和时间报送统计资料，提供各种信息。

税务统计报表具有全面性、经常性、普遍性、统一性的特点。

**（一）税务统计报表的分类**

（1）税务统计报表根据统计范围分为税收统计报表、税源统计报表和税政统计报表。

（2）根据报送时间分为月报、季报和年报；根据报送方式分为书面报表和电子报表。

**（二）税务统计报表的内容**

（1）工商税收分经济类型分税种统计总表。它主要反映工商税收和企业所得税分税种、分经济类型的征收情况。它主要依据税收缴款书和完税征，按税款征收期汇总、整理、编报。

（2）增值税分经济类型统计表。它是按行业大类分经济类型，主要反映增值税税款在不同行业、不同经济性质的征收情况，主要依据增值税的缴款书和完税征等按税款征收期整理、汇总。

（3）营业税分经济类型统计表。它主要反映营业税分项目、分经济性质的征收情况。按税款征收时期统计，依据营业税的税收缴款书和完税证整理、汇总、编报。

（4）消费税分经济类型统计表。它反映消费税分项目、分经济性质的征收情况。按税款征收时期统计，主要依据消费税的税收缴款书和完税证整理、汇总、编报。

（5）资源税分经济类型统计表。它主要反映资源分项目、分经济类型的征收情况。按税款征收时期统计，根据资源税的税收缴款书和完税证整理、汇总、编报。

（6）海关供征税额分类统计表。它反映海关代征国内企业、涉外企业进口应税产品以及对中外过境旅客自带行李、物品或邮件征税额，包括消费税、增值税、专项调节税和资源税。按税款征收时期统计，主要根据海关代征税款的税收缴款书和完税证整理、汇总、编报。

（7）农村税收税额统计表。它主要反映来自农村的乡镇集体经济、私营经济、个体经济、联营经济和其他经济所缴纳税款的情况。主要依据征收农村税收的各种缴款书和完税证按税款征收期整理、汇总、编报。

（8）减免税分项目统计表。它反映根据经济发展的需要对某些纳税人或征收对象从应征税额中减免的部分税款和减免全部税款。根据纳税人纳税申报表和税收收入退还书，按税款征收时期整理、汇总、编报。

（9）企业所得税分项目统计报表。它反映企业所得税分行业、分经济类型的征收情况。按税款征收时期统计，依据企业所得税税收缴款书和完税证整理、汇总、编报。

（10）个人所得税分项目统计报表。它反映城乡个体、工商业户、公民和外籍在华人员个人所得税的征纳情况。根据税款缴款书和完税证，按税款征收期统计、汇总、编报。

（11）固定资产投资方向调节税统计表。它主要反映固定资产投资方向调节税率，分经济性质的征收情况。根据固定资产投资方向税的税收缴款书和完税证，按税款征收时期汇总、编报。

（12）涉外税收税额统计表。它主要反映中外合资企业、中外合作企业和外国企业以及外籍人员的税收征收情况。根据涉外税收的税收缴款书和完税证，按缴款时间统计汇总、编报。

（13）纳税登记户数统计报表。它主要反映不同经济性质企业的登记户数、纳税户数情况。按所属年度统计，根据纳税户税务登记的有关资料整理后汇总、编报。

（14）税收票证用存报表。它主要反映各种税收票证的印制、领发、结存、作废、核销情况。根据印制入库单、领用单、作废核销批准报告进行汇总、编报。

（15）印花税票用存报表。它主要反映各种印花税票的领取、销售、报废等情况。根据印花税票的领取单、销售收据和损失核销批准报告汇总、编报。

## 五、税务统计报表编制要求

（1）资料完整。按照规定的指标内容，全面、完整地编报统计报表。

（2）数字准确。如实反映客观情况，按规定方法准确地计算。

（3）口径统一。各种统计报表的指标符合统一的口径范围。

（4）报送及时。在规定的时间内及时报送统计报表。

上述四个要求，互相联系，互相制约，只有全面实现，才能保证税务统计报表的科学性。

## 六、税务统计分析

税务统计分析是指税务机关运用税务统计资料对经济税源、税收、税政情况进行概括、评价、推断、预测，从而发现问题，揭露矛盾，找出原因，提出建议的统计工作过程。

### （一）税务统计分析的内容

（1）税收收入进度和变化情况。

（2）税收政策的执行情况和实施效果。

（3）征管工作的深度、广度和工作质量。

（4）预测税源和税收收入的发展趋势。

### （二）税务统计报表分析的方法

税务统计报表分析方法主要有以下几种：

（1）对比分析。对有联系的指标进行对比，计算相对指数。

（2）平均分析。综合反映税收现象在具体条件下的一般水平，如平均计税价格、平均税率等。

（3）因素分析。对总量指标的因素分析，研究各个指标对总量指标的作用方向和影响程度。

（4）动态分析。利用时间序列研究税收现象在时间上的发展水平。

（5）相关分析。研究经济现象之间存在的关系，计算两者之间的关系值，了解其相关的方向和程度，如物价与税收的关系等。

### （三）税务统计分析报告

税务统计分析报告是以文字、数据的形式，对统计分析阶段获得的统计数字指标进行科学研究，反映出客观实际情况和规律性。撰写统计分析报告是统计工作中表达统计分析最终成果的重要工作。

在编写报告时，要坚持从实际出发，全面搜集和研究统计资料，遵循一分为二的原则，把数字与客观情况结合起来并进行科学的分析。在撰写时要做到突出主题，所提供的数据与观点要统一，推理要符合逻辑，语言要简明扼要。

## 复习思考题

### 名词解释

1. 税收计划
2. 税收会计核算
3. 税务调查
4. 税务统计分析

### 简答题

1. 经济税源调查包括哪些方面的内容？
2. 编制税收计划应遵循的原则是什么？
3. 简述税收计划的编制方法。
4. 怎样组织税收计划的执行？
5. 税收计划分析时应着重进行哪些方面的分析？
6. 根据现行税法规定，我国税款的退库范围包括哪些内容？
7. 税款退库的审批权限包括哪些？
8. 国家税务局和地方税务机关各自的征收范围和管理权限是哪些？
9. 税务统计分析应包括哪些内容？

# 第十二章　税务信息化管理

**【本章要点】**

信息化是当今世界社会经济发展的大趋势，为推进依法治税，加强税务系统内部监督和外部监控，提高税收的公共服务水平，我国积极推进税务信息化建设，信息化被写进《税收征管法》而有了法律保障。本章讲述了税务信息管理的主要内容，最后对国家的"金税工程"做了介绍。

## 第一节　税务信息化管理概述

《税收征管法》把税收信息化、现代化写进了法律，这充分体现了国家对税收信息化建设的重视。信息化是当今世界社会经济发展的大趋势，是当代世界科技、经济和社会发展的重要动力。税收信息化是国民经济和社会信息化的重要组成部分，必将有力推进依法治税和依法行政，加强税务系统内部监督和外部监控，提高税收的公共服务水平。

### 一、税务信息管理

《税收征管法》的颁行，为我国税收法制建设翻开了新的一页。《税收征管法》第六条规定："国家有计划地用现代信息技术装备各级税务机关，加强税收征收管理信息系统的现代化建设，建立、健全税务机关与政府其他管理机关的信息共享制度。纳税人、扣缴义务人和其他有关单位应当按照国家有关规定如实向税务机关提供与纳税和代扣代缴、代收代缴税款有关的信息。"

加强税收信息化建设包括两个方面内容：第一，税务系统内部要形成信息网络，税收征管信息可以在全国税务系统内进行传递和共享；第二，税务、工商、海关、银行及其他政府机关之间要形成相互传递和共享信息的网格体系。

可以说，《税收征管法》第六条是关于税收信息化、现代化建设的一个总的原则要求，其精神在《税收征管法》其他条目中得到了具体化。如《税收政管法》第二十条要求纳税人在报送财务、会计制度或处理办法的同时，还要将会计核算软件报送税务机关备案；第二十三条规定，国家根据税收征管需要积极推广使用税控装置；第六十条规定，纳税人未按规定安装、使用税控装置或者损毁、擅自改动税控装置的，由税务机关责令其限期改正并给予处罚；第二十六条规定，纳税人可采用邮寄、数据电文等多种纳税申报方式。

以上这些规定，为加强税务管理的信息化和进行信息化基础建设提供了广阔的空间。

## 二、信息化是税收现代化的核心

税收现代化的核心是信息化。我们在税收成本和征管效率上与发达国家有很大的差距，原因之一是我们还没有建成一个依托于计算机网络、信息集中处理并高度共享的税务管理信息系统。美国国内税收局只有几个数据处理中心，通过遍布全国的计算机网络，就可处理全美国上亿份纳税申报。而我国目前国地税系统共有两万多个使用征管软件的征收单位。这就是传统的征收方式与依托于计算机网络的现代化税收征管体系的差距。

信息化是降低税收成本和提高征管效率的技术保证，更是我们加强税源监控、打击涉税犯罪的重要手段。利用现代信息技术，通过完善税务登记管理办法，建立税源信息库，健全分税种、分行业税源监控制度，与工商、银行、审计、海关等部门联网实现信息共享，能够形成全方位、高效率的税源监控网。信息化建设使税收实现从人工管理到计算机管理这一根本性变化，制约税收工作和税收执法中的随意性，税务系统行业的不正之风和税务人员的不廉行为也可大为减少。同时，信息化建设使上级税务机关能够及时、全面监控下级的征管工作，在税务系统内部形成了有效的监控体系。

信息化建设还是优化纳税服务的重要手段。纳税人由人工报税变为电子报税，节省了纳税时间，降低了纳税成本；由手工开票到使用税控收款机，提高了工作效率，有利于纳税人提高经营管理水平；信息化带来的税务管理公开、税负公平、透明操作，使纳税人获得了公平竞争的环境。

## 三、税务信息的特征

税务信息具有一般经济信息所共有的一些特征，这些特征主要是：

（1）综合性。税收征管工作涉及社会再生产的各个环节和国民经济的各个部门，税务信息来自不同的经济类型、产业、部门、地区和阶层，这些信息不仅内容丰富，而且有很高的价值、综合性强，据此可以了解国民经济的运行情况。

（2）目的性。税务管理信息系统的设计、研制和开发，是以税务管理工作需要和为国家各级税务管理机构服务为出发点，并要符合国家总的宏观经济管理目标。这一总的管理目标，可以分解为若干个互相联系和彼此协调的子目标，甚至某些子目标还可依据客观经济形势发展的需要再细分为若干互相联系和彼此协调的较小的目标，以便于操作。

（3）转换性。税务管理信息系统总是处在经济信息不断输入、加工、存贮，并不断转换为输出的川流不息的过程之中。这一转换过程，既可避免收集、加工和传递中的重复，减少信息冗余，又可提供有针对性、高质量的信息。

（4）传输性。税务信息要发挥作用，必须经过传递才能为需用者接收和理解，否则便失去其固有的功能。信息传输的基本模式如下图所示。

信息传输的基本模式

信息源，即信息的来源者；信息，即传递的内容。在这个传递过程中，税务管理信息系统要将信息源的信息编码成适合于通道中传输的形式，而在接收端又要将信息解码成原来的形式，这样才能实现信息沟通的全过程。

（5）共享性。税务信息是一种社会经济资源，与其他社会资源一样具有共享性，不仅可以为税务机关而且也可以为各级政府决策部门使用，在某种程度上也可以为纳税人所用。

（6）有用性。税务信息必须具有很强的针对性和较高的质量才有一定的效用。开发、收集、贮存和传递信息的目的就是让信息发挥应有的效用。税务信息的有用性对税务管理非常重要。在整个税收分配活动中，会不断地出现各式各样的税务信息。有效地指导税收征管工作，调整税收工作计划，堵塞税收征管过程中的漏洞，提高征管质量，根据经济发展的情况作出新的税务决策等都不能缺少有用的税务信息。

# 第二节　税务信息管理的主要内容

## 一、税务信息的来源与分类

### （一）税务信息的来源

税务信息的来源可以分为税务系统外部和内部两个方面：

（1）税务系统外部的信息来源。税务系统外部的税务信息来源范围非常广泛，信息内容复杂，能从各个方面反映税收分配和经济税源的情况。从总体上讲，来自税务系统外部的信息来源有：国家的方针政策、法令、指示、规定、文件和有关部门的相关工作计划、总结、报告、措施办法；各种社会动态资料，如协会、学会、研究会、大专院校、研究机构、报纸杂志的相关研究报告和学术论文；政府和有关部门公布的数据、资料、分析、预测和有关税务机关的情况反映、简报、申请、询问、举报材料等。税务部门在收集来自税务系统外部的信息时要组织一定的力量，经过认真整理、仔细分析、编辑和汇总才可利用。

（2）税务系统内部的信息来源。来自税务系统内部的信息，是税务部门直接掌握的信息资料，也是税务信息的主要来源。税务系统内部的信息是十分丰富的，可以通过日常的征收管理工作有组织地加以收集和汇总。一般来讲，来自税务系统内部的信息，包括税务机关在进行税收分配过程中不断产生的各种数据、资料，如经济税源变化情况、税款申报缴纳情况等。这些直接反映税务征管本身的信息，是指导、改进、完善和提高税务征收管理水平的第一手资料，可以直接应用到税务征管工作中。

**（二）税务信息的分类**

为了在税务管理中更好地处理和利用税务信息，必须对税务信息进行科学的分类。税务信息从不同的角度，按照不同的标志，可以有多种分类。

（1）按照税务管理的需要，可以分为三类：①管理决策信息。指制定税收发展战略和税收政策、编制税收计划、确定改革的重大举措等所需要的税收信息。这类信息应当是全面的、系统的和综合的。②管理指挥和调控信息。主要是指中央和省、市、自治区各级税务部门及其所属税务管理部门，对税收工作进行指挥、调控所需的信息。这类信息比管理决策信息详细、具体，而且侧重于税收工作的运行现状。③管理的实际操作信息。主要是指对具体税收工作进行管理的实际操作所需的信息，如对税收征收管理的实际操作所需的经济信息、税源信息等，对这类信息的要求则更为详尽、具体。

（2）按照税收信息的时态，可以分为三类：①过去的税收信息。指反映过去出现过的税收现象和税收征管过程中的信息，这类信息一般都经过分析、评价，作为历史资料以各种形式贮存起来，便于取用。②现在的税收信息。指描述正在进行的税收活动和正在发生的经济现象的信息，动态性强，时效性高。③未来的税收信息。指描绘将来税收发展蓝图和预测未来税收发展变化趋势的信息，如税收计划信息、税收预测信息等，具有超前性，往往作为调控的依据或参考。

（3）按照税收信息所反映的范围，可以分为两类：①宏观税收信息。指从全局的角度来反映宏观税收活动变化的状况、发展趋势和特征的信息，综合性强，概括性高，涉及面大。②微观税收信息。指从微观的角度来反映税收活动的具体情况和变化特征的信息，数量大，时效性强。

（4）按照税收信息所反映的内容，可以分为两类：①定性税收信息。主要是指反映税收发展变化质量的信息，多为分析税收过程、总结税收活动规律的信息。②定量税收信息。主要是指以数量的形式来表示税收活动的信息，反映税收发展的规模、速度以及税收活动之间的数量对比关系等。

（5）按照税收信息的载体，可以分为两类：①文件式的税收信息。指通过文字和数字记录进行传递的税收信息，如税收的计划、指令、领导人报告、会议决议、统计报表、会议简报等。②非文件式税收信息。主要是以口头语言通过电讯设备以及用磁带、磁盘、光盘等进行传输的信息，如电话、口头汇报、会议讲话的录音和录像等。

## 二、税务信息的收集、整理和贮存

### (一) 税务信息的收集

税务信息的收集是税务信息管理的开始和基础性工作。信息管理的核心是要有高质量、准确的信息，信息的质量依赖信息的收集工作。这就要求收集信息必须遵循以下四个原则：

(1) 目的性。一切工作都必须要有一定的目的性，税收信息的收集更应如此。税务信息的收集从一开始就必须明确为何要收集信息、收集什么样的信息、作何用、达到何种预期目的等，做到有的放矢，这样才不至于盲目进行，避免了既浪费时间精力又不能达到收集信息的目的。

(2) 针对性。任何特定的信息都有其信息源。要收集哪一方面的税务信息，就必须深入到这一方面的实际中去。明确范围，选准对象，是收集真实、可靠的信息的前提。否则就会南辕北辙，缘木求鱼，不可能真正得到所需要的信息。

(3) 开阔视野。税务信息来源是各式各样的，所以在收集税务信息时尽量要拓宽视野，从不同方面、多角度、多渠道来获取信息。这样才能使税务信息全面、完整，信息量大，质量高，也才能发挥信息的应有作用。

(4) 真实性。收集税务信息的目的是为了用于税务管理的决策、计划以及指导税收实践，因此对信息的质量就非常讲究。信息必须要有较高的可信度和精确度，才能体现税务信息的功效和指导性，如果税收信息失真则会误导税收决策、计划，给税收工作带来负面影响。

### (二) 税务信息的整理

对税务信息的加工整理，应该力求做到新、精、深。信息的内容要新，观察、分析问题的角度要新，研究、分析问题要深。同时，对信息要作去伪存真，去粗取精的处理，才能挖掘出全面、准确地反映情况的和针对性强的信息，为领导提供有力的决策依据。为此，必须做好以下工作：

(1) 筛选择优。这是将大量原始的税收信息资料，去粗取精、去伪存真、聚同分异、筛选扬弃，使税务信息达到系统化、条理化，压缩信息量，便于保管、贮存、传递和使用，节约时间、人力、物力和财力，增强信息的有用性。

(2) 归类简并。这是根据信息贮存、传输等管理需要进行归纳分类。其目的是区分信息所属的性质和类别，便于保存和使用。

(3) 核实计算。这是对各种税务信息所反映的数据进行复核，以便纠正错误，保证税务信息的正确性。

(4) 编码排序。这是对税收信息按其所反映的内容、时间、级次和一定顺序进行编码、排序，以利于税务信息的贮存使用。

（5）解释分析。解释是对税务信息的性质、内容等进行必要的说明解释；分析是对其进行比较、评价和鉴别，进一步确定真伪优劣。这是为了更好地让人们接受和使用税务信息而必不可少的工作。

### （三）税务信息的贮存

税务信息的贮存是在对税收信息进行加工整理的基础上，使之延长使用时间的一种重要方法。因为绝大多数税务信息都可以而且需要重复使用，这就对税务信息提出了一个贮存管理的问题。税务信息贮存的主要方法有：

（1）分类贮存。经过加工整理确定需要贮存的税务信息，根据税务管理和信息使用的需要，分门别类地进行贮存，以便于利用。

（2）分层贮存。这是根据税务管理和信息使用的需要，按照税务机关的不同层次，如省级、市级、县级局和基层税务所机构等，进行贮存的一种方法。这样可以避免税务信息贮存上的重复，更有利于信息的使用。

（3）时序贮存。这是按照税务信息产生的时间顺序进行贮存的一种方法。因为任何信息产生都有先后，都有其时序性，而对信息的使用也有时间性，所以，税务信息的贮存也有时序性。

（4）分部贮存。这是根据税务管理和信息使用的需要按照税务机关的不同部门（征收、管理、稽查、计划、会计、统计等）进行贮存的一种方法。

在税务信息贮存管理的具体过程中，可以单列进行，也可以相互结合进行。为了便于管理和使用，在贮存税务信息时，还必须对所贮存的信息编制好目录和索引，建立好信息贮存档案，以便使用和管理。

## 三、税务信息的传输和反馈

### （一）税务信息的传输

信息的传输必须遵循信息运动的规律。信息由信息源发出，经过编码、信息传输通道，到达信息的接收处，经过译码、解码后被接收者接收使用。税务信息要发挥其使用效果，必须建立起有效的信息传输网。在建立税务信息传输网和发挥其传输功能时，一般要遵照以下规则：

（1）正确确定信息归宿。信息在传输时，具有明确的定向性。换言之，任何信息的服务对象和目的都是一定的，否则，送出的信息就会无的放矢，非其所需，不为所用，起不到税务信息应有的作用。

（2）信息必须准确、可靠。税务信息的准确性，是信息内容与客观实际的相关程度，是税务信息的生命。失真的信息和错误的信息，会使人们作出错误的判断和决策，对税务管理工作造成严重的误导。在一般情况下，造成税务信息失真有两种可能：一是在加工整理中没有核实信息的真实性而出现差错；二是在信息传输的过程中发生误差。因此，在鉴定税务信息时，要特别注意这两方面，以确保信息的准确、可靠、有效。

（3）选择最佳传输方式。所谓最佳传输方式，主要是指信息的传输及时和载体适宜。传输及时是指能最迅速、最灵敏地把税务信息传输到接收点。有时时间会使信息的使用价值削弱甚至消失。信息载体是指传输税收信息的形式或工具，一般是用文字、数字、声、光、电波等。信息是与一定的载体同时存在的，没有载体也就失去了信息。所以适宜、恰当的载体是传输信息的必备条件。

**（二）税务信息的反馈**

税务信息的传输是双向的，即由信息输入到输出，再由被控制对象作用后反馈至原输入点。一个完整的信息运动过程，包括信息输入、信息输出和信息反馈。

信息的反馈，就是有关输出的信息作用于被控对象之后，产生的结果再返回到原输入点，输入点根据收到的信息，发现与目标相背离，经过分析、研究和决策后，根据新情况的出现再次输出新的信息，对被控对象产生新的影响，以达到预计的目标。

现代税务管理过程也就是对税务信息输入、转换和输出，经过信息反馈，达到再一次新的输出的循环过程。每一轮循环的时间周期，也就是税务管理的周期。根据反馈的税务信息，及时发出调节和控制的指令，以保证税收分配体系的正常运行和预定目标的顺利实现。利用信息反馈原理和技术，建立灵敏、快捷、准确、有效的税务信息反馈系统，是对税收分配过程进行有效控制的重要手段。

在现代税务管理中，税务信息反馈一般是多回路的连续反馈过程。它依靠源源不断的信息传递和信息反馈，来发现计划在执行过程中的偏差，并及时发出调节和控制的指令，以保证税收工作的正常进行。

税务信息反馈系统的内容一般有定向反馈、多向反馈和混合反馈等。定向反馈又叫直接反馈，即直接从信息源输入信息，经过执行或控制后输出，直接反馈至输入信息的信息源，从而反映出执行或控制情况。多向反馈是在定向反馈的同时，又向有关的间接信息源进行反馈。混合反馈是指在信息反馈中，还包含了新的信息传输，因而信息反馈和信息传输往往是结合在一起进行的，很难截然分开。

## 四、税务信息的开发与应用

### （一）税务信息的开发

开发和利用信息可以缩短工业化进程，缩短与世界发达国家之间的差距。对于发达国家来说，工业化之后的信息化经济阶段，信息资源的地位与作用就愈发重要了。所以，邓小平同志早在 10 年前就提出"开发信息资源，服务四化建设"，的确是远见卓识，高瞻远瞩。

税务信息是一种客观的信息资源，在税务管理中具有特定的功能和作用。但是，这些功能需要在税务管理实践中加以开发和利用才能充分发挥。当然，开发税务信息资源不同于人类开发利用某些物质形态的自然资源，而是需要税务信息管理工作者具有较强的税务信息意识，才能及时、准确地捕捉到有效信息，同时，还需要我们掌握开发税务信息资源的基本技术、原则和基本途径等。

1. 开发税务信息的基本原则

（1）相关性原则。这是指开发税务信息过程中收集的信息必须与税收征收管理活动密切相关，也就是要在一定程度上反映和影响税收工作的因素和情况。相关系数越高，则税务信息越有价值。

（2）准确性原则。这是对税务信息开发的质量要求，即收集或经过加工整理后的税务信息，必须能够准确地反映该事物的真实状态，也就是信息的真实性。

（3）时效性原则。这是指开发税务信息工作过程必须迅速、快捷、及时，否则某些信息即便起初是准确的，也会因不及时而失效或者起不到应有的作用。

（4）动态性原则。这是指税务信息的开发必须具备连续性和系统性，能反映出两个时点间相同事物的发展变化动态，使信息形成与实际征管工作相对应的整体系统，描绘出税务管理工作的轨迹。

2. 税务信息开发的主要途径

（1）建立税务信息管理系统。一是要求税务管理部门和税务管理人员具有强烈的信息意识，尤其是税务管理部门的各级领导要有强烈的信息意识。二是要拥有一支具有较高专业素质的税务信息管理人员。税务信息管理人员不仅要熟知税务管理的所有业务知识，还必须精通信息理论、电子计算机和财务会计等方面的专门知识，才能胜任信息管理工作。三是建立、健全税务信息网络，各级税务机关要单独设置信息管理部门或机构，形成从中央到基层的纵横交汇的税务信息网络。四是必须逐步实现税务信息管理现代化，充分应用电子计算机和现代通信、计算、传输手段，以便有关方面了解和运用税务信息。

（2）建立兼职税务信息员网络。税务信息产生于征管活动的各个环节和各个方面，所以，开发税务信息仅靠专门机构和人员难以全面完成，这就需要在税收管理、征收、稽查、会计等部门聘请兼职信息员，构成同级和纵横交错的信息网。

（3）完善各级税务机关信息和计划、会计、统计资料的管理。

（4）从市场营销动态中开发税务信息。在市场经济体制下，纳税人的纳税行为和税收征收管理活动都与市场营销动态息息相关，收集来自市场的税务信息是税务信息管理和开发不可忽视的基本途径。

**（二）税务信息的应用**

具体地讲，税务信息可以运用在税务管理中以下五个方面：

（1）为税务决策提供依据。任何科学的决策都必须与客观实际和规律相符合。税务管理的科学决策，不论是税制的制定，税率、税目的设计，征收管理方法的修订以至具体到某项税款的征收、减免方案的出台等，都需要以准确、真实的税务信息为依据。在实际工作中，各级税务管理决策层在决定重大方案以前，都要以各种形式从各个方面收集多方面的信息，做到情况明、数据准、问题清，心中有数。因此，一组准确、迅捷的税务信息，往往可以促使决策层迅速作出决策或改变正形成中的决策意向。

（2）为税收计划的制订与调整提供依据。因为经济税源信息是制订和确定税收计划及其结构的重要依据，而税收计划的调整，也要以变化中的税务信息为依据。

（3）运用税务信息加强经济税源管理。从某种意义上讲，经济税源也就是税务信息的主要来源。税收计划任务完成的程度和税务管理的成效，在一定意义上取决于是否全面掌握了经济税源的发展变化动态。通过税务信息的管理，可以对经济税源实行全方位的监督与反映，不仅能准确地把握现有的税源，还可以了解新税源，对税务部门促产增收起到重要作用。

（4）为加强和改进税收征管工作提供依据。加强税务管理科学化的进程，需要不断对现有的征收管理方式、方法和有关政策、制度进行实事求是地调整和改进。为有效地做好这方面的工作，就必须以准确、及时的税务信息为依据。

（5）为科学总结评估税务管理工作提供依据。为了检验管理水平和质量，要求对一定时期的税务管理工作进行总结和评估，而总结评估的依据，检验管理水平和质量的标准，只能是从各个方面反馈和输入的税务管理信息。因此，税务信息是评估和检验税务管理工作的重要客观依据。

## 五、税收现代化建设任重而道远

经过多年的建设，目前税务管理信息化的基础设施建设已具备一定规模，全国国、地税系统计算机网络已基本建成。同时，税务管理应用系统建设也取得突破性进展。统一征管软件 CTAIS 已在全国国税系统中运行，"金税工程"中增值税发票交叉稽核系统已于 2001 年 7 月 1 日在全国投入运行。税务系统绝大部分业务工作和行政管理已实现了计算机处理。

从 2007 年起"金税三期"开始建设，要完成"一个平台，两级处理，三个覆盖，四个系统"的建设内容。"一个平台"是指包含网络硬件和基础软件的统一的技术基础平台；"两级处理"是指依托统一的技术基础平台，逐步实现数据信息在总局和省局集中处理；"三个覆盖"是指应用内容逐步覆盖所有税种，覆盖所有工作环节，覆盖国、地税局，并与有关部门联网；"四个系统"是指通过业务的重组、优化和规范，逐步形成一个以征管业务为主，包括行政管理、外部信息和决策支持在内的四大子系统的应用软件。通过科学的规划，把税收管理信息系统作为一个整体，打破项目壁垒，为系统的软硬件平台和应用系统等制订统一的标准规范和安全策略，使税收管理信息系统形成一个统一协调的整体。

目前，进行税收信息化建设工作要坚持贯彻"以我为主进行设计，以合作方式进行开发，以我为主进行推广维护"的方针，避免项目单独设计、开发所带来的短期利益倾向，消除软件互不兼容、数据难以共享、推广维护不力的现象，确保一体化建设目标和原则的贯彻落实。

在当前经济全球化，知识经济、网络经济、电子商务迅猛发展的新形势下，税收征管必须尽快实现从传统的人海战术、手工征管方式向现代化、信息化征管方式的转变。

# 第三节　"金税工程"

## 一、"金税工程"的由来

2000 年 8 月，在国家科教领导小组举办的知识讲座上，前中共中央政治局常委、国务院总理朱镕基在听取了国家税务总局、海关总署有关人员关于"金税工程"、"金关工程"的汇报并观看了两套系统的演示后指出：积极运用现代科技手段，特别是先进信息技术，加快政府管理信息化进程，是适应国民经济和社会信息化发展的迫切需要，各级政府、各个部门都要把推进行政管理信息化作为一件大事。"金税工程"再一次得到各级领导，特别是税务部门领导的高度重视。

早在 20 世纪 90 年代初，为了建立社会主义市场经济体制，实现合理的资源配置和有效的宏观调控，加快我国经济与国际接轨，推进国民经济信息化，我国在推行行政管理信息化方面已经推出了重大举措——"三金"工程（即"金桥"、"金关"、"金卡"工程）。如同城市建设中，立交桥的修建有助于疏通城市交通拥挤状况一样，"三金"工程为提高政府部门的办事效率构筑了信息高速公路的基础设施。随后，国务院各有关部门根据各自信息化建设的需要，提出并实施了一系列的"金"字工程，如卫生部门的"金卫工程"，农业部门的"金农工程"，中国进出口银行、国家信息中心、财政部等部门合作的"金宏工程"，税务部门的"金税工程"，等等。

近年来，"金税工程"在中央的部署下，已被国家税务总局作为大事来抓，"金税二期"目标已经实现"，"金税三期"正在建设之中。但是，"金税工程"启动的背景、总体架构、具体流程如何，建设的目的及意义是什么，从现阶段建设到最后完工还有哪些工作要做，等等，还没有为社会公众所知。"金税工程"是一项涉及面甚广、牵动征纳双方的大事。因此，关注"金税工程"，让征纳双方都能理解和把握其内涵，是一项必不可少的工作。

## 二、启动"金税工程"的原因

"金税工程"的启动，要从增值税说起。1994 年，为统一税法，公平税负，简化税制，合理分权，理顺分配关系，规范分配方式，保障财政收入，建立符合社主义市场经济要求的税制体系，我国实施了强力度的、结构性的、以推行增值税为主要内容的工商税制改革。增值税实行环环抵扣的原则，避免了重复征税，是国际上普遍采用的先进的税收制度。为适应增值税改革的要求，具有中国特色的增值税专用发票——这一特殊的发票形式应运而生。用好、管好增值税专用发票，成为税制改革的重中之重。

新税制实施的几年来，我国税收收入平均每年增长 1 000 多亿元。国家每年 95% 的财政收入来自于税收，而税收收入中的 40% 来自增值税，这一巨大成绩的取得，标志着税制改革的成功。

但增值税在实行中并不是一帆风顺，也潜伏着危险。由于增值税专用发票不仅能作为购销凭证，而且能够抵扣税款，这种双重性增加了增值税专用发票的重要性，也导致了它的危险性。在利益的驱使下，一些不法分子通过采取虚开、代开、伪造增值税专用发票等手段进行经济犯罪，造成国家税款的大量流失。为打击犯罪，保护国家利益，国家税务部门开始从管理抓起，研究增值税的监管问题。解决问题的路径有两条：

一是效仿欧盟各国，利用银行等金融体系对企业资金往来进行监管。但是，由于我国在法律制度、社会保障、资信、网络建设等方面的条件不成熟，运用这种手段对企业的纳税申报难以实行有效的审核。

二是按照"科技加管理"的思路，加快税务部门管理信息化的进程，建设具有中国特色的增值税监管体系——"金税工程"。

权衡利弊，税务主管部门认为，后者是较为理想的选择。我国有实施"金税工程"的基础，从 20 世纪 80 年代末开始，就在不断加大税收征管方面的技术含量。随着计算机通信工具在税务系统的广泛应用，全国国税系统计算机四级网络已基本建成，地税系统计算机二级网络建设已初具规模。1994 年 3 月，国家税务总局组织实施 50 个城市的增值税计算机交叉稽核系统试点工程，标志着"金税工程"一期正式开始建设。1998 年，"金税工程"二期开始建设，内容包括增值税防伪税控开票系统、防伪税控认证系统、增值税计算机交叉稽核系统和发票协查系统四个应用系统的投入运行。2001 年 7 月 1 日，四个子系统在全国各省区开通运行。2003 年 7 月，所有增值税一般纳税人全部使用防伪税控系统，"金税工程"二期全面完成。

### 三、"金税工程"的整体架构

"金税工程"由四个子系统组成：对增值税一般纳税人全面实施的防伪税控开票子系统，税务部门的发票认证子系统，计算机稽核子系统和发票协查子系统。在这四个子系统的联合作用下，通过覆盖全国的计算机网络，实现税务机关对企业开具增值税发票和纳税状况的严密监控。

防伪税控开票子系统是运用数字密码和电子信息存贮技术，通过强化增值税专用发票的防伪功能，监控企业的销售收入，解决销项发票信息真实性问题的计算机管理系统。该系统适用于增值税一般纳税人。防伪税控认证子系统可以对增值税一般纳税人申请抵扣的增值税专用发票抵扣联进行解密还原认证，及时发现假票，并解决进项发票的信息真实性问题。

发票认证子系统是通过扫描或键盘录入的方法将增值税专用发票抵扣联的主要信息和发票上的84位密文转化为电子信息，经税务机关的防伪税控子系统进行84位密文解密还原，再与发票明文上的相应内容进行自动对比，产生认证结果这样一个子系统。

计算机稽核子系统主要是进行发票信息交叉稽核和申报信息稽核。该系统可以及时发现购货方已申报抵扣，但销货方未申报纳税的增值税发票，并动态监测企业纳税情况。

发票协查子系统可以对有疑问的发票或已证实属虚开的增值税专用发票进行调查处理。国家税务总局可以通过该系统对协查工作进行监督和管理，提高增值税专用发票协查速度和回复率，确保查处工作的质量。

以上四个系统相互配合运行的简易流程如下：销货企业利用防伪开票子系统开出发票（计算机打印），计算机自动产生发票存根联。在打印发票的同时，将发票上的主要数据（发票代码、发票号码等）进行加密，形成一组密码，并自动打印在发票上。销货企业将发票的发票联、抵扣联交给购货企业，购货企业将发票抵扣联交给税务部门进行防伪认证（使用扫描仪将发票图案扫描到计算机中，由智能软件识别出发票密码，再由密码系统将密码还原成参与加密的数据，并与发票票面信息数据一一对比，结果一致的是真票）。认证结果证明发票抵扣联有问题的，税务部门将抵扣联交至协查子系统，进行调查；如果认证结果证明是真票的，税务部门将抵扣联交至稽核系统，稽核系统将抵扣联和防伪开票系统中自动生成的存根联进行对照，看是否一致。如果一致，则购货企业可以凭票抵如税款；如果不一致，则不允许抵扣，并由稽核子系统将发票抵如联交至协查子系统进行调查。

## 四、金税三期与税收信息化

1994 年我国开始实施的增值税制度，实行"环环征、环环抵扣"的原则，增值税专用发票等票据既是购销凭证，也可作为抵扣税款的凭证，这种双重性体现了其重要性。在利益的驱使下，一些不法分子通过采取虚开、代开、伪造等手段进行经济犯罪，造成国家税款的大量流失。为打击犯罪，保护国家利益，国家税务总局开始从管理抓起，研究增值税的监管问题，建设了增值税监管体系——"金税工程"。1994 年 3 月，国家税务总局组织实施 50 个城市的增值税计算机交叉稽核系统试点工程，标志着"金税一期"正式开始建设；1998 年，"金税二期"开始建设，内容包括增值税防伪税控开票系统、防伪税控认证系统、增值税计算机交叉稽核系统和发票协查系统四个应用系统的投入运行。2001年7月1日四个子系统在全国各省区开通运行，2003年7月所有增值税一般纳税人全部使用防伪税控系统，原"金税二期"全面完成。

## 五、"金税工程"三期简介

### （一）"金税工程"三期坚持的理念

（1）正确认识税收信息化的地位和作用。税收信息化是非常重要的基础性工作，是税收工作的"两基"之一，可以为整个税收工作的发展和管理水平的提高提供有力的支撑。信息化服务于业务工作，又推动业务工作的发展，它是能动的和积极的。

（2）坚持税收信息化建设的一体化要求。一体化主要包括管理一体化、业务一体化、技术一体化、应用一体化。要实现一体化，就必须切实加强对信息化工作的领导，建立新的信息化管理机制和保障措施。

（3）牢固树立信息资源整合的思想理念。整合不是推倒重来，也不是不建设新的项目，是要立足现状，统筹规划，兼顾长远，充分考虑信息资源的可持续发展。整合不仅是对信息系统的整合，还包括对制度、流程的整合，它的核心是要将各类信息资源合理地配置起来，为税收管理服务。

（4）强化信息数据的管理和应用。数据采集应遵循原始、真实、准确的原则，同时也要遵循方便纳税人和经济性原则。数据采集要以电子化方式在业务发生的源头来进行。要逐步做到涉税信息一次采集，共享使用，数据处理应以高度集中为原则。

（5）重视干部素质提高和队伍建设。

### （二）"金税工程"三期的主要任务

"金税工程"三期的主要任务是通过业务重组和流程再造，实现政务工作的网络化运行，以强化税收管理，为纳税人提供优质、便捷、全方位的服务，并为政府宏观经济决策提供科学依据。具体包括三个方面：

（1）建立起部门之间数据交换、信息共享、业务联动的运行机制，为政府宏观经济决策提供依据。

（2）利用信息技术手段，重组和改造税收管理流程，实现税务管理现代化，比如，建立完整的纳税人基本信息监控机制、发票管理监控机制、纳税评估机制、税务执行机制等，形成部门之间、环节之间、地区之间、税种之间的监控体系，以提高征管水平、征收率，降低纳税成本。

（3）拓展服务渠道，丰富服务内容，逐步为纳税人提供优质、便捷、全方位的服务。

### （三）"金税工程"三期的主要内容

"金税工程"三期建设的主要内容是完成"一个平台，两级处理，三个覆盖，四个系统"的建设。

### （四）"金税工程"三期的推进原则

"金税工程"三期建设将根据"统筹规划、统一标准，突出重点、分步实施，整合资源、讲究实效，加强管理、保证安全"的原则推进。

国家税务总局希望"金税工程"三期的建设目标从 2007 年开始用 4 到 5 年时间完成，其中数据的两级集中处理、CTAIS 的改造和完善、国/地税网络的建设改造和信息共享以及标准化体系建设都将是迫切需要解决的问题。

### （五）"金税工程"三期运行后要达到的目标

"金税工程"三期在全面运行后将实现如下目标：

（1）逐步提高税收征收率，达到发展中国家的标准水平。

（2）逐步拓展税收监管面，已办理税务登记的纳税人将全部被纳入"金税工程"三期管理，而且"金税工程"三期将全面覆盖申报征收、税款入库、发票管理、税务稽查、纳税评估等主要工作环节，覆盖增值税、消费税、营业税、企业所得税、个人所得税等二十多个主要税种。

（3）进一步扩大税收服务面，通过信息网络为全国所有纳税人提供全方位的纳税服务，包括税收宣传、纳税咨询、纳税申报、涉税申请、涉税查询等，并为政府有关部门提供纳税人的纳税信用等级等信息。

（4）进一步降低税收成本。

## 六、"金税工程"三期工作简介

### （一）建立起对内、对外的数据交换、信息共享、业务联动的运行机制，为不同应用层面的需求提供有效的资源和技术保障，提升稽查决策及管理水平

"金税工程"三期的一个重要内容就是建立起以征管和外部信息业务为主，包括行政管理和决策支持等辅助业务在内的四个信息管理应用系统。通过在这一体系中的各种信息来源渠道所构成的数据分析应用平台，各级稽查局应根据相应工作目标获取有效信息数据，做出精确的稽查决策和加强稽查工作的管理。具体来讲，这一数据分析应用平台应能辅助完成下列事项：

（1）决策管理方面：通过对一定时期内各种税收指标和相关社会经济指标的综合应用分析，从宏观决策管理角度为全国各地税务稽查机关确定税收检查的重点地区、重点行业和重点类型纳税人；通过对纳税人征管资料和生产经营财务资料的综合应用，结合异常纳税分析模型，从微观决策管理的角度为具体稽查单位确定重点被查对象和重点检查项目，推进稽查管理工作的精细化、科学化和规范化。

（2）外部信息交互方面：用于稽查选案、分析、取证及其他与稽查工作有联系的工作信息，包括为国地税、海关、工商、银行、外汇管理、公安机关、法院、审计、电信移动、公安机关、车辆管理机构等部门提供与纳税相关的信息。

（3）日常业务管理方面：包括稽查日常业务的综合管理信息，稽查选案、检查、审理、执行等环节的动态管理和监控信息，稽查成果统计分析信息等。

**（二）利用信息技术手段，整合现有稽查信息化应用软件系统，重组和改造税务稽查信息化流程，实现税务稽查管理现代化**

经历了一期、二期建设，金税工程仍然面临着应用系统过多、交叉重复，信息孤立、不一致等问题。鉴此，"金税工程"三期从"整合"需求出发，提出了具体的任务：从2007年起，到"金税三期"完成，要实现"一个平台，两级处理，三个覆盖，四个系统"的建设内容。通过科学的规划把税收管理信息系统作为一个整体，打破项目壁垒，为系统的软硬件平台和应用系统等制订统一的标准规范和安全策略，使税收管理信息系统形成一个统一协调的整体。

按照"金税工程"三期建设规划，中国税务信息管理系统作为主体软件，将建立七大子系统共35个模块。按照这一思路，税务信息化管理系统的整合工作将围绕中国税务信息管理系统稽查子系统的完善进行。在新的中国税务信息管理系统子模块里，将对现有的一系列管理应用软件进行整合，并在原 CTAIS 子模块过程化管理的基础上强化其功能。

# 复习思考题

**名词解释**

1. 金税工程
2. 税务信息的贮存

**简答题**

1. 简述税务信息管理的概念。
2. 税务信息管理的作用是什么？
3. 整理税务信息的内容有哪些？
4. 为什么要启动"金税工程"？
5. "金税工程"的整体框架如何？
6. 简述实施"金税工程"的现实意义。

# 参考文献

1. 於鼎丞. 中国税制（第四版）. 广州：暨南大学出版社，2010.
2. 杨森平，李日新. 税务管理. 广州：暨南大学出版社，2009.
3. 国家税务总局教材编写组. 税务稽查管理. 北京：中国税务出版社，2008.
4. 王向东. 税务管理. 北京：经济科学出版社，2008.
5. 吴旭东. 税务管理. 北京：中国人民大学出版社，2008.
6. 李万甫. 中国经济转型期的税制建设. 北京：中国税务出版社，1999.
7. ［澳］欧文·E. 休斯. 公共管理导论. 张成福等译. 北京：中国人民大学出版社，2006.
8. 中国注册会计师协会. 会计. 北京：经济科学出版社，2011.
9. 中国注册会计师协会. 税法. 北京：经济科学出版社，2011.
10. 杨森平. 社会正义视角下的税务管理目标研究. 北京：中国财政经济出版社，2011.
11. 中华人民共和国税收征收管理法. 2001.
12. 中华人民共和国税收征收管理法实施细则. 2002.
13. 中华人民共和国行政许可法. 2003.
14. 中华人民共和国行政复议法. 1999.
15. 中华人民共和国行政复议法实施条例. 2007.
16. 中华人民共和国行政诉讼法. 1989.
17. 中华人民共和国国家赔偿法. 2010.
18. 中华人民共和国行政强制法. 2011.